心态好 才是真的好

快乐高中八堂课

张丽珊 著

天津出版传媒集团
天津人民出版社

图书在版编目(CIP)数据

心态好才是真的好：快乐高中八堂课 / 张丽珊著
. -- 天津：天津人民出版社, 2014.9(2020.11 重印)
ISBN 978-7-201-08846-4

Ⅰ. ①心… Ⅱ. ①张… Ⅲ. ①高中生-心理健康-健康教育 Ⅳ. ①G479

中国版本图书馆 CIP 数据核字(2014)第 186456 号

心态好才是真的好 ：快乐高中八堂课
XINTAI HAO CAISHI ZHENDE HAO：KUAILE GAOZHONG BA TANG KE

出　　版　天津人民出版社
出 版 人　刘　庆
地　　址　天津市和平区西康路 35 号康岳大厦
邮政编码　300051
邮购电话　(022)23332469
电子信箱　reader@tjrmcbs.com

责任编辑　任　洁
特约编辑　温欣欣
封面设计　明轩文化 TEL:23674746 ·王　烨

印　　刷　天津兴湘印务有限公司
经　　销　新华书店
开　　本　710 毫米×1000 毫米　1/16
印　　张　18
字　　数　262 千字
版次印次　2014 年 9 月第 1 版　2020 年 11 月第 3 次印刷
定　　价　38.00 元

推荐序一

你的快乐成长是学校教育的坚守

耀华中学有着一大批独一无二而又无法复制的优秀教师，他们是学生心中的“明灯”和“偶像”，他们教艺精湛，师德高尚，气质儒雅，举手投足间无不散发着“育魂”的“神气”、“养志”的“朝气”、“化人”的“正气”、“健体”的“勇气”。丽珊老师就是这些老师的典型代表，她在二十余载的教育教学中努力践行着我校的“以德育魂、以文化人、以学养志、以体健身”的教育特色。

《心态好才是真的好：快乐高中八堂课》是丽珊老师继《学生时代 赢在心态》和《高考成功 赢在心态》之后的又一力作。丽珊老师投身心理健康教育有爱心，有方法，有反思，有升华。她拥有爱生如子的胸怀，珍惜每周一节的心理健康课，向45分钟要效率，用35分钟为全班同学讲解心理学理论、提供简单易行的心灵成长方案，通过案例分析的方式引导学生换位思考，提高解决问题的能力；后面的10分钟则与有需求的学生单独交流，学生们都珍惜这样的机会，排队向丽珊老师敞开心扉，“我们都喜欢‘温暖十分钟’，许多困扰我们很久的问题，丽珊老师春风化雨般的点拨，让我们茅塞顿开，心里可敞亮了”。从受益学生的兴奋描述中我看到了他们对老师的崇拜、对教育的信任、对学校的情感、对人生的期待。

丽珊老师二十多年一面坚守在学校心理健康教学和咨询的一线，一面在各大主流媒体开设心理专栏，服务全市乃至全国的青少年，就青少年心理特点而言她是最有发言权的。从书中的“案例分享”中，我们不难看出丽珊老师应邀走入孩子们的心灵，剥茧抽丝，丝丝入扣地抚慰、纠正、扶植、激励。她又从大量的个性化的案例中总结出普遍性的规律，给学生们更科学、更理性的引领，使学生们获得可持续发展的能力。

“耀华教师风采墙”是耀华园最具人气的地方之一。凡教龄满二十年者，都会以最灿烂的照片，发自内心的教育体悟，荣登其上。这里没有级别之分，也无需华美装饰，这面墙彰显着教师对教育的赤诚热爱，书写着耀华人对教育的执着求索。丽珊老师的教育箴言：“爱在沟通中传递。”一句朴实的话却蕴含着人生真谛，父母爱孩子，但因为不了解孩子的内心需求而想错了办法、用错了招儿。丽珊老师设计问卷，让孩子讲出在亲子沟通中的感受，然后通过“家长学校”指导家长如何给孩子不伤害的爱。“丽珊老师的讲座有理论有方法，我们一边听一边反思日常沟通中误伤孩子的言行，掌握了科学沟通的方法。丽珊老师为我们搭起了亲子心灵之桥。”学生家长代表在校务座谈会上真诚地说。原教育部校长培训中心陈玉琨主任倡导的“有道德的教育”所追求的“以课堂之美怡学生之情，以教师之行养学生之性，以科学之理明学生之心”恰是如此吧！

耀华学校就像一片森林，每一位教师都是一棵树，植根于学校的沃土，并按照学生的需求伸展着自己的枝条，为学生的生长提供栖息地和活动场，方便学生从低到高，从高回低，从这棵树飞到那棵树，采摘果实，品味飞翔的快乐。一位资深专家在我校承办的“人民教育家论坛”讲话中指出：“耀华中学在中国千校一面的教育体系中，有着自己独特的教育追求、教育引导和教育战略，任校长将‘德行与学养并重’的理念植入学生和教师心中。”2010年底，五个考取香港中文大学的毕业生利用圣诞假期来到耀华园，转遍学校的每一个角落，看望每一位教过他们的老师，包括宿舍的生活老师。他们身上留下了明显的耀华教育的印记——尊重和感恩。

我在写这篇文章时充满对学校每一位老师的感激、感恩，也充满了对学生的热爱和热忱。预祝每一位高中生都能从丽珊老师的书中收获启发，收获人生智慧，拥有幸福快乐的高中时代！

天津耀华中学校长 任奕奕

2014年7月18日

推荐序二

丽珊心理疗法，最适合中国人的心灵成长方案

丽珊于2014年1月出版了“丽珊她话题”丛书，我有幸成为第一个读者，并斗胆向读者介绍了丽珊心理疗法。4月份丽珊将《心态好才是真的好：快乐高中八堂课》的书稿发给我，邀请我继续写序言，我在受宠若惊的同时也惊叹她的勤奋。

丽珊运用其独特的心理疗法帮助了无数来访者，这基于她扎实和广博的知识、探索人性的热情和丰富的人生阅历。历史专业出身的她更愿意用历史的眼光洞察人的发展与环境的关系，把握社会发展规律对人的影响，丽珊有着深厚的中华文化底蕴；熟悉心理学的读者在阅读中不难发现，丽珊博采西方心理学各流派之长，将两者有机地融合在一起，形成独具风格的丽珊心理疗法。我认为该疗法与其他心理咨询流派主要的不同有三个方面，一是中华传统思想对每一个华人的心理价值取向构成深刻而深远的影响，尊崇这些思想会使自己的人生顺畅。二是父母都发自内心地爱孩子，而孩子也是爱父母的。双方成长的年代不同，价值观和行为方式不同是正常的。如果两代人本着“求大同，存小异”的态度，双方达成爱的互动，将拥有幸福人生。三是提出原生家庭的概念。所谓原生家庭与新生家庭是相对而言的。原生家庭是由父母照料，孩子出生并成长的家庭；新生家庭是孩子长大之后组建的家庭。原生家庭对一个人的影响包括个性、人格、人际互动、情绪管理、恋爱、婚姻状况、事业发展的轨迹和可持续性等各方面。原生家庭对新生家庭的影响是有规律可循的。

丽珊植根于耀华中学，对学生进行了二十年的成长跟踪，她真实地感受到中学时代的人生体验对其一生的深远影响。丽珊扎根学校的同时也在电台、电视、报纸、杂志、网络等各种媒体开设心理学专栏，为企业、团体做心理

顾问及心理咨询，这也使她对不同社会阶层的人的心理有全面的把握，对成年人所面临的来自生活、人际、事业、金钱、性、健康、心理等方面的压力有直观的认识，继而再将这些社会经验化作人生智慧传授给在校的学生，为他们指明人生道路。在咨询中，从横向上看，丽珊能比较精准地把握来访者的思维方式、行为习惯、给周围人的感受，以及他在人群中所处的位置；从纵向上看，透过来访者此时此刻的行为，她能够了解到他过往的经历，同时对他的未来也有了某些预见。因此，丽珊给予学生或者来访者的指导具有难得的通透性、系统性和前瞻性。

丽珊心理疗法理念

1.“趋利避害”是人性的核心，顺势而为，只要方法得当，每个人都会做出最符合自己幸福的选择。

2. 本民族的传统文化是人们心底最深层的价值取向，一旦挑战传统文化则会造成内心的纠结和系统的混乱。

3. 改变是需要生命能量的。人际系统中生命能量最旺盛的人最具弹性，最先改变并带动其他系统内成员的改变。

4. 家族间的情绪是相互关联的，作为新生代要无条件接纳长辈，否则新生代将会沿袭自己否决的老一辈的思维模式和行为模式，并沿袭不幸福的人生。

5. 每个人都有智慧的潜质，一旦外界环境适宜，则会激发智慧的光芒。

丽珊心理疗法的实施方案

1. 身心合一，在心理咨询中可以调动一切积极因素进行调整。

2. 在心理咨询师指导下的同伴互助是高品质、高效心理咨询最行之有效的辅助手段。

3. 家庭系统的调整是艰难而缓慢的，但也是最能保证问题不再复发的方案。

4. 善于人际交往的学生最具有可持续发展的动能。

5. 充分的自我认知，准确的定位，合理的期待是避免焦虑、消除紧张、和谐人际的关键。

6. 爱是最核心的生命能量。在心理咨询中修复来访者受伤的爱和被爱的能力，会使来访者的生命更有力量。

我珍惜每次与丽珊交流的机会，并愿意将她的理念传播开来，让更多的人从中收益！

Angel

In Los Angeles, USA

May 19,2014

目 录

第三讲　高情商，助你的生活步步高

第四讲　同学缘儿好，让你的校园生活充满快乐

第五讲　师生融洽，给你的校园生活多个支撑

前　言

高中生应具备的六种能力

自1995年在《家庭报》上开设“丽珊青春信箱”以来，二十年间我在不同的纸媒上开设的专栏署名就一直沿用“守望大众心理健康的丽珊”。这个署名是一种承担，虽然我不敢保证给每一位求助者的答复是最完美的，但我可以保证它是在科学的基础上最符合社会主流、最负责任和最用心的。这个署名还是一种自我激励，让自己始终保持一颗赤子之心，热爱生活、热爱新知、热爱周围每一个有缘相识、共事的人，让自己活出心理健康的人应有的幸福人生。1998年，我在耀华中学创办心理健康使者团，当时社团的愿景就是：“首先做一个心理健康的人，然后去助人，让更多的人体会生活的美好和阳光的灿烂。”二十年来，我做到了！

高中时代是承前启后的重要阶段，由被标签化走向自我认知，由他律走向自律，由依赖走向独立，由成长走向成熟。这个过程如果有意识地培养自知力、成长力、学习力、选择力、自控力和沟通力，不仅能够拥有快乐的高中时代，也能为卓越的职业生涯奠定坚实的基础。

所谓自知力是指一个人的自我觉察能力，通过解读自己的人格类型、兴趣爱好、人生目标、优势和劣势等方面，确定自己到底是怎样的一个人。自知力高的人还善于观察周围的人，给自己在人群中一个准确的定位，制订人生规划符合实际情况。

所谓成长力是指一个人持续成长的动机和能量。具有成长力的人不沉溺于过去，而是展望未来，他们既不会因为过去的成绩而沾沾自喜，也不会因为过去的失败而止步不前。成长力高的人始终保持热忱，明确前进方向，勇于行动，善于行动。

所谓学习力包括学习动力、学习毅力和学习能力三要素。学习力是把知识资源转化为知识资本的能力。学习力不仅包含知识总量，也包含知识质量，即学习者的综合素质、学习效率和学习品质；还包含学习流量，即学习的速度及吸纳和扩充知识的能力；更重要的是看知识的增量，即学习成果的创新程度以及学习者把知识转化为价值的程度。学习力高的人具有优质的学习品质，能快速地进入学习状态。

所谓选择力是对外部环境保持高度敏感，善于收集最新资讯、整合资源、明确方向。他们在充分自知的基础上，秉承顺势而为的原则，在纷杂的选项中遴选出能够将自己的资源和优势最大化的方案。选择力高的人会减少内耗，直奔目标。

所谓自控力既包括对人生目标的控制，拒绝人云亦云的盲目，具有抵御各种诱惑和纷扰的能力；又包括及时觉察自己的负性情绪，采取有效措施加以控制，自觉地提升情绪管理水平；还包括善于观察周围，与拥有正能量的人成为朋友，有效控制负能量人士对自己的影响程度。自控力强的人在人生中很少陷入尴尬的境地。

所谓沟通力是指能够将自己的诉求、愿望和情绪准确地表达给对方，并且得到相应反馈的能力。沟通力强的人可以化干戈为玉帛，与不同类型的人都能达成友好互动。沟通力强为和谐的人际关系奠定基础。

本书用八堂课从不同维度给高中生讲了增长六种能力的方案。为尊重个人隐私，书中人物皆为化名。丽珊老师祝福每一位高中生都能收获幸福的人生，幸福是一种感觉，也是一种能力，更是一种智慧！

守望大众心理健康的丽珊

2014 年 7 月 19 日

丽珊联系方式：
微信:lishanrexian
丽珊幸福心理公众平台:tjzhanglishan
电子邮箱:lishanrexian@163.com
心理热线：022-23396165 13662045051

第一讲
新环境，而今迈步从头越

新环境是风险与机遇并存。新环境给我们重塑自我提供了绝好的机会；但如果对新环境缺乏足够的认识，则会被许多不确定的因素困扰，不但影响学习成绩，还会产生连带性问题，更有甚者扭曲了求学之路。心航路教育心理机构科研部统计显示，有过新环境适应不良经历的来访者占全部咨询量的54%。他们呈现的心理问题分别为：人际关系紧张造成社交困难占41.8%；因学习成绩落后而辍学占37.2%；自信心受挫，生活态度消极占13.5%；用深度恋爱（发生性行为）弥补内心的空虚占5.3%；心理障碍或疾患占2.2%。统计还显示，中途转学所面临的适应性挑战远远高于初始年级。

第一节 新环境，机遇与风险并存

天津耀华中学自1994年在高一年级开设心理健康课，我有幸二十年无间断地担任这门课程的任课教师。为了方便学生，我每节课都留下十分钟与有需要的学生“私聊”，这个时间被学生们称为“温暖十分钟”。他们会将一些最需要及时解决的困扰讲给我听。开学之初的一个月，他们给我讲得最多的就是无法适应新环境——

他们发现高中的同学除了有优异的学习成绩之外，还有很多业余爱好、旅游经历、人生阅历、社会热点问题的个人观点……看着同学们交流，觉得自己知识匮乏，根本搭不上话儿；

他们难以融入新环境的同时又惊恐地发现，和初中的朋友再也不像之前那样亲密无间，心与心之间仿佛隔了些什么；

曾经老师眼中的优秀学生，现在却沦为“空气”，老师根本没有注意过自己；

他们第一次体会到上课听不懂老师所讲的内容；

他们不知道是不是这就是生命的转折点，难道以后自己就这样生活了吗？有的学生甚至因此出现睡眠障碍。

……

心理学家皮亚杰认为，智慧的本质从生物学来说是一种适应。它既可以是过程，也可以是一种状态。人是在不断变化中与环境达成平衡的。在适应的过程中有积极的适应，也有消极的适应。积极的适应是为了“征服”，而消极的适应则是“同化”。

每个人进入新环境都会或多或少出现不适应反应，但因为每个人的个性不同、所处环境不同、心理的调试能力不同，由此产生的情绪反应程度也不一样。那么新环境适应是不是有规律可循呢？

丽珊—新环境适应 U 型图

我在大量的实证性研究基础上，总结了丽珊—新环境适应 U 型图，让我们更加直观地看清进入新环境后人内心感受的变化。如下图所示：我以满意程度为纵坐标，阶段为横坐标，由此我们看到在不同阶段人对新环境满意度的状态及其走势。

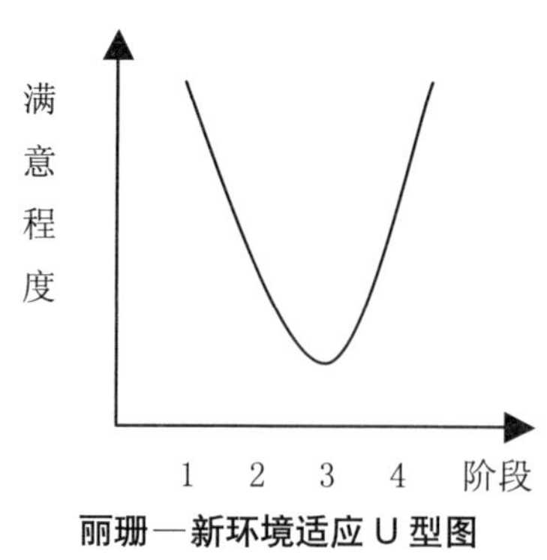

丽珊—新环境适应 U 型图

第一阶段：高满意状态

进入新环境，过去的不愉快就会是过往云烟……

与其说是对新环境满意，不如说是对有机会将原来的不太理想的自我形象进行“格式化”、并能够按照自己的意愿重新塑造公众形象满意。

新的学校环境、新的集体、新的老师、新的授课方法、新的同学……这些都足够让你感到兴奋，觉得呼吸都会变得顺畅，感到天总是那么蓝，阳光那么灿烂……

如果你中考成绩特别优异，进入了理想高中，那么你会觉得这个学校哪儿都好，所有一切都是你想要的。

如果你中考成绩不理想，不得不进入低一等级的学校，你会迁怒于高中校，觉得这个学校哪儿都不如初中母校，但在全新环境里，你成了鸡头，有机会成就你的“学霸梦”“领袖梦”……找到自我价值感。

无论如何，入学的前两周（或许更短一些），对新环境的满意度是高的。

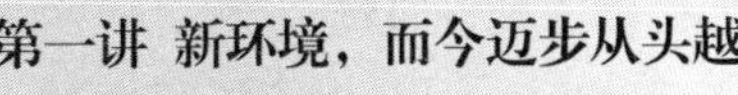

第二阶段：危机初现

满意度下降，因为旧环境造就了你的思维方式和行为模式，有些势必与新环境的要求不相符合，你的行为与新环境的要求不合拍，对新环境的不适应初现——

学习上：成绩在现实与理想之间产生巨大的差距，原来一直能够给你带来好运气的学习方法现在不灵了。开学已经两周了，许多学科的第一章基本讲完，测验是在所难免的，成绩让你有点蒙……

师生间：新的老师暗含的玄机比生机要多，授课方法和考察方式与原来的老师可能完全不同……你无法一下子适应过来。与班主任之间的关系可能因为误犯错误，或偶犯错误而出现了小小的不和睦。进入低一等级学校的学生会全盘肯定初中老师，否定高中老师。

同学间：刚开学时，同学们凑在一起分享原来学校的趣事，但随着课业的加重，同学间不可避免地展开成绩的较量，出现疏离和矛盾在所难免。

亲子间：父母对孩子总是有不切实际的期待，进入新环境如果不能将自己所面临的困难告诉父母，父母不但不能成为支持的助力，反而会成为新的压力。

个人形象：新环境有许多不同于旧环境的规章制度和行为规范，由于误犯错误对自己形象的确立产生了不良的影响。

第三阶段：进入谷底

期中考试（形成性检测）将所有的矛盾公开化，有些学生甚至认为自己未来的三年可能会在暗淡和混乱中度过。可能开学以来，你一直用“没有考试”来搪塞父母的关心，对自己的学习状态避而不谈，但期中考试后的家长会将一切呈现在父母面前……“让暴风雨来得更猛烈些吧！”

你可以在父母、同学面前表现出对成绩漠不关心，甚至装作有些玩世不恭……但当夜深人静，你独自面对自己的内心时，你会对自己的学习能力产生怀疑，这种怀疑慢慢由学习泛化到其他方面，并产生焦虑和自卑。

第四阶段：逐步走向适应

无论怎样，进入第四阶段你都开始适应了。当然可能是积极的适应，按照自己的理想确立被老师欣赏、同学认同的自我形象；也可能是消极的适应，因为自己的一些失误而形成并不理想的公众形象，甚至改写了人生的轨迹。

许多学生曾向我发出慨叹，如果一切都能从头再来就好了，好，现在就借鉴其他同学的成长经历，让我们赢在起点吧——

——摘自张丽珊著《成功的学生时代 你应这样度过》

（中国水利水电出版社 2004 年）

第二节 新环境，先认识后适应

到什么山上唱什么歌，进入新环境，在摸清情况之前千万不要急于自我表现。认识新环境都包括哪些内容呢?

一、认识学校环境

学校环境包括学校的硬件环境和软件环境。

1. 学校硬环境

学校硬环境包括校舍、处室、学科组、年级组、实验室、音乐教室、体育馆等，消除对新环境的陌生感和恐惧感，缓解紧张情绪，心理上就会产生初步的安全感。“我是属于这个环境的！”

〖案例分享〗

报到提前一小步，人生跨出几大步

史一钢是我心理健康课忠实的“粉丝”，他认真记录下我给大家的所有建议。大一暑假他回耀华中学看望我时，已经奇迹般地成为东北某著名大学的学生会副主席了。“丽珊老师，您是这个奇迹的创造者。”心理健康课上我告诉他们认识新环境的重要性，嘱咐他们考上大学之后，报到前要充分认识大学的硬环境，使自己先人一步。

史一钢不仅记得我的嘱咐，而且还认真筹划，提前五天到了学校。该大学有四个校区，他首先用三天的时间将四个校区详细地转了转，画出路线图，做到心中有数。然后就到校学生会报到，成为迎接新生的志愿者。因为他对学校硬环境的充分了解，给同学的帮助做到有的放矢，得到同学的一致好评。

当所有渴望加入学生会的新生接受面试时，史一钢已经是面试官……当同学们还当干事时，他已经当上了学生会副主席。

“丽珊老师，您的建议太妙了，我提前五天到大学，人生已经跨出去好几步。”

2. 学校软环境

软环境包括学校的各项规章制度、行为准则，如：课堂纪律、检查评比标准、着装要求、作息时间等。这样既可以严格要求自己，又能避免误犯错误。

〖案例分享〗

误犯错使她与“三好生”无缘

很多年前，我担任高一班主任时，小雅给我印象深刻，她上课总是精神饱满，腰板挺得直直的，目光追随着老师……只是她不太善于在同学面前表现出积极性。在她羞涩外表的背后，我看到她对自己在新集体中的形象充满了期待，如果没有那次“违纪”，她可能会是一位很出色的学生干部。

年级领导要求高一新生进礼堂集会时带笔记本将会议精神记录下来。那次集会全场纪律很好，德育老师不断地巡视……最后，德育老师对集会进行总结:“刚才我点名的三位同学站起来留下，其他同学随班依次退场！”出乎我的意料，小雅站起来，她的头低得很深，全年级学生的目光都聚焦在她身上，“女生也违纪？”

小雅坐在通道边上，记录会议精神的间隙，在笔记本上画卡通（违纪总是相对的，如果全场混乱，不扰乱秩序、安静画画的行为肯定不算违纪了……），我生怕这件事对她的形象产生不良影响，特意和她手拉手走进教室，向学生们表明我对她的“违纪”并不在意……

但之后，小雅上课不再坐得那么直了，更沉默了。尽管她的成绩始终在班里名列前茅，但在评“三好生”时她没有被提名，我很心疼她，私下与学生进行交流，追问他们为什么不投小雅的票？他们很自然地说:“她违过纪，给咱班抹黑了呀。”天呀，就这么一件小事却在她的身上打下了如此深的烙印。

进入新环境，犯无心之错是最令人沮丧的。多年来，我观察发现，凡是教师宣讲规章制度的时候，学生往往会表现得漫不经心，觉得老师不过是老生常谈。殊不知，这种对规章制度不在意的态度为以后犯无心错误埋下了隐患。所以，进入新环境，要对规章制度保持高度的敏感和关注。

二、定位准确，认识任课教师

师生关系的好坏不仅影响学生的心理环境，而且对学生的学习成绩也会产生直接的影响，在心理咨询过程中，有严重厌学倾向的学生都有过与老师不能和谐相处的经历。

上好第一节课，充分了解老师的各种信息。

老师的基本信息。比如老师的姓氏、年龄范围、婚姻状况、性格特点、说话语速等等。老师自我介绍的所有信息都要认真地听。记住！未来再见到老师，就要大声地、指向明确地与老师打招呼了："张老师好！""王老师好！"如果有可能，向老师做一下自我介绍，方便老师尽快认识自己是不错的选择。

老师的教学要求。第一节课老师会将自己的教学要求明确地告诉学生，好记性不如烂笔头，把老师的要求记在笔记本上，严格按照老师的要求做事避免误犯错误。

老师的个人风格。每个老师都具有独特的风格，学生要尊重老师的风格，并顺应老师的风格，为建立良好的师生关系奠定基础。

三、发现每位同学的闪光点

记住同学的名字、爱好特长，还要注意其忌讳，避免无意中伤害别人。

为了方便自我定位，最好在入学之初就对生源情况有全面了解。无论你曾经多么优秀，"山外有山，人外有人"，一定要时刻提醒自己，避免在"真人"面前露怯。每个同学身上都会有值得我们学习的地方。向同学学习不仅是自身成长的一条途径，也是同学关系和谐的"润滑剂"。

与同学关系好会使你产生集体归属感，他们将是你的心理支持系统，未来你一旦遇到困难，他们的关心和帮助会增强你克服困难的信心。

四、认识新的你

进入新环境，一切都变化了。你可能曾经辉煌过，但你没有资格自傲，因为强中自有强中手；你可能曾经不如意，你也没有必要自卑，新的环境给你重塑自我带来绝好的契机。

1. 严格要求自己

遵守各项规范要求；给新环境中的自己一个准确的角色定位，如果由重点校进入普通校，要接纳现实，不带任何成见地接受新学校，制订新的成长计划，做好“鸡头”。

如果由普通校进入重点校，要知道学习成绩的提高不是一蹴而就的事，而是需要不懈努力慢慢提升，要有韧性，常常调整自己的情绪，给自己积极向上的心理暗示。脚踏实地做好每一件事情，提高自己在群体中的相对位置。

严格要求自己的言行，不做违反纪律的事情，不说不利于班级团结的话。

2. 大胆而适度地表现自己

进入新环境，要大胆而适度地表现自己，在学生时代做一些社会活动不仅能够锻炼自己的能力，还会培养自己的团队精神和人际协调能力。

〖案例分享〗

珍惜自我推荐的机会

From: 李潇潇

我是重点校高一新生，在小学和初中我都是学生干部，并且工作业绩挺好的。进入高一年级，班主任要求我们自我推荐，我觉得自己一身正气，并且档案里有我区级优秀学生干部的证书，老师肯定会选择我的，但出乎我意料的是，老师真的是在自我推荐的同学中选择了班委。

说心里话，我也懊恼过，但转念一想，上高中了，目标是考上好大学，不做班委能够避免浪费时间，未必是件坏事。但内心的感受远远不是我想的那么简单。在不做班委的日子里，我无法调整自己看待问题的角度，常常冒出与自己身份不符的话。我在竭力地克制自己不去看、不去想，可越是这样，我越不自觉地审视现任班委的工作，他们都挺自私的，不能以班级的大局为重，所以我们班已经是年级六个班中最差的。我陷入了深深的自责之中，为此我的成绩受到了严重影响。

To：李潇潇

我很理解你现在的心理感受，每一个新生都希望自己所在的班是好班。当自己所在的班不尽如人意时，同学们都会感到失落，尤其是原来就有班级管理经验的同学，更是有一种有劲无处使的感觉。潇潇，你能够看出班级管理中的问题，可又受着“不在其位，不谋其政”的观点束缚，将自己的想法积压在心底，从而影响了你整个心理状态。

潇潇，不客气地讲，你的现状是你自己亲手造成的，为什么不在入学时大胆地表现自己，将自己的才干表现出来，为自己创造一个展示才干的机会？在我们传统的观念中，表现自己是爱出风头的同义词，所谓“枪打出头鸟”。于是每个人都用“谦虚”包裹自己的想法，这已经成为我们中国人的一种思维定势，压抑着我们思想的火花、创造的灵感。青年人要有大胆表现自己的勇气。

表现自己的才干，其实就是激发自己的潜能。面对问题、解决问题、积累经验构成了我们成长的三步曲。在表现自己的时候把握好度，就能够得到大家的认同。

我担任高一年级的班主任时，入学第二天，一位女生问我学校的木工室在哪里？一位学生的书箱底掉了，她们要帮他修理一下。我被她的责任感所吸引，回去翻看成长档案，发现她初中做了三年的班长，并且带领全班获得市级三好班集体。我马上决定任命她做班长，高中三年她的才能得到了充分发挥，光荣地加入中国共产党，被保送进著名大学。现在她已经成为一名高级领导干部了。

潇潇，在表现自己的同时也要注意尊重他人，千万别贬低别人来抬高自己。将自己对班级建设的想法和班主任充分沟通一下。“天下兴亡，匹夫有责”，每一位同学都应该为班级作贡献。

3. 协调人际关系

主动与同学交流，与老师沟通，同时也要将自己在学校的感受讲给父母，让他们对新环境中的你有所了解，避免期待过高造成亲子间的矛盾。

4. 塑造良好自我形象

在社会中，每一次进入新环境都是难得的机会，要对自己以前的行为和公众形象进行盘点，将自己希望改变的事项列出来，一项一项落实。提高社会适应力，优化心理环境，以积极健康的状态迎接新环境。

〖案例分享〗

都是酷酷头型惹的祸

高一年级的刘世皓不去上学了，强烈要求母亲将他转到艺术学校。两个理由貌似很充分：一是他根本学不懂文化课，还不如学一技之长；二是被同学欺负。母亲非常惊讶，儿子从小就没有什么艺术特长，怎么能上艺术学校呢？另外儿子长得人高马大，怎么会有人敢欺负他呢？

第一眼看到刘世皓，我就断定酷酷头型给他带来了麻烦。他半张脸都掩盖在头发里，我只能看到他一只眼睛。“世皓，你人还没到艺校，头型已然够艺术了。你们学校不管吗？”我以头型作突破口会使交流尽快进入主题。

“学校为什么要管学生的头型，我们学生还有没有人权呀？”刘世皓的情绪证实了我的猜测。

“你妈妈说同学中有人欺负你，怎么可能呢？你这么高大威猛。”

刘世皓告诉我，他们班高杰特别不可一世，想做班里的老大，他笼络了很多学生，单单把刘世皓甩在外面。只要他做什么不符合学校规定的事，高杰就会第一时间向班主任汇报；在宿舍，高杰让刘世皓给他擦鞋，替他打水，还不让同学和刘世皓玩儿……他觉得在学校待着太憋屈了，所以想转学。

“高杰还欺负其他的同学吗？”

“班里有一个小个子，他整天和同学说自己是混社会的，高杰总是打他……”高杰欺负的学生有明显的特征：招摇、能惹事却不能扛事，这种学生往往是老师和学校规章制度的挑战者，他们就算被欺负也不会得到老师的保护。

“高杰这样欺负你，你可以和班主任谈一谈呀！”

“班主任对我有成见。”刘世皓的回答证实了我的猜测。

刚入学时，学校进行仪表规范化教育，刘世皓的头型不符合学校的规定，班主任几次要求他剪了，刘世皓坚决不剪。学校下了最后通牒，过了自己整改的期限，学校就请理发师来，将不符合要求的学生的头发统一剪了。刘世皓不得不跑到学校门口的一个理发店理了头发，但他觉得很难看。上课时他带着运动帽，老师让他摘帽，他觉得老师欺人太甚，和老师僵持着。高杰走过去，把刘世皓的帽子摘下来扔到地上：“你怎么这么没规矩，你在浪费我们大家的时间……”之后，全班同学都不理刘世皓了，班主任对他也有了成见。

在学校里，老实本分的学生是不会被欺负的，因为欺负他们不但不会提高声望，反而会落下欺凌弱小的恶名。被欺负的学生具有某些共性：课上乱说乱动，成绩差；说话办事没规矩，令人生厌；不识好歹地挑战老师的权威；低自尊，没有朋友……打压这类学生会让班里很多同学觉得解气，由此提高声望。刘世皓的头型就是一个标签，他就是学校规则的挑战者。欺负他自然会提高高杰在同学心目中的地位。

刘世皓同意我的分析。我告诉他，要想让高杰不再欺负自己就必须要缓和与班主任之间的关系，改变头型是最直接最有效的方案。

头型在一定程度上代表了一个学生的精神状态，同学，照照镜子，正正衣冠，将自己打扮成规范的高中生吧！

第三节 行为习惯是我们真正的名片

我担任心理教师的同时，也是一些欧美企业的心理顾问，我负责员工的招聘、晋升考评、团队培训和个体咨询等工作，我深切感受到名牌大学并不一定成为学生找到好工作的保证。

大学生就业难已经家喻户晓，与此同时，用人单位却在慨叹："人才难觅，招个合用的人怎么这么难呢？"一些企业因为招不到合适的人才，造成一些项目停滞或废止。学生应尽早地了解企业的用人标准，不断提高自己的社会适应力，为未来就业奠定基础。

小行为背后的大问题

一、上课不专注听讲说明：老师讲的知识不重要

经常有学生向我诉苦老师不喜欢自己、对自己有成见。而探究原因往往是学生上课不专注，给老师传递了错误的信息。

〖案例分享〗

老师为什么不解答我的问题

曹玉是典型的A型性格的人，她总是眉头紧锁，好像她是人群中最忙的人，周围的人都要为她让路。她满脸沮丧地和我抱怨，英语老师看她不顺眼，其他同学问问题时，老师都会热情地回答，而单单她提问题时，老师马上严肃起来："你具有很强的自学能力，课上都不屑于听讲……"

曹玉觉得老师的态度很不端正，她有说这些话的时间完全可以给她解答了。"还是请你快点告诉我刚才你课上是怎么说的。"曹玉难以控制自己的情绪了。

英语老师不仅没有给她讲，而且自此没有再给她判过作业。

“曹玉，你上英语课时全神贯注地听讲了吗？”我基本猜到了问题出在哪里。

曹玉告诉我，她十分珍惜时间，自己的英语基础不错，所以每当上英语课时，她手边都会放着理科作业，老师讲“无关紧要”的东西时，她就顺手写点作业……

“曹玉现象”在学生中比较常见，他们每天像上了弦的发条一样，让自己忙忙碌碌，教师只要讲一些拓展的东西，他们就认为没用，忙着写其他科目作业……这种行为本身就是挑战教师。“我讲的内容好无趣呀！学生们都干更重要的事情去了！”教师内心会有些沮丧。如果这样的学生下课又找教师问课上讲的内容，教师不回答是对的，给学生一个明示：学会专注，学会尊重。

二、考试作弊说明：我不讲诚信，怎么了

作弊的危害到底有多大？作弊的潜台词是不诚信，对你的个人形象伤害会不断蔓延……

〖案例分享〗

高中时代不诚信殃及企业合作

仝老板是身家过亿的民营企业家，他找到我做心理咨询时已经患上了严重的抑郁症，深陷痛苦之中。“丽珊老师，我中学时代的确不好好学习，作过弊，说过谎……只是为了面子。自打做生意以来，我非常讲究诚信，但为什么老同学还这么不负责地评价我呢？难道就不给别人改过自新的机会吗？”

仝老板的抑郁症源起于一个与美国合作的项目，如果项目达成，每年的利润非常可观。仝老板志在必得，为此他扩大厂房，引进先进设备，招聘高端人才……投入将近一个亿。美国老板 Jack 对仝老板的企业非常满意，达成合作意向后 Jack 回国度假了。度假期间，Jack 将合作的事情与朋友分享，朋友根据多年与中国人合作的经验，提醒 Jack 一定要注意仝老板的人品。Jack 犹如醍醐灌顶，马上通过其他渠道打听仝老板的为人。

很快，一个聚会在北京某酒店举办，席间有一位是仝老板的高中同学，宾主推杯换盏间，“无意中”谈到仝老板。

“我们班主任当年就说他长大以后一定会成为大商人。”

“为什么呢？”

“咱中国不是有句古语吗？无商不奸，他的作弊手段让老师防不胜防，说谎、编故事不眨眼，把班主任气坏了，说他以后一定是大商人……”

一阵笑声之后，宾主继续他们愉快的晚餐，一份报告第一时间传到美国……

项目中止，仝老板之前的投入做了无用功，他一定要找到毁他的人，当调查报告放到他办公桌上时，他欲哭无泪……

“我不是学习的材料，作弊只是为了面子而已……为什么用当年的目光看人呢？”

俗话说，“人在做，天在看”。人做事的目的有许多种：

有的人做事是为了给大多数人谋利益，鞠躬尽瘁、死而后已，这种人被称为高尚的人；

有的人做事是为自己谋利益，信奉人不为己、天诛地灭，这种人被称为狭隘的人；

有的人光明磊落做人，踏踏实实做事，不为名利所束缚，我们称之为君子；

有的人做事偷奸耍滑，追名逐利，我们称之为小人。

透过做事的态度和目的，我们就可以看清某人的人品优劣了。

中学时代，人的价值观已经基本形成，一言一行堆积起来就是你在同学心目中的形象，未来大家各奔东西，学生时代你给人家留下的公众形象就固化了，很难更改。学生时代，一定要珍惜自己的形象，今天的你不要做让明天的自己后悔的事！

三、经常性迟到说明：我不在乎别人的感受

现实生活中有一些人，他们很有能力，但始终与成功无缘。在与他们的交流中发现，他们多数不遵守小规则，被周围人划归为不可倚重的人之列。

经常迟到不是行为问题，而是人际交往的基本态度。

〖案例分享〗

你愿意叫“迟到”吗

高一开学的前三天，刘冰都迟到了。班主任郑重地要求：谁要是再迟到，就要记到违纪卡片上了。第四天刘冰又因为半路想起忘带作业回家拿而迟到了，看着他狼狈地走进教室，老师和全班学生都被气乐了，课下有的男生索性就叫他“迟到”。

周一的班会课上，刘冰请求班主任允许他说几句话。获准后，他走到前面，深深地给班主任鞠了一躬，又给同学们鞠了一躬。“我不想成为一个不守规则的人，我有一个坏习惯，爱掐时间，初中时掐得准，但高中离家远了，掐不好时间了……我下决心要改变这个坏习惯，请老师和同学给我改正的机会，别叫我‘迟到’，好吗？”

刘冰的表白及时“止损”，避免了自我形象受损。

四、过度为自己辩解说明：我可不是好欺负的

一些学生被老师批评时总是竭力为自己辩解：“错误不在我。”每每“得逞”，他们会为自己的口才而洋洋自得，其实在老师心目中你个人形象的损失远远超过错误本身。你的反驳让老师接收的信息是：“不要惹我！”“我可不好欺负！”……辩解会使人与人之间产生裂痕，使人觉得和你说话不舒服。

〖案例分享〗

不要把辩论当作生活的常态

王书鹏的父亲钟情于国际大专辩论赛。从小王书鹏就和父亲一起看辩论赛，父亲要求他说话吐字清楚、观点明确，用必胜的信念和犀利的言辞击败对方……

王书鹏没有辜负父亲的期待，从小就能言善辩，每天都梗着脖子，拿出与人辩论的架势。学校举办辩论比赛，王书鹏觉得一鸣惊人的机会到了，他每个课间都跑去学生会张罗，有时竟然忘了回班上课……

班主任建议他要以学业为重，他就摆出辩论的架势，说班主任就应该支持学生积极参加学校活动……几次“过招”之后，他言语明显占了上风，只是班主任不再管他了……请自便吧。

心智成熟的人善于审时度势，作为学生，为了课外活动而舍弃课堂学习及人际互动是不明智的，跟老师辩论更是欠妥当的。当自己与老师的观点不一致时，应暂时以微笑替代可能引起的争执，如果有误会，应在事后给老师写一个书面的材料，向老师解释这件事。辩论是一种工作状态，而不能将辩论的状态带入日常生活之中。

五、拖拖拉拉说明：我不值得你的信托

拖拖拉拉是一种比较普遍且危害较大的行为方式，有这样行为倾向的人从心理上普遍存在以下特点：懒散、遇到困难裹足不前、做事追求完美、患得患失、拈轻怕重等。有的学生则是因为安排不合理，比如应承过多，时间安排过于紧张，在接受任务时缺乏对自己能力、时间的正确评估，制订目标不留余地等。

改变拖拉的关键在于接受任务前考虑一下自己的能力和资源，比如你答应为班级准备一个班会，你要自问以下几个问题——

1. 我是否具有这样的能力？

2. 我以前是否有相关的可借鉴的经验？

3. 能有多少同学愿意和我一起做这件事？

4. 在准备班会的过程中会不会有重大的考试，我是否能兼顾？

5. 我会遇到什么样的困难，是否有能力解决？

6. 在整个过程中需要老师给我怎样的帮助？

当然可能还会有其他的问题需要考虑，那么就跟老师说："我回去认真考虑一下是否能够胜任，明天向您汇报，好吗？"这不是推脱，而是对事情负责任。一旦答应老师就应该做出一个日程表并遵照执行。

六、无礼而粗鲁的行为说明：我的个人修养有问题

有的学生将口带脏字作为"酷""潇洒"，一旦形成习惯，在与老师说话时也会不经意地说出来，这会使老师认为你没有良好的家庭教育，品行恶劣，进而对你的办事能力、可信赖程度表示怀疑。

〖案例分享〗

狂野女生迷茫了

于蔚生活在棚户区，从小她就下定决心通过学习改变命运！升入重点高中之后，她生怕在同学面前露怯，刻意模仿着温文尔雅女生的言谈举止，一起考进这所学校的初中同学取笑她"假模假式"的普通话和忸怩作态……坚持了一段时间，她放弃了，做真实的自己！

于蔚在楼道里粗门大嗓，充满市井气地与同学打招呼。上课时，与班里一位搞怪的男生前后呼应，模仿老师略带乡音的发音，给老师起外号，用低俗的话逗同学……她成了班里的"奇葩"，女生躲避与她同行。她明显感觉到班主任对她的厌烦。

出生环境不会对一个人构成决定性的影响，影响个人形象的是自己平时的言行。升入重点学校的学生对未来充满了期待，渴望塑造更好的自我形象。

自我改变和成长中会显得有些笨拙也是正常的，但不要放弃自我成长的机会。无论是在什么样的环境，无礼和粗鲁都是会给自己减分的。

【心灵作业】

第一印象练习

第一印象，无论是正确还是错误的，都会给别人留下深刻的印象。你给同学留下的第一印象是否如你所愿呢？

第一步：请你在下面的列表中，圈出5个能够形容你最希望留给同学印象的词汇。每一项后面括号里的词与其前面的词有相同或相似的意思。如果它更恰当地表达了你想要留下的印象，将它圈出来。

第二步：请你周围的同学选择5个最能代表你特征的词汇圈起来。

第三步：当你得到他人对你的印象之后，问问自己这是不是你想给别人留下的印象。如果是，恭喜自己。如果不是，你能做什么样的改变呢？

词汇表

爱冒险的（勇敢的）	明智的（聪明的）	警惕的（机敏的）
博学的（有见识的）	野心勃勃的（有追求的）	成熟的（长大的）
过分自信的（具有强烈意志的）	温和的（平和的）	有条理的（高效的）
谦虚的（谦卑的）	有才能的（胜任的）	乐观的（积极的）
关心的（焦虑的）	有组织的（守纪的）	谨慎的（小心翼翼的）
友好的（合群的）	迷人的（有魅力的）	令人愉快的（惬意的）
厚道的（天性温厚的）	有礼貌的（有修养的）	自信的（有把握的）
实际的（脚踏实地的）	体谅的（友善的）	改革的（前瞻性的）
果断的（坚决的）	安静的（沉默寡言的）	雅致的（幽雅的）
发光的（闪耀的）	支配的（专横的）	可信赖的（可靠的）
宜人的（随和的）	节制的（自我控制的）	有魄力的（富有能量的）

敏感的（敏锐的）	热情的（反应快速的）	严肃的（坚定的）
强有力的（侵犯的）	时尚的（时髦的）	友好的（亲切的）
容忍的（宽容的）	开心的（爱嬉戏的）	传统的（守旧的）
真诚的（诚恳的）	可信的（可接受的）	优美的（敏捷的）
反传统的（异常的）	辛勤工作的（勤劳的）	有生气的（有活力的）
幽默的（诙谐的）	温暖的（有同情心的）	

【媒体文章】

名校“踩线儿”生遭失宠阴霾
心理调整强于报班上课

《今晚报》2013 年 8 月 11 日第 11 版

作者：叶丹

小升初、中考等大考已经尘埃落定，考上好学校的学生得意扬扬，家长也予以多种奖励，即使孩子踩线考入，家长依然奢望其在三年后的毕业考中一飞冲天。可名校高手如林，学业竞争压力自然不小，很多名校学生曾表示“自己在挫折和无视中痛苦地度过三年”。专家提醒：考上好学校后别高兴太早，做好心理准备，争取在未来三年里跟上趟儿才是硬道理。

“垫底儿”的日子不好过

讲述人 博雅 高三毕业生

前两天高考录取通知书发下来了，我被一所普通大学录取，这个结果在班里垫底儿，虽说心里不好受，但终于离开了这个压抑的环境，我还是挺开心。

三年前中考，我的分数刚够这所市重点高中，当时全家欢呼雀跃。我妈逢人就说：“孩子命好，踩线儿进重点校。”那年暑假是我三年来最快乐的时光，但如果时间可以倒流，我不会选这个学校。

平心而论，中考算是超水平发挥。初中时我已经知道自己在理科方面没什么天赋，只是靠着勤奋、玩命做题才保住数学、物理成绩不落后。可高一时，数理化的难度都上了一个台阶，老师的教学方法也跟原来不一样，进度非常快，别人一个小时写完的作业我却需要花三个小时写。一开始我坚信勤能补拙，课下苦练数理化练习题，有大半个学期都学到凌晨一两点。可是期中考试时名次却是倒数。我一直很努力，却永远跟不上。

上课听不懂，作业不会写，就算想请教老师都不知如何下手——因为“窟窿”太大，听课跟听天书差不多。我也曾经找老师请教，可就连老师都不知道该如何给我补课：实在差得太远，漏洞太大，补不上了。现在想来，也许是名校老师没见过我这样的差生，如果在一般校，老师应该有应对我这种“笨学生”的方法。

一开始，老师对我这种后进生勇于提问的精神予以肯定，可几次过后，当发现完全跟我“讲不明白”时，老师就彻底无语。有一次物理老师一着急，扔出一句：“这都不会！榆木疙瘩啊！这样的问题别来问我，自己看书去！没什么可讲的！”办公室里其他老师都侧目，似乎诧异怎么还有如此不开窍的学生。当时还有几名同学在后面排队，见此情景立刻挤上前请老师答疑。我本以为老师对他们的态度也会像对我一样，可是人家态度180度大转变：细声细语回答了所有问题。这也难怪，那些同学问的是有技术含量的问题，而且一点就通，哪像我这块榆木疙瘩。

学习跟不上，在班里难免受同学欺负。前后左右的同学都比我成绩好，被他们瞧不起、嘲笑成了常事。我也曾偷偷流泪，也曾想找老师调换座位，也曾上课外补习班，可这些都是徒劳。我成绩依然倒数，依然不招老师待见，受同学嘲笑。三年里，只要进了教室门就如同进了牢房，我没有笑容，也很少说话。高考结束，我就如同被释放，终于逃离了这个环境，不愿再回望一眼。

本是佼佼者 如今却“失宠”

讲述人 庞骏 高二学生

我的初中是在河西区一所区重点上的，三年里一直是班级前三名，同学羡慕老师抬爱。中考时顺利考上了本市最好的高中，而且入学分数也在中等偏上，我和父母想当然地认为以这样的成绩进了高中后定会一飞冲天。可现在看来，那时太高估自己的学习能力了。

班里的同学基本上分为两类，一类是我这种外校优秀毕业生，另一类是初中本部毕业、成绩不错留校的。实话说，我们这些“外来户”的入学成绩大部分高于留校的同学，可半个学期过去，人家没怎么费劲成绩就节节攀升，我使出了“吃奶的力气”也才保住中等生的位置。要说人家比我聪明多少倒是不尽然，只是我们“外来户”的学习方法跟不上，无法适应老师的节奏。初中时老师会将书本上的知识掰开揉碎讲清楚，而高中老师默认课本知识过于简单，学生应该自学，课上只负责拔高儿。我早已习惯手把手的教学方法，冷不丁自学课本，真是无处下手，别的同学花一个小时学完的内容我却得看上一晚上，课本知识已经弄得我焦头烂额，课上的提高知识听得更是云里雾里。

不管我怎么努力，成绩只处在中等偏上。对于我这样不招灾惹祸、成绩中等的平庸学生，老师倒也不批评，更谈不上表扬，平时甚少给回答问题的机会。不能说老师对我不好，只是视我为空气。也难怪，好几十人一个班，不管是平时课上提问还是考后经验总结，前十名和后十名都是老师关注的对象。也许是初中时受关注成常事，如今失宠备受打击。

在这种名校，答疑课上同学们都很活跃，越是成绩优秀的学生疑问越多，而老师也乐得为他们答疑解惑，其态度之温柔，仿佛慈母对爱子一般。每次解答完，老师还会补上一句:“孩子听明白了吗？”只要看见好学生稍有迟疑的眼神，老师立马继续解释:“刚才我说得太快了，你也可以从这个角度解题……”老师苦口婆心不厌其烦，直到这位学生恍然大悟满意坐下，才会示意下一位学生继续提问。毫无悬念的是，提问的学生十之八九是优等生，像我这种中等生即使举手了也不一定轮得到，就算有机会提问，老师对我们的态度也不再和蔼可亲。

我也承认自己小心眼，难免吃醋。可老师对好学生的态度真的很好，甚至只要学习好，老师看他们任何地方都顺眼，经常夸他们书包漂亮、鞋子好看，再不济也说发质柔顺。可我们这些中等生无论穿什么用什么，老师都会视而不见，而后进生稍微打扮一下立刻又会被冠以“不务正业”的帽子。

虽说看不惯老师冷落自己，但冷静想来哪个老师不喜欢尖子生呢？上初中时我也是被各科老师“捧”着学，如今的情形，自己只有羡慕嫉妒的份儿啦。

心理调整强于报班上课

教育心理专家 张丽珊

每年高考张榜之后，都会有学生“马后炮”：后悔当年考入了市重点校。三年前入学时，考上好学校的扬扬得意，没考上的垂头丧气，然而在名校中遭遇各种挫折和无视，痛苦地度过三年的学生不在少数，正可谓“福祸相依”，如何让自己的一时幸运变成人生新的起点呢？

考好了也得“打预防针”

踩线儿进名校的学生和家长为这份幸运而窃喜是完全可以理解的，但如果沉浸其中，忽略了将面临的挑战则显得不明智。开学初教师早已对学生的成绩情况有了详细了解，从普通校踩线儿考入的学生自然而然被定义为“学业上会有困难”。有了这个思维定式以后，如果第一学年的成绩依然排名靠后的话，这个“后进生”的位子就算是坐实了。对孩子而言，最可怕的并非来自同学的嘲讽，而是自己内心信念的崩塌。一旦成绩不好，教师数落、同学嘲笑势必会造成严重心理打击，轻则怀疑能力不再上进，重则也许会破罐破摔、厌学逆反。尤其是那些大考中超水平发挥的学生，一定要正视自己，别以为自己就能一直是“黑马”。

还有一些学生之所以考入名校是靠着家教补课临时抱佛脚顶上来的。这样的学生大多缺乏独立学习能力和思维能力，分数含金量有限，一旦进入新学校，被打回原形的概率很高。

所以说考上好学校，先别高兴太早。打好“预防针”才能在开学后顺利跟上，找到自己的立足之地。

找准定位不“做梦”

很多家长认为，只要考入名校，在如此激烈的竞争环境中被自尊心驱使着，孩子不愿意永远垫底，肯定会奋起直追，相信用不了三年就能进步到上游。但事实上，这样的孩子在新环境中如果能告别倒数的名次就已经是胜利了，至于名列前茅，那简直是奢望。家长应给孩子作科学分析，帮助孩子认清形势，脚踏实地，并且保持心态的平和。

对于考上重点校的高分段学生来讲，看似上下差不了几分，实际反映出的学习能力其实差距蛮大，夸张点说，落后的每一分都代表了比人家多一个知识盲点，少一点心理承受能力。对踩线儿考入名校的学生来说，如果假期不能作好心理调整，一开学很容易被“打蒙”，严重质疑自己的能力。

同样，很多学生习惯了在母校当一名众星捧月的佼佼者，冷不丁进入名校过着“姥姥不疼舅舅不爱”的“受冷”日子极其不适应。这个假期也是他们自我调整的关键时期，因为名校高手如林，自己的成绩顶多算是中等，自然很难博得老师的厚爱。缺了老师的喜爱，这样的孩子必须习惯坐“冷板凳”的日子。

方法比成绩更重要

踩线儿进名校的学生中，有一部分家长比较理性，没有沉浸在盲目乐观之中，为了让孩子开学能跟上，纷纷报课外班、一对一，其实这是舍本逐末的选择。要想驾驭新学年的学业，仅仅在知识上提前学是杯水车薪的。掌握一套适合自己的学习方法才是关键。

我从事学生心理咨询工作已经二十年了，辅导过的学生不下两万人。课外家教只能帮助孩子“跟上溜儿”，绝不可能出类拔萃。上家教的孩子至少是缺乏独立思考的精神，还有缺乏主动学习的意识，甚至是和家长玩苦肉计——“家教时间安排得密不透风，就算考不好家长也不能再批评了吧？”所有成绩名列前茅的学生都拥有一套完整的学习方法，他们乐于学习、善于学习、勇于学习。学习方法是一门独立的科学，任课教师可以将自己的学科知识讲得很棒，但却很难系统地讲明学习这个学科的方法。

我在对学生进行学习方法指导之前，先对其进行各种测试，确认学生的学习风格是属于听觉型还是视觉型，是个体学还是群体学，等等，然后再有针对性地传授给学生“配钥匙”的方法。有了这个技术，打开知识的大门岂不是很简单？

总之，考上好学校的确是喜事一件，但高兴之余也应该做好心理和学习的双重准备。

【推荐阅读】

《信任的速度：一个可以改变一切的力量》

(美)柯维、(美)梅里尔 著，王新鸿 译

中国青年出版社 2011年3月出版

史蒂芬·柯维通过“五波信任”、“四个核心”以及世界各地高信任度领导者共有的“十三种行为”生动形象地阐述了如何在个人关系和职业生涯中激发和维护信任，层层递进地为我们展现了一幅通过培养品德和能力，增强领导力和信心，在各个层面建立信任的路线图。柯维令人信服地证明了信任是个可测量的成效加速器。当信任上升，效率会随之上升，而成本则随之下降，从而创造出柯维所说的“信任红利”。

【心理测试】

你给别人的第一印象如何

1. 你和别人见面的时候，会采用什么礼节？

A. 握手。 B. 拥抱。 C. 了解对方想采取什么方式。

2. 你和别人告别时，下次相会的时间地点是____。

A. 对方提出的 B. 谁也没有提这事 C. 我提议的

3. 当你第一次见到某个人，你的表情是____。

A. 热情诚恳，自然大方

B. 大大咧咧，漫不经心

C. 紧张局促，羞怯不安

4. 你会在离他多远做出上述表情?

A. 一看见他就做出这样的表情。

B. 在谈话中做出这样的表情。

C. 我本来就是这样的表情。

5. 你是否在寒暄之后，很快就能找到双方共同感兴趣的话题?

A. 是的，对此我很敏感。

B. 我觉得这很难。

C. 必须经过较长一段时间才能找到。

6. 你谈话时的坐姿通常是____。

A. 两膝靠拢　B. 两腿叉开　C. 跷起“二郎腿”

7. 你同他（她）谈话时，眼睛望着何处?

A. 直视对方的眼睛。

B. 看着其他的东西或人。

C. 盯着看自己的钮扣，不停玩弄。

8. 你选择的交谈话题是____。

A. 两人都喜欢的

B. 对方所感兴趣的

C. 自己所热衷的

9. 第一次交谈中，你们各自所用的时间____。

A. 差不多　B. 他多我少　C. 我多他少

10. 会面时你说话的音量总是____。

A. 很低，以致别人听得较费劲

B. 柔和而低沉

C. 声音高亢热情

11. 在会面中，如果你的手机响了，你将____。

A. 看一下是谁打来的，再关掉

B. 说声抱歉，然后离开座位去接电话

C. 直接关掉

12. 你说话时姿态是否丰富？

A. 偶尔做些手势。

B. 从不指手画脚。

C. 我常用姿势来补充我的话。

13. 假若别人谈到了你不感兴趣的话题，你将____。

A. 打断别人，另起一题

B. 显得沉闷、忍耐

C. 仍然认真听，从中寻找乐趣

14. 你讲话的速度怎么样？

A. 频率相当高。 B. 十分缓慢。 C. 节奏适中。

15. 与人初次会面，经过一番交谈，你能对他（她）的举止谈吐、知识能力等方面作出积极、准确的评价吗？

A. 不能。 B. 很难说。 C. 我想可以。

计分表

	1	2	3	4	5	6	7	8	9	10	11	12	13	14	15
A	2	3	3	1	3	3	3	3	3	1	2	3	1	1	1
B	1	1	1	2	1	2	2	2	2	3	1	2	2	2	2
C	3	2	2	3	2	1	1	1	1	2	3	1	3	3	3

得分解释

15－24：你给人的第一印象不太好。你也许对这个结果感到吃惊，因为你只是依着自己的习惯行事而已。你是很愿意给别人一个美好印象的。可是你的不经意或言语无趣，无形中却给对方留下了不好的印象。请记住交往是种艺术，成功的交往是需要你付出一定的努力的。

25 — 36：你给人的印象一般。你的表现中存在着某些令人愉快的成分，但同时又有不够精彩之处，这使得别人不会对你印象恶劣，但也不会被你吸引。如果你希望提高自己的魅力，请在心理上重视，多学习别人的技巧，努力在交流的第一回合显示出你的最佳形象。

37 — 45：你给人留下的印象非常好。你的礼貌、合作、对他人的照顾给第一次见到你的人留下了深刻的印象。无论对方是因为工作和你接触还是在私人生活中和你接触，他们无疑都有与你进一步接触的愿望。

【说给父母】

接纳孩子适应期内的各种表现

新环境对孩子来讲是机遇与风险并存，父母要做孩子坚强的后盾，给孩子正能量，帮助孩子提高心理适应力，尽快融入新集体。

心理适应性指各种个性特征互相配合适应周围环境的能力。一个人能否尽快地适应新环境，能否处理好复杂、重大或危急的特殊情况，与心理适应性高低有很直接的关系。孩子们很少有适应新环境的经验，每次进入新环境都是一次危机体验。危机意味着“危险”与“机会”并存，如果对新环境有充分的心理准备，那么这是调整、完善自己与周围环境关系的机会。升入高中是孩子一生中重要的拐点之一，父母在此过程中应该遵循以下三点原则：

第一，选择学校大有学问。升学是很复杂的事，父母一定要保持清醒冷静的头脑，站在孩子的角度，选择一个与孩子的实际能力相匹配的学校，并且多走访一些有过同样经历的学生，听一听他们的感受。目前人家普遍认为重点校的教育资源丰富，父母想方设法将孩子送入这样的学校，实现“望子成龙”。但并不是进入重点校就充分享受到这些资源了，有一部分孩子是不适合做“凤尾”的——

首先是自我心理调节能力差的学生。一名本应上高三的山东学生，来心航路时已经将近两年不能上学了。高一下学期，父亲未征得孩子同意，将其转入重点学校借读。被老师漠视，遭同学排斥，无论如何努力，成绩永远是班里最后几名，持久的挫败感使他丧失学习兴趣，陷入严重的自我否定之中，得上了抑郁症。

其次是“成就动机”过强而学习方法落后，又不善于借鉴别人优点的学生。这样的学生是很难适应新环境的。当他面对一下子加大了数量和难度的学业时，会感到无所适从，最后进入得过且过的恶性循环。

第二，对新环境有充分的心理准备。选定学校之后，父母和孩子一起尽力思考将面临的困难，在学习基础、人际交往、自信心等方面，陪伴孩子想出解决问题的方法，做到心中有数。

第三，进入新环境之后，父母要成为孩子坚强的心理后盾。孩子进入新环境会遇到许多新的问题，父母此时的态度将直接影响学生对新环境的适应速度和效果，因此要抱有认同、接纳和陪伴的观念。初入新环境，孩子还没有建立起群体归属感，情绪经常处于波动之中。父母要接纳孩子的各种表现，一个理解的动作和会心的眼神都会使孩子不安的心找寻到寄托。

接纳孩子的情绪，更要接纳他在新环境中的位置，不断调整心理期待。大量对新环境适应不良的学生，都是因为父母不能适时调整期待水平而使孩子紧张感加重。尤其是孩子进入更高水平的学校，心理落差已经很大了，如果父母还用原来的名次要求孩子，则使孩子反感，阻隔亲子之间沟通的渠道，使孩子陷入孤立无助的境地。

父母应做孩子人生的陪伴者和同行者，做师生关系的协调者，优化孩子的心理环境。

第二讲
心理健康，为你快乐成长保驾护航

精神分析学家弗洛伊德把人格分为本我、自我与超我三大部分。“本我”代表欲望,受意识遏抑;“自我”负责处理现实世界的事情;“超我”是良知或内在的道德判断。

二十年的心理健康教育和心理咨询经历使我总结出，心理健康的人,“本我”:“自我”:“超我”=2:6:2。20% 的“本我”使人不失浪漫和情趣，追求生活的内在品质；60% 的“自我”使人立足现实，与周围环境有良好的互动，具有良好的弹性；20% 的“超我”会让人具有敬畏感和道德感却又不会太刻板。

第一节 心理健康的“灰色区域”理论

人们越是注重生活品质，就会越重视心理健康。但大家无从了解科学的心理健康相关知识，所以误将网络的娱乐型心理健康测试当成诊断标准；误将医院的心理医生当成心理咨询师；误将情绪管理问题视为精神疾病……我接待了很多被心理医生诊断为“强迫症”“焦虑症”“精神分裂”而不得不休学，甚至辍学的学生，其实仅仅是环境适应不良、人际关系不和谐、学习方法不科学等问题，完全可以一面接受心理咨询，一面正常完成学习任务。了解心理健康的等级标准，明确不同的心理状况寻求谁的帮助则显得尤为重要。

心理健康的“灰色区域理论”用一条由白色到黑色的渐进线来代表人的心理健康水平。就心理健康水平而言，我们每个人都在这条线上，只是不同的人在不同的位置，同一个人的不同时期也可能在不同的位置。心理健康是一个动态的过程。

心理健康灰色区域理论

这条线分为四种颜色区域：

一、白色区域

该区域的人心理是健康的。

提问：心理健康的人有情绪波动吗？

回答：当然有。该区域的人在日常生活中会有情绪波动，只是他们能够比较及时地调整自己的心态，让自己的情绪始终保持在健康的状态。

二、浅灰色区域

该区域的人是有心理困扰的人。他们由于各种生活压力而产生心理冲突。生活压力包括：失恋、丧亲、家庭不和、学业困难、人际关系不睦等。各种矛盾带来的心理不平衡和精神压抑，属于非病理性精神痛苦。

提问：如何判断自己属于白色区域中的情绪波动还是已经进入浅灰色区域呢？

回答：心理自测很简单，衡量一个人是否已经进入浅灰色区域有三个指标：

1. 被同一件事困扰；

2. 负性情绪持续 7 天以上；

3. 负性情绪呈递增状态。

提问：一个学生因为考试成绩不理想情绪特别低落，但三天过后，情绪平复了，又过了两天，因为与老师产生矛盾而情绪波动，那么他是否进入浅灰色区域呢？

回答：当然没有，因为前后是两件事情。

提问：什么是负性情绪呈递增状态呢？

回答：我们都有一个常识，时间是治愈负性情绪的良药，但某些情况下负性情绪不但不能随着时间的推移而减少，反而递增。举个例子，比如你与一个人有矛盾了，开始时看到那个人，你就会难受，但不见到他，就不太在意；慢慢的，你不看到他，想起他就会有不愉快的感觉；再发展，晚上睡觉惊醒也会想到这个人，并难以继续入眠。这就是负性情绪递增。

提问：如果自己经常处于情绪波动之中，或者已经进入浅灰色区域了，是不是可以通过自己的努力改善心理状态，回归到白色区域呢？

回答：答案是肯定的，在本讲第三节我将给大家介绍一些常用的心理自助方案。但是否效果明显而持久则要看本人的心理健康基础是否良好，周围是否有强大的心理支持系统，本人是否有过战胜困难的成功经验等。

提问：自己调整一段时间，但效果不明显，或者问题更加严重了，该怎么办？

身处浅灰色区域如果不及时修正，危机会进一步扩大，造成更多的现实困难和损失，由此加重心理问题。在日常咨询中，我们经常见到浅灰色区域的人讳疾忌医，自己扛着，固执地认为自己会好起来，结果进入到深灰色区域，错过了解决问题的最佳时机。一般情况，当自己负性情绪持续 7 天以上，尽管自己有意识地调整，但负性情绪依然有增无减，最好马上寻求专业人士的帮助。

提问：专业人士是指心理医生吗？

回答：不是，心理医生是通过药物为深灰色区域的人提供心理治疗。而浅灰色区域的人应该向心理咨询师寻求帮助。

心理咨询师以心理咨询理论为基础，借助心理辅导技术，依托丰富的社会阅历和对学校生活形态的了解，通过面对面的交流帮助来访者找到造成情绪波动的症结，纠正不合理的信念和不正确的行为方式，全面、深刻地认识影响正常生活的内外矛盾，积极地适应和解决，最终缓解由此产生的心理冲突与压抑，获得内心的和谐，增强自信心和自主能力，积极地适应生活，完善人格。在心理咨询师的陪伴下，几乎所有浅灰色区域的人都能够回归白色区域。

温馨提示：有学校教育背景的心理咨询师最适合学生。

三、深灰色区域

如果浅灰色区域的人没有得到及时的心理支持，则会进一步发展进入深灰色区域。他们出现神经症，比如强迫症、抑郁症、焦虑症、恐惧症、癔症等，是有各种变态人格、人格异常和人格障碍的人，属于病理性精神痛苦。

提问：我们可以自测是否进入深灰色区域吗？

回答：不可以。这是专业性很强的事情，只有专业的心理咨询师或心理医生才能辨别。

提问：谁能够帮助深灰色区域的人呢？

回答：综合医院心理科的心理医生借助药物进行治疗，消除或减轻患者心理上的痛苦与压抑，控制或消除其变态行为，帮助其恢复正常生活。

提问：服用精神类药物会不会有副作用呢？

回答：当然，精神类药物除了对机体有副作用之外，更重要的是心理上的副作用，有明显的弱势感。但两害相权取其轻，如果已经进入深灰色区域就一定要及时就医，遵医嘱服用药物，避免进一步向黑色滑落。

〖案例分享〗

他总是能“听”到同学在骂他

孙小强是一所重点校的男生，他中考成绩优良，留在母校上高中，但非常遗憾，他没有进入梦寐以求的重点班。初中时与他成绩差不多的学生都进了重点班，为此他很沮丧，家长与学校多次交涉未果。

开学不久，孙小强迁怒于班主任和同学，他认为班主任治学不严谨，班级学习气氛不浓厚，同学对学习的重视度不够。孤僻和排斥使他与同学之间产生了隔阂，全班除了一位性格开朗的女生偶尔和他说话之外，再没有人理他。

期中考试孙小强成绩非常不理想，他认为如果再在这个班待下去就将自己的人生全毁了，每天回家和家长发火，认为他们没有本事，不能把他办到重点班去。与此同时，他发现在课堂上每当他记笔记时，那个和他说话的女生就在后面骂他，女生的声音搅得他根本无法安心记笔记。下课后他找到该女生，正色地警告她：“你不要在上课时骂我！”女生觉得他莫名其妙、不可理喻，也没有当回事。他的幻听进一步发展，耳朵里经常充斥着女生骂他的声音。

小强母亲找到学校，说小强在班里被排斥，被欺负，请学校马上将小强调到重点班去。学校领导觉得小强说女生骂他根本就不合理，于是让家长带孩子接受我的心理咨询，如果我认为应该换班，要开具证明。

我见到小强时，他目光呆滞，精神无法集中。“她就是怕我学习好，存心给我捣乱……”小强已经无法和我正常地语言交流了。

我明确告诉小强母亲，孩子出现幻听的最重要原因是他认为无法进入重点班就无法在高考中获得好的成绩，拉大他与初中同学之间在学习成绩上的差距，由此陷入深度焦虑之中。而为什么幻听的目标是那个女生呢？因为在这个班里只有这个女生与他说话，这是他唯一“认识”的声音。我建议其正确对待孩子出现幻听的心理状态。现在小强的问题不是换班，而是要到医院心理科接受心理治疗，借助药物对病情进行控制，此时的心理咨询已经无法帮助他了。

在交流中我强调，如果孩子不及时就医会发生危险，一是他会因为幻听增多而产生强烈的恐惧，做出自残的举动；二是他可能会伤人，造成校园暴力事件。小强母亲似乎听明白了，表示一定去看心理医生，同时再三恳求我帮助开具证明——换班。离开压力源对此时小强的心理问题会有所缓解，所以我给她开具了证明。

我再次见到小强母亲是在小强被送进精神专科医院之后，她患上抑郁症，在家人的陪伴下前来接受咨询，我由此得知小强从我这里离开之后发生的事情。

小强母亲拿着我开具的证明找到学校，学校领导基于安全的考虑把小强调到了重点班。小强母亲觉得问题得到了圆满的解决，孩子的心理就不会有什么问题了，况且去看心理医生毕竟不是什么光彩的事情，她就没有带孩子去看病。

小强母亲的侥幸心理贻误了小强接受治疗的时机。小强在理科班平静了两周之后，幻听又开始了，并且更加严重。每节下课，他都由重点班所在二楼跑到五楼原来班教室，大声指责那位女生，为什么还不放过他，上课时还骂他……

女生根本不理他，班里学生觉得他“不知好歹”，全班就这个女生可怜他，和他说话，却“好人不得好报”，每当他进班，学生们都喊：“禁止串班，回你班去……”终于，他“忍无可忍”，午休时冲进教室，狠狠地暴打了那位女生……学生们觉得他太欺负人了，义愤填膺地阻拦他并报警。

面对警察，小强毫不示弱，劈头盖脸地打要带他到警局做笔录的警察，造成了极大的混乱。赶到学校的小强母亲告诉警察，小强精神不正常……小强被送到精神专科医院，马上被留院治疗了。

小强母亲无法面对现实，原来她设想儿子学业有成，自己因为儿子而骄傲，却不想儿子得上终身疾病。医生已经明确告诉她，精神疾病不可能痊愈，只有发病或不发病……小强母亲因为自责、内疚、恐慌而患上了抑郁症，她告诉家属，她要接受我的心理咨询……

心理疾病病程发展很快，及时就医是止损的最好方案。心理咨询师、心理医生和精神专科医生服务的群体不一样，采用的方法也不一样。每个人在接受心理支持之前，应该对自己有个初步的界定，选择适合自己的支持者。

〖案例分享〗

退一步，海不阔天不宽

去年年初，上司退休了，Terry 终于在 43 岁的时候将名衔减掉了“助理”二字，修成正果，成为行政处处长，工资上涨 30%，上初二的儿子终于在经历了漫长的“恨父不成钢”的沉默之后，对父亲露出难得的笑脸。在外企做财务总监的妻子已经彻底放弃“望夫成龙”的念头，却意外得知老公被扶“正”，自是高兴……家庭气氛变得轻松和谐。

上任之初，Terry 也曾想着烧上三把火，提出新的管理思路，遗憾的是，Terry 兴致勃勃，手下无人应和，为了面子，Terry 只好自己孤独地完成“新政”，却无人喝彩。想来想去哪个人都比自己有来头。Terry 哀叹命苦，没有像老板当年一样有一个鞍前马后的助理。他和我面对面咨询时，苦笑着说:“天上掉馅饼，砸到我头上也是馊的。”

Terry 想明白了，与其给下面分配工作遭抵制，还不如自己干省心。想归想，每天自己埋头干活，还是遭到公司其他部门的投诉。Terry 将自己所面临的困难讲给大老板，大老板认为这些都是借口……Terry 觉得谁都欺负他。

回到家，Terry 看已经升入初三的儿子不抓紧时间学习，还和同学攀比名牌，火儿就不打一处来，家里总是充满火药味儿。

Terry感觉自己抑郁了，去了综合医院的心理科，经过测试他被诊断为“抑郁症”“焦虑症”和轻微“强迫症”。看到结果，Terry竟然有了如释重负的感觉。恰好那天患者少，Terry与心理医生一吐为快。医生了解Terry的工作内容杂，工作量大，建议他找领导谈谈，将工作量减下来，压力自然就下来了。

Terry觉得心理医生的建议很好，将诊断书递交给大老板，申请给他配助理。

大老板以欧洲人特有的豪爽拥抱一下Terry，同意将他的工作量拿下来，为了公平起见，也将他的工资拿下30%，同时将职务和工资对应，退回到“助理”。当时Terry感到失落，就不能给自己安排一个干活儿的助理吗？为什么要减薪？降职？但话已说到这份儿上，没有反悔的机会了。他陷入更深的焦虑之中。

Terry不知道心理医生和职业生涯规划是完全不同的两个专业，可以肯定地说那位心理医生是出于好心，减少工作可以暂时降低工作压力，但他却忽略了这个选择对职业生涯的负面影响。

在咨询中，Terry一再慨叹是心理医生造成了他现在这种尴尬处境，“这个心理医生为什么要害我呢？”我明确告诉他，心理医生的本职工作是诊断心理疾病的类型，并给予对症的药物治疗，一般情况下心理医生不会给患者进行心理咨询，更不会做职业咨询，那次他们之间的交流属于职业以外的“聊天”，没有任何的可借鉴性。心理医生专注于药物的研究和使用，对社会、职场的认知并不一定比普通人高明。

“让专业的人做专业的事。”日常咨询中，我经常为已经办理休学的学生进行修复性心理咨询。他们因为心理原因无法保证每天都去学校上学，心理医生会建议他们选择休学，将心理状态调整好了再回归校园。从短期来看，这种暂时与压力源隔断的做法没有问题，但心理医生忽略了学生复学后所承受的压力要加倍增高，许多学生因此再也无法回到学校。在咨询中，不到万不得已，我不会建议休学，持续的心理咨询可以帮助来访者直面自己的问题，有针对性地提高心理调试能力，和谐人际关系，建立心理支持系统，逐步适应环境，跟上大部队。这种咨询思路避免了心理的二度伤害。

四、黑色区域

黑色区域代表精神病患者。

精神专科医院的精神科医生为他们提供治疗，精神病是终身疾病，只有发作与不发作，没有痊愈，并有很大的家族遗传性。

如果家族中有精神病患者，就一定要调整自我期待，同时要选择一个适合的心理咨询师，凡是遇到情绪波动就马上和咨询师进行交流，让自己始终保持积极、健康的心理状态，提高心理健康的免疫力。

〖**案例分享**〗

误入精神病院，如何逃脱

文钢是一名初三男生，从小生活在单亲家庭之中，为了应对同学们的歧视，总是用打架来彰显自己的厉害，成了学校里有名的“问题学生”。

一次他打架造成了非常严重的后果，德育处给予他留校察看的处分。文钢无法控制自己的情绪，狠狠地打了德育主任，问题的性质发生变化。学校将他母亲请来，亮明观点：“我们觉得您的孩子心理有问题，如果是心理问题，请办理休学，让孩子安心治疗，保留学籍；如果不是心理问题，则是品德问题，这样的学生按规定必须开除……”文钢母亲一听，马上决定带孩子去看心理医生，精神专科医院里肯定有吧！

母亲把文钢骗到精神专科医院，文钢被激怒了，他打母亲，撕扯想要控制他的医生，大声喊着“我没有病，你们才是疯子呢！”……面对“发作期”的文钢，医院留其住院……

如果被送进精神病院，最好的自保方式是不解释、不辩论，不然都会被视为“病态”。

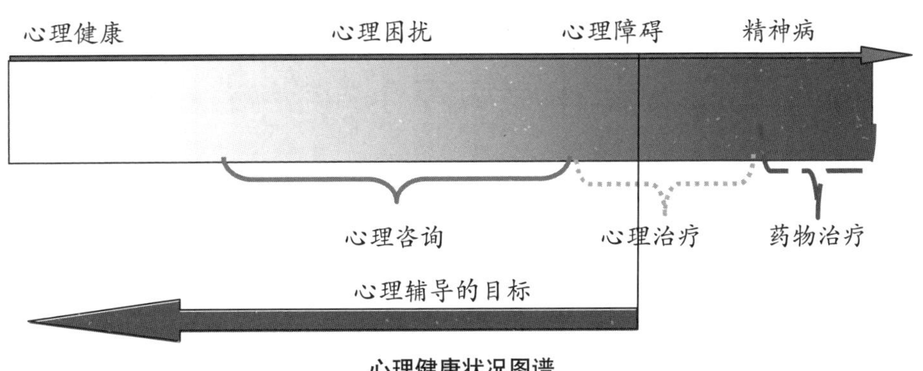

心理健康状况图谱

上面的箭头是患病的过程，下面的箭头则是痊愈过程。我特意划了一条竖线，将部分深灰色和全部黑色区域划在外面了，这些人已经患上了终身疾病，只有发病与不发病之分，没有痊愈的可能了。

呵护自己的心理健康多么重要呀，遇到困难选择适合自己的心理工作者及时化解内心的困扰十分必要。为了避免误诊，遇到心理困扰时，最好先找心理咨询师，有职业操守的心理咨询师会进行判断，如果不属于自己的服务对象，他会将来访者转介到最适合来访者心理健康水平的机构。

身心问题和心身问题

身心问题是指因为身体的疾病而引发了情绪波动，进而发展成为心理问题。身体不好会造成人的无力感，总是处于心有余而力不足的状态，由此产生烦躁的情绪。

心身问题是指心理上的因素而引发的躯体上的反应。我们许多人都体会过因为考试而肚子疼，去洗手间的事情吧？有些学生知道自己是考试焦虑，因为精神紧张就会造成肠蠕动加快，使肚子有了绞痛感。肚子痛感明显的人属于敏感性体质而已。在日常咨询中我常见到有的学生只要一说上学就会产生发烧、胃痛、呕吐等生理反应，到医院检查却发现生理上没有任何问题，这就属于由心理问题引发的“躯体化”，只有心理咨询才能帮助他们。第七讲的《一想高考我就发烧怎么办？》就是典型的心身问题。

第二节 你的各种层次需求都获得满足了吗

心理学人本主义流派创始人美国心理学家马斯洛创立的需要层次理论能够帮助我们更好地认识自己的情绪反应。人的需要由低到高呈金字塔式，每一层次需要得到满足后就有了追求高一级需要的愿望。基础层次的需求得不到满足就会出现情绪上的波动。

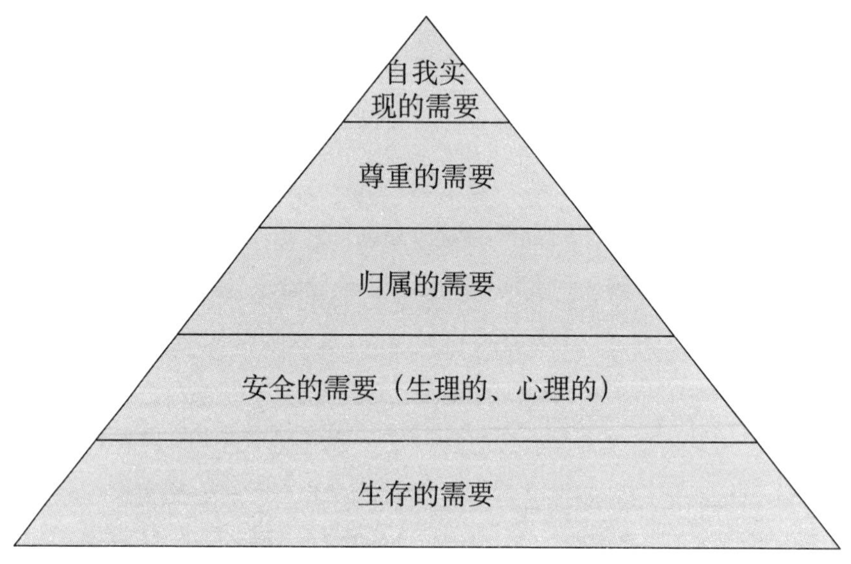

一、生存的需要

生存的需要是人们最原始、最基本的需要。比如饿了要吃饭，渴了要喝水……人在婴儿期，这些生存的需要如果不能及时得到满足就会用哭声来表示抗议。

生存需要如果得不到满足，就会危及身体健康、生命质量。生存的需要是最强烈的不可避免的最底层需要，也是推动人们行动的强大动力。

二、安全的需要

安全的需要包括劳动安全、职业安全、生活稳定、希望免于灾难、未来有保障、心理上的安全感等。安全需要比生存需要高一级，当生理需要得到满足以后就要保障这种需要。每一个在现实中生活的人，都会产生安全感的渴求、自由的欲望。

一位女学生最近一段时间，上课总是神不守舍，成绩明显下降，下午最后一节课总是逃课……事情的起因是一个社会青年在校门口等她，要和她交朋友，不然就打她……她不敢告诉老师和父母，因为她曾听母亲无意中说过"苍蝇不叮无缝的蛋"，她担心求助会改变自己在成年人心目中的形象，终日生活在惶恐之中。

我们曾经比较重视外在的安全感，比如抵御来自自然界的灾害，防止、逃避来自人群的暴力事件，这些属于外在的物化的安全。随着社会的发展，人们开始关注内在的精神的安全，人际交往的不安全困扰越来越多的人。

〖案例分享〗

老师眼线的痛苦

付磊觉得班风不好的最主要原因是班主任总是被表面的现象所蒙蔽，比如学习好的学生并不像老师想象的品学兼优，在下面总是说怪话，不起好作用，班主任对学生的认识和现实总有很大的差距。付磊建议班主任建立"个人诚信"记录，私下邀请几位同学做"监督员"，对同学课上的违纪行为、课间不利于班级凝聚的言谈进行记录，然后评出等级，作为老师全面评价学生的依据。

付磊为班主任出谋献计，充当"眼线"的最主要原因是人际关系不好。付磊小学始终是班里第一，他觉得班里的同学都很庸俗，同学也都不喜欢他，经常拿他开心，每次被欺负之后，他就会告诉老师，老师总是偏袒他。

初中考入重点校，他失去了被老师关注的资本，为了赢得老师的关注，他随时向老师汇报同学的言行，老师私下表扬他关心集体，并让他担任组织委员。付磊终于找回被老师重视的感觉。同学都排斥付磊，看见他进教室，总有学生喊："内奸来了！"偶尔，付磊看到大家在一起说说笑笑特别想加入他们，但大家像避瘟神一样……

付磊充当班主任眼线的行为无疑在同学心中制造了不安全的气氛，大家担心自己的言行被班主任知道。付磊成为大家需要防范的人，大家不能接受他。我建议付磊认真思考如何与同学和谐相处，用更加积极健康的方式优化自己在同学心目中的形象。

三、归属的需要

每个人都渴望得到家庭、团体、朋友、同事的关怀、爱护、理解。归属的需要比生存和安全需要更细微、更难捉摸。它与个人性格、经历、生活区域、民族、生活习惯、宗教信仰等都有关系，这种需要难以察觉，无法度量。

作为高中生，最重要的归属感包括家庭归属感和班级归属感。有的学生进入青春期之后，放大了自己与父母之间的沟通困难，甚至排斥父母，造成自己在家庭中无法获得归属感。这类学生在人际交往中会出现两种比较极端的表现：一种是对"爱"飞蛾扑火，无论是对友情还是爱情都希望紧紧抓住，很缠人，给对方压迫感，最终事与愿违，感情出现裂痕或者破裂。另一种则是冷漠，拒绝与周围人交流，陷入"人间沙漠"。如何加强自己的家庭归属感，我们将在第六讲中详细讲解。

在班级中如何能够使自己有归属感呢？遵守行为规范，乐于助人，心胸开阔，善于沟通，容易被同学接纳，你也会由此获得归属感。

〖案例分享〗

我在班级里只是空气

杨薇不再去学校上课了！

“我在班里就是空气，没有人注意过我是不是到校！”杨薇的家是典型的421家庭，她是家人的掌上明珠，含在嘴里怕化了，捧在手里怕摔了。杨薇也很争气，学习成绩一直很好，老师和同学对她很友善。升入重点初中后，杨薇成了普通一员，她不但不会主动为大家服务，而且对同学干的活儿还很挑剔……没有人再理她了。她不去学校，没有人给她打电话问候。偶尔去学校，看到自己的作业本、卷子散落一地，根本没人为她收集一下。她心寒了，这个班的同学太没有人情味了……她再也不想去学校了。

在人际关系中，春花秋实，春天播种秋天才有可能收获。你不为同学服务，你在群体中就没有价值感，当你需要来自群体的支持时，也很难获得别人的帮助。

要想有归属感，就一定先付出自己的爱心！

四、尊重的需要

尊重包括两个方面的意思，一方面是自我尊重，也就是自我价值感，认为自己是值得自己和别人尊重的。有一类学生，他们的成绩蛮好的，但每次考试之后都会大呼没有考好，表现出惴惴不安的样子，而成绩下来之后特别好，甚至是名列前茅，周围的同学会觉得他们做人不够真诚。这类学生中有一类是谦虚,低调,其实自己对学习很有自信心；但也有一类是自我价值感低，他们真心认为自己学习不够好，不会取得好成绩。

建议第一类同学不要“演”过了，让同学感觉到你不够真诚。建议第二类同学趁着还在非毕业年级，马上接受心理咨询师的辅导，找到自我价值感低的深层原因，并尽力提高。大量的咨询案例表明，这类同学升入毕业班出现过度焦虑的概率很高。

另一方面就是被人尊重。获得别人尊重的最有效方法就是遵守规则，尊重他人。有的同学不注意自己的言行，挑战老师、奚落同学，又对别人的态度和评价过于敏感，一旦感觉到别人不够尊重自己就非常生气，做出极端的事情，从而破坏了人际和谐。

马斯洛认为，尊重需要得到满足，能使人对自己充满信心，对社会满腔热情，体验到自己活着的用处和价值。

五、自我实现的需要

自我实现的需要是最高层次的需要，指实现个人理想、抱负，最大限度地发挥个人的能力，完成与自己的能力相称的一切事情的需要，最充分地发挥自己的潜在能力，成为自己所期望的人物。这是一种创造的需要。

马斯洛认为在人自我实现的创造性过程中，产生出一种所谓的“高峰体验”的情绪感受，这个时候人能够体会到激荡人心、欣喜若狂、如醉如痴的感觉。由此推断，只有成功人士才能体会到自我实现的需要得到满足时的快感。

我个人认为,其实“高峰体验”并不是成功人士的专利,每个人都会有“高峰体验”，只是出现的频率和持续的时间长短不同而已。比如某位同学的英语一直是弱势学科，尽管付出了很多的努力，进步却并不明显，始终处于不及格的状态。某一次考试，终于及格了，这是一个具有重要意义的事件。那一瞬间，他体会到“一览众山小”的快感，感受到“天道酬勤”的满足，这也算是“高峰体验”。如果这种感受转化成为他继续努力的动力，英语水平稳步提高了，就会强化他的“我有能力把英语学好”的动机和信心，由此进一步收获自我实现的体验。

了解了人的需要层次理论之后，未来再出现情绪波动，就可以问问自己，到底是哪个层次的需要没有得到满足而引发的负性情绪，通过自我剖析来获得自我成长的机会。

第三节 常用的心理自助的方案

认知疗法——ABC 理论

美国心理学家艾利斯认为：人的情绪和行为反应不是由某一事件(activating event) 所直接引起的，而是由于人对事物的信念（belief），才导致了在特定的情景下的情绪或行为后果 (consequence)。这一理论纠正了我们惯常的思维定式，它的实质就是：不是事件，而是你对事件的认识决定了你的反应。ABC 理论的核心是 B，即你的信念或观念，指人们对一类事物的共同看法。合理的信念会引起人们对事物的恰当的、适度的情绪反应；而不合理的信念则相反，会导致不适当的情绪和行为反应。当人们坚持某些不合理的信念，长期处于不良的情绪状态之中时，最终将会导致情绪障碍的产生。

举例一：

求证：同一件事情发生在不同的人身上产生的情绪完全不一样。

事件（A）：经过认真复习，考试成绩依然不理想。

甲同学的情绪(C)：愤怒。为什么老天总是和自己作对。

乙同学的情绪(C)：失落。自己就是很笨,无论如何付出都难以收获成果。

丙同学的情绪(C)：窃喜。发现自己的学习方法和对知识的理解有问题，抓紧向老师求助，以最快速度改变过来。

结论：事件与情绪感受并不是一一对应的。

举例二：

求证：同一件事情发生在同一个人的不同阶段产生的情绪完全不一样。

事件（A）：你丢了 100 元钱。

小学阶段的情绪（C）：惊恐。天塌下来了，父母知道肯定得打我。

高中阶段的情绪（C）：沮丧。真倒霉，10 天的生活费没有了。

工作阶段的情绪（C）：失落。唉，自己怎么这么不小心，以后得细心些。

结论：事件与情绪感受并不是一一对应的。

通过以上的分析，我们知道，其实引发情绪的原因不是事件，而是我们的理念 B。我们看看例一就清楚了。

甲同学的理念（B）：付出就应该得到。我努力学习了，就应该取得好成绩。

乙同学的理念（B）：只有聪明的人才能玩转学习，取得成绩。

丙同学的理念（B）：考试是检查学习漏洞的机会，检查出漏洞的考试就是有意义的考试。

大家看看他们的理念是否合理呢？

甲同学理念是不合理的。付出了真的不一定能得到，如果付出的方向有问题，不仅不会收获，反而会激发更大的压力。

一位男生内心充满了自卑，他觉得自己像是沙漠中的独行客，为了强大自己，他拼命地学习，认为学习成绩好了，自己就会变得自信起来。但每次考试，他都紧张得窒息，根本无法正常发挥。此时在学习上的过度投入已经成为他自卑的引擎。如果他付出的不那么多，就算成绩不理想，也能给自己以宽慰：毕竟自己没有投入全部，自然不会收获全部。

乙同学理念是不合理的。决定学习成绩的原因，除了智力因素之后，还有学习方法、学习状态。而将成绩不理想的原因归因到智力因素后，就会陷入一种宿命的状态，产生强烈的无力感。

丙同学理念是合理的，他全面了解了决定成绩的因素，考试成为他不断地自我改善的手段，通过考试发现问题，然后自己去解决问题。

盘点不合理的理念

1. 一个人要有价值就必须很有能力并获得成就。

2. 某人绝对是坏的，所以他必须受到惩罚。

3. 逃避困难和推卸责任要比正视它们容易。

4. 任何事情的发展都应和自己期待的一样，任何问题都应得到合理的解决。

5. 人的不幸绝对是外界造成的，人无法控制自己的悲伤、忧虑和不安。

6. 一个人的成长经历对现在的行动起决定作用，一件事过去曾影响自己，现在必然影响自己。

7. 自己是无能的，必须找一个比自己强的靠山才能生活；自己是不能掌控感情的，必须有别人安慰自己。

8. 其他人的不安必然会引起自己的不安。

9. 和自己接触的人都必须喜欢和赞成自己。

10. 生活中大量的事对自己不利，必须终日花大量时间考虑对策。

驳倒不合理的理念

不合理理念的特征包括以下三点：

绝对化的要求

过分概括化

糟糕透顶

了解了不合理理念的特征，我们就可以驳倒它们了。

1. 一个人要有价值就必须很有能力并获得成就。

一个人的价值靠什么来确定？难道只有“很有成就”的人才有价值吗？一个社会就像一部机器，有人可能是在最紧要的部位，有人可能只是一个螺丝钉，但如果这部机器少了螺丝钉会出现什么样的情况呢？整个机器都无法正常地运转。

接纳自己是最可贵的品德，也是最具魅力的品德。一个人的价值不在于取得多少成就，而是在于他真正地为社会做了什么，为他人奉献了什么。

2. 某人绝对是坏的，所以他必须受到惩罚。

对人的评价有没有统一的标准？在你眼中的坏人，可能在别人的眼里就是好人，因为我们对人的评价是主观的。

人与人之间的情感是互相传递的，如果你从内心厌恶一个人，无论表面上如何伪装，对方都能感受到的。以宽容的态度对待周围的每一个人，并发自内心地祝福对方，这样就可以化干戈为玉帛，把自己从不快乐中解救出来。

3. 逃避困难和推卸责任要比正视它们容易。

遇到困难是逃避简单还是正视简单？

一位学生中考失利，他将所有的责任推卸给外界——他不适合现行的教育体制，学校管理不科学，父母没有全程陪伴自己中考复习……他总是气呼呼地看待这个世界，觉得一切人都对不起他。他的固执和偏执使朋友一个个离他而去，他在拒绝外界的同时，也将自己排斥在群体之外。

学生出现考试失利是很正常的事情，只有正视挫折找到问题的根本原因，努力去改变，才能不在同一个地方跌倒两次。

4. 任何事情的发展都应和自己期待的一样，任何问题都应得到合理的解决。

“心想事成”是我们彼此祝福中说得最多的话，但正因为很难实现才成了我们祝福的语言。问题的解决是受许多客观因素制约的，不会以任何人的主观意志为转移。只要尽力了，将自己的所有才干都用上了，无论结局是怎样的，都应该无怨无悔。追求完美只会使自己无法体会到成功的快乐。

5. 人的不幸绝对是外界造成的，人无法控制自己的悲伤、忧虑和不安。

人的不幸与人的思维方式和行为方式有直接关系。面对挫折、不幸，出现一些情绪的波动是正常的，但如果长时间不能自拔则是自主意识的丧失。不管挫折对自己构成怎样的打击，都要慢慢地梳理自己的思绪，找出问题的原因，坦然地面对。如果被挫折掌控，不能找出不幸的原因，就会继续遭受不幸，这就是祸不单行的原因。

6. 一个人的成长经历对现在的行动起决定作用，一件事过去曾影响自己，现在必然影响自己。

这是一种很宿命的说法，如果这样的话，现实生活中人的努力还有什么意义呢？这种悲观的说法经常被不思进取的人利用。一位学生固执地认为要想在重点学校中顺风顺水，就必须是父母实力 + 与校领导的关系 + 绝对领先成绩。身为特困生的他根本就没有出头之日。幸好他来找我咨询，修正了不合理的理念，才从消沉中走出来，考上了北京大学。他在写给我的信中说："路在自己的脚下，你想走向何方就可以走向何方。"

7. 自己是无能的，必须找一个比自己强的靠山才能生活；自己是不能掌控感情的，必须有别人安慰自己。

如果将自己的情感都寄托到别人的身上，你就丧失了自己情绪和生活的主导权，陷入到不安和惶恐之中。

8. 其他人的不安必然会引起自己的不安。

每个人都是独立的个体，受别人的连带只能说明你还没能有效地控制自己的情绪，不能独立地面对人生。当别人不安时，我们可以站在对方的角度，理性地帮助其分析问题，不能与其负性情绪互动。如果你发现自己陷入对方的不安之中了，就要提醒自己，人际卷入度过高了，要有效地划定自己与他人情绪间的界限。

9. 和自己接触的人都必须喜欢和赞成自己。

难道你真的给自己熟悉的人这么多的束缚吗？每个人都有自己不同于别人的价值判断和审美趋向。与人接触的原则是："我接纳你，但不一定认同你，更不会追随你。"存在这种不合理理念的人在与人交往中既给自己压力，又给对方压力。结局往往是对方不堪其扰，逃之夭夭。

10. 生活中大量的事对自己不利，必须终日花大量时间考虑对策。

每个人的精力都是有限的，如果总是以防范之心去看待周围的人和事情的话，是不是很累呢？当你觉得会有许多事情对自己不利，就会敏感多疑，令周围人不舒服并以自己的方式提防你，这样你就陷入人际关系紧张之中了。生活中会有一些始料不及的事情，但在它还没有出现之前，为什么要预知压力呢？专注地做好眼下的每一件事情，提升实力，提高自己应对突发事件的能力，即使不利的事发生，也就不怕了。

空椅子对话

“空椅子对话”是格式塔流派常用的一种技术，对于人际交往中遇到困难的来访者非常有效。这种技术常常运用两张椅子，来访者坐在一张椅子上代表自己，然后再换坐到另一张椅子上，扮演另一个角色。通过这种方法，可使来访者充分地体验冲突。由于来访者在角色扮演中能从不同的角度接纳和整合两个人，从而消除误解和冲突。

〖案例分享〗

遇到蛮不讲理的同桌怎么办

From：汪洁飞

小的时候妈妈就给我讲过“孟母三迁”的故事，那个时候我还不明白为什么会因为邻居不好而搬家，现在我真的体会到有恶邻的滋味了，太难受了。可我无法像孟母一样搬走。

我的命始终不好，从小学到高中的同桌都是男生，他们中有招老师喜欢的班委，有很有女生缘儿的帅哥，但不知为什么他们在我的面前所表现的却是如此的恶劣。

我现在的同桌是一个蛮不讲理的人。一上课，他就和后面的同学说一些与学习无关的话，搞得我无法专心听讲。老师批评他们时，他们仍漫不经心，一点也不尊重老师。下课了，我想在座位上看看书，可不久座位旁就围满了

男生，我就像孤魂野鬼一样，离开自己的座位，无处可去。

我们还经常吵架，我并不想吵架，害怕引起老师的注意，怕老师对我有不好的看法。可他太不像话了，有时把我的书撕坏了，有时还说一些不干净的话，这些严重伤害了我的自尊心。我向班主任说过很多次了，希望能给我调一下座位。可他总是说:“以后再说吧。”我真不知道老师为什么这么做。我和同桌之间的关系已经对我产生了很大的恶劣影响。

To：洁飞

你说自己命不好，从小学到高中与同桌的关系始终处理不好，假如与一个同桌关系处理不好，可能是同桌的问题，但与所有的同桌都不好，问题可能就在洁飞你的身上了。

我在给汪洁飞做咨询时，带领她做了一次“空椅子对话”，这是一种简便易行、行之有效的自我心理疗法，可以很快地宣泄掉心中的不良情绪，恢复到积极理智的心理状态。

下面我将洁飞的“空椅子对话”咨询过程实录下来。洁飞坐在一把椅子上，对面再放一把空椅子，代表洁飞的同桌；洁飞坐到同桌的位置上时代表同桌在发言，空椅子则代表洁飞本人。

洁飞:A，我恨你，你为什么这样欺负我？

同桌：我不喜欢和你交流，但没有欺负你。

洁飞：你为什么在课上和后面的同学说话，影响我听课？

同桌:我只是无法和你说话,所以找他们说啦,我没有存心影响你听课呀。

洁飞：下课的时候，你引来这么多男生，让我无法安静地看书。

同桌：下课本来就是休息的时间，你为什么要念书呢？

洁飞：我不念书又能干什么？没有人理我。

同桌：你给别人的感觉像浑身长满了刺的刺猬，谁敢和你讲话呀。

洁飞：可我不是刺猬呀，只有别人伤害我，我从来没有伤害过别人呀。

同桌：你知道自己平时的表情，与人讲话时的态度和语气吗？

洁飞：知道，但我觉得是别人先伤害我的，我只是自卫而已。

同桌：你让人感到害怕。

洁飞：你为什么撕我的本子？

同桌：拜托，是你先把我的书扔到操场上去了呀。

洁飞：我为什么会这样做，肯定是你欺负我在先。

同桌：我只是上课的时候和后面的同学讨论问题。

洁飞：对，可老师当时说同桌讨论，你把我孤独地扔在一边，我好没面子呀。

同桌：可我们哪次讨论能顺利进行呢？你总是和我抬杠。

洁飞：（无语）

同桌：如果你能够稍微平和一点，我们之间也不至于像仇人一样。

……

此时洁飞对同桌的气愤情绪已经有效地控制住了，在与空椅子的交流中，洁飞澄清了许多的误解和困惑，这为现实中与同桌的交流奠定一个心理基础。

问题澄清之后，我建议洁飞以积极的态度再与空椅子进行一次更深刻的对话——

洁飞：其实我也应该感谢你，你对我的态度使我不断地反省自己。

同桌：别客气，我的确也存在问题，没有将心理的感受表达出来，而是那样对你……

洁飞：我知道以后在与人交往的时候要换位思考，不能太主观了。

同桌：我也发现自己在处理人际关系中的问题。

洁飞：那我们以后相互提醒吧！

同桌：好的，一言为定。

为了巩固洁飞对同桌的不满情绪的释放效果，我对她进行深刻的心理分析。洁飞是一位比较闭锁的女孩，她各方面的情况都比较一般，很难引起同学的关注，于是将希望寄托在同桌的身上，因为同桌之间接触比较多，彼此体谅，她希望同桌可以将自己带出自我封闭状态。遗憾的是从小学到高中，没有一个同桌做到这一点，他们都不愿意与洁飞交流，甚至上课时冒着被老师批评的危险回头与别人说话，无视洁飞的存在。洁飞的自尊心被严重地伤害，与其说她痛恨同桌，不如说她自己处于深深的孤独之中。

洁飞内隐愿望和外显行为不一致是造成她在人际交往中出问题的根本原因。洁飞内心渴望与同桌交流，希望得到他的关注；而表现出来的却是一种冷漠和漫不经心，甚至是苛求，哪位男生愿意和这样一个女生交流呢？洁飞表面上的冷漠遏制了交流，她又将孤独和怨恨强加给了同桌。

希望得到别人的关注是非常自然的事，没有必要回避自己正常的要求来压制自己。尽管洁飞没有谈及与女生之间的关系，但我感到她与女生的关系也不会太好，不然就不会这样在乎同桌了。所以我建议洁飞先主动与女生交流，作为走出自我封闭状态的突破口。在交流中让同学们知道自己在想什么，同时也知道他们在想什么，给自己创造一个和谐的人际氛围。洁飞有了与女生交流的经验，再将其应用到与同桌的关系之中，自然会收到比较理想的效果。

人际交往能力是一个人十分重要的能力，同伴之间的交流可以增加内涵，拓展知识面。用真诚的目光欣赏周围的人，慢慢地加入他们的阵营。走出自己的封闭小圈子，拓展自己的生存空间。

【心灵作业】

你可以给自己专业的心理支持

指导语：在回答问题之前，请先检视一下你当下的状态：

1. 你身处于一个安全、安静的空间，不会有人唐突打扰你。

2. 你至少有一个小时可以全然放下地思考和回答以下问题，请关闭手机。

第一步：列出目前困扰自己的问题清单

请你列出最近一周以来困扰自己的事情，尽量多写，并对这些困难给你

现实生活带来的危害计分。1 表示最少，10 表示最多。

第二步：

请解读这些困扰你的问题。以下面几项为提纲：

1. 你的问题处于你生活轨道之内还是之外？
2. 这个问题给你带来怎样的情绪反应？
3. 你有过解决这个问题的经历吗？
4. 当时你的情绪感受是怎样的？
5. 这件事给你的现实生活带来了怎样的伤害或损失？
6. 通过你的努力可以改善吗？如果可以求助，你打算向谁求助？

【媒体文章】

一个中学学霸的作业逻辑

《中国青年报》2013 年 12 月 3 日第 11 版

作者：张丽珊

与小学生和大学生相比，中学生的作业有着不一样的意义。

小学阶段的作业没有任何变通，老师就是权威，你必须无条件地全部完成。大学阶段的作业则极具弹性，难以用同一个标准来衡量，毕竟学生的能力、兴奋点、未来的职业方向等有太多的不一样。而中学时代的作业表面上是落实老师当堂的教学任务，实际上还包含学生对这门学科的重视度，进而表明对任课老师的认可程度，甚至关系到中考和高考。中学时代的作业成了一个标尺，不免牵动学生和家长的心。

不太善于表达的学生往往通过作业来向老师表衷心，由此成为略带偏执的“作业控”。一位因为经常不去上学而面临休学的初三女生，找我咨询时提着一个长得像保险箱似的收纳箱，里面装满了她的作业，每份作业都有三种颜色，蓝色是原始写的，红色是改错，绿色是由本题延展出的知识点和公式。

“你的作业可以直接办展览了！”我开玩笑地跟她说。她告诉我，她的作业经常被张贴在教室后面的宣传栏里。正是因为她对作业追求完美，升入初三后，面对雪片一般飞来的作业，她简直无力招架。如果将没做完的交上去岂不是对老师的大不敬？于是她彻夜不睡也要将完美作业呈上，结果是身体先招架不了，之后心理也撑不住了，她选择了彻底逃避。“学生的天职就是完成作业，我连作业都无法完成，还有什么资格去学校上学呢？”

“作业控”告诉我，初一时的班主任反复叮嘱学生，每个学生和老师最好的心灵交流平台就是作业。你爱老师、爱这门学科就会认真无误地完成作业，而敷衍了事的作业也将你对老师的不尊重暴露无疑……“作业控”可不敢对任何老师不尊重，从此之后，她每次写完作业都会认真审视一下，能拿得出手吗？不会让老师产生误会吧？

而实际上，如果每个学生都要如此完成作业，那估计没有人能完成全部作业。

为了让“作业控”了解学霸们是如何应对作业的，我替她请来高二年级的师兄——轩哥。轩哥学业上永远是年级第一，在全校最大的社团担任副团长，组织过很多活动，课余时间他还驰骋在足球场，是典型的“会学又会玩”的学生。

轩哥说，要想在成绩上立于不败之地，一是要提高课堂的吸收率，上课时紧跟老师的节奏，将老师所讲的内容“刻录”到大脑里，为了保证“刻录”效果，提前的预习是不可小瞧的；二是将老师留的作业进行分类，分为准时精做、延时精做、可做可不做、根本不用做四类。

对于治学严谨、替学生慎重选择作业题目的老师所留的作业一定要当天消化，这样对巩固课堂吸收率大有好处，况且这样的作业往往不会太多，一般三十分钟之内肯定完成。

对于教学水平高、充满人格魅力、鼓励学生自主学习的老师布置的作业，一定在周末用充分的时间认真完成。

至于“一个对勾一个阅”、课堂上也不讲评的作业就是可做可不做的。有些老师像跑马圈地一样不加选择地留作业，不重视质，只在意量。对于这样的作业，是可以选做的。

而那些布置过之后老师就不再提起的作业，就可以彻底不做了。

这绝不是钻空子，而是将有限的时间用在刀刃上，是中学阶段学生必须掌握的技巧。

当然，以上只是轩哥的个人经验。作为老师，我第一次听学生这么有理有据地分析，也颇感意外。

我曾经任教高三文科班的历史课。高三年级着重培养学生对历史学科的兴趣和自主学习的能力。所以，我给他们布置的作业是历史专题研究，谁完成谁交给我。缺乏自主学习能力的学生总是被即时性的作业绑架，无暇顾及我的作业。

后来我调整策略，让他们组成学习同盟，自己做小老师，写出讲义，给全班同学讲课，回答同学就这个专题的各种提问。

“太刺激了！准备不充分太丢人了！”一时间，学生们学习历史的热情高涨，每个学生都成为他所做专题的专家。他们在钻研中建立了历史思维，那年的高考，他们的历史轻轻松松就获得全市第一的好成绩。

中学时代的作业，使担任同一个班教学的各学科老师之间、老师和学生间形成微妙的博弈，平衡各种关系，求得效率的最大化，既可以锻炼学生的思维能力，也可以提高教师的教学水平。

【推荐阅读】

《不抱怨的世界》

(美国) 威尔·鲍温著，陈敬旻译

陕西师范大学出版社 2009 年 4 月出版

抱怨是最消耗能量的无益举动。有时候，我们的抱怨不仅会针对人，也会针对不同的生活情境，表示我们的不满。而且如果找不到人倾听我们的抱怨，我们会在脑海里抱怨给自己听。本书作者提出神奇的“不抱怨”运动。

抱怨自己的人，应该试着学习接纳自己；抱怨他人的人，应该试着把抱怨转成请求；抱怨老天的人，请试着用祈祷的方式来诉求你的愿望。这样一来，你的生活会有想象不到的大转变，你的人生也会更加地美好、圆满。

【心理测试】

焦虑度测试

请认真阅读下题，根据自己的实际情况选出符合的项目，做上标记，然后再根据后面的计分方法算出得分。

1. 对于新的变化我都会或多或少感到忧心忡忡。
2. 面对每一个成长或能够展示自己的机会，我都会跃跃欲试。
3. 我只关注积极的方向，忽略消极的方向。
4. 我对自己的各种表现总是不满意，有种紧张或受挫的感觉。
5. “债多不愁”，相信任何事情都会自行好转。
6. 我特别渴望得到来自他人的尊重和羡慕，为此我会做自己并不喜欢的事情。
7. 我会尽力寻求满足、舒适和安全的感觉。
8. 我争强好胜，言辞激烈，希望从气势上彻底打垮与自己意见不同的人。
9. 我尽力逃避一切冲突，希望大家一团和气。
10. 我总是觉得他人跟不上自己的思路，对那些人缺乏耐心。
11. 我不计代价地避免伤害双方和谐沟通的感觉。
12. 我按照自己的标准评定事情的正确性和价值感。
13. 我很难触碰自己的情绪。
14. 我总是不自觉地质疑别人的动机，担心被利用。
15. 面对他人的不同观点，我难以维护自己的主张。
16. 我的脾气不好，经常随意宣泄自己的负性情绪。

计分方法

选择单数题目计 1 分，双数题目计 –1 分。

分数解析

4 — 8 分：你属于焦虑不足

–4 — 4 分：你属于焦虑适度

–8 — –4 分：你属于焦虑过度

成长方略

请积极地自我对话：

1. 我属于焦虑不足、适度焦虑还是过度焦虑？

2. 我的家庭成长经历是如何影响我的焦虑体验的？

3. 孩提时期的什么事件仍在影响我的焦虑体验——积极的或消极的？

4. 举出三次让我认为导致自己焦虑的人生经历。当时自己是如何处理这些焦虑的？

5. 有助于我管理焦虑的个人品质是什么？

6. 不利于我管理焦虑的个人品质是什么？

7. 我具备哪些自我肯定的理念与期望？

8. 我存在哪些自我否定的理念与期望？

9. 如果把不健康到健康划分为 1 — 10 的话，我的焦虑水平在哪个级别？

10. 如果让我改变自己与焦虑的关系，我会做些什么？

【说给父母】

面对厌学，心理陪伴比学科家教更有效

当孩子因为各种原因陷入负性情绪不能自拔，不仅严重影响学习状态，而且造成成绩下滑时，父母在慌乱中往往会有两个错误的选择。

一是一掷千金地替孩子请一对一家教，认为孩子成绩提高了，情绪自然

就好了。其实父母不知道，孩子成绩下滑是结果，绝不是原因，如果不找到真正造成情绪波动的原因并给予解决，学科家教不但不会起到积极的作用，反而会给孩子造成二度伤害。比如造成孩子自卑，上家教之后分数不提高，孩子误认为自己变笨了；造成孩子焦虑，父母为自己额外支付了巨额的家教费，成绩不提高情何以堪？造成孩子新的“问题”，上课外班只是为了“满足”父母，出工不出力，结识不好的朋友，旷课。没有积极心态支撑的课外家教利弊得失一目了然。

二是父母大张旗鼓地请亲朋好友批评、游说孩子，损坏孩子的公众形象，有的孩子会“破罐破摔”，死心塌地地厌学下去；有的孩子会暂时从困扰中走出来，却产生了弱势感，未来也不愿意再和这些人见面和交流。

专业的心理辅导能够帮助孩子尽快从负性情绪中走出来。心理咨询师会对孩子的心理状态进行专业的判断，如果在浅灰色区域，他们会制订咨询计划并有效推进；如果已经发展进入深灰色区域，他们会将来访者转介到信誉好的综合医院心理科就诊。同时接受心理咨询会给孩子安全感，咨询师会对咨询过程全程保密，咨询结束后和孩子在生活中再没有交集。

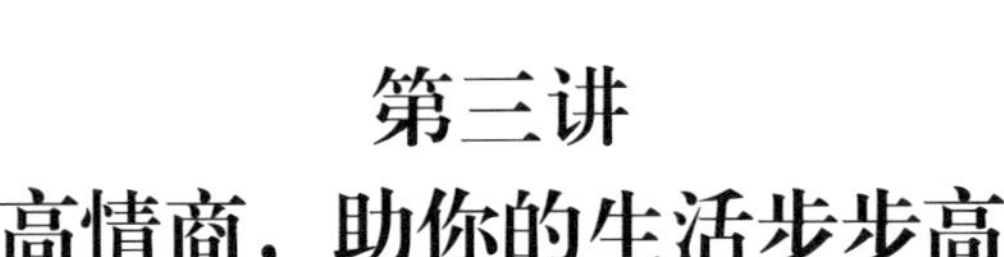

第三讲 高情商，助你的生活步步高

在日常生活中，有的人智商很高，他们学什么会什么，在学生时代会有骄人的成绩，只是他们的性格不好，情绪不稳定，不知道如何与人相处，他们或是孤傲，或是暴躁，或是冷漠，但他们不会对别人构成太大的影响，毕竟学习是自己的事情。他们人生最辉煌的就是学生时代，进入职场之后的他们并不顺利，因为任何一项工作都很难一个人独立完成，而团队合作是他们的短板。他们的职业生涯之路往往是高起点，但进步的速度会远远落后于同等情况的同事，有的甚至成为职场“永远的新人”，通过跳槽来应对被自己弄得一团糟的人际关系，而跳槽的路径无论是公司水准、岗位职务还是经济收入往往呈下降趋势。他们愤世嫉俗，认为社会不公平，人心险恶。这就是“怀才不遇”的人，他们在婚姻情感中也很难收获幸福，他们就像阴霾的制造者，走到哪里就把阴霾带到哪里，污染了周围人的心情。

我们还会遇见这样的人，他们的智商并不高，但总是知足常乐，对周围人充满了包容，谁和他接触都会感觉很舒服。学生时代的他们并不突出，进入职场后他们会踏实肯干，人际和谐，成为职场的福将。他们得益于自己的高情商。

是什么决定着人的生活质量？本讲揭开谜底——情商！同时告诉大家一个令人振奋的消息：现代科学研究显示，智商是相对稳定的，但情商是动态的，每个人都可以练就高情商，只要开始，就不晚！

第一节 丽珊情商－智商互动模型

心理学家戈尔曼提出情绪智能（EQ）概念，指一个人感受、理解、表达、控制、运用自己与他人情感的能力。也就是说，作为一个高情商的人不仅要感受、理解、表达、控制和运用自己的情绪；还要感受、理解、表达、控制和运用他人的情绪。细算下来包括十种能力了。

戈尔曼的研究结果表明：IQ 和技能决定了你可以做什么事或从事什么职业，而能否获得成功则要看 EQ。

成功 = 智商（20%）+ 情商（60%）+ 其他（20%）

其他因素包括：家世背景、社会环境、事业领域、个人机遇等。

EQ 对于高层管理者来讲更加重要，占比达到 85%。

智商和情商之间到底有怎样的互动关系？是否有规律可循？我通过搜集大量文献，结合 20000 个案例实践，逐步整理，2004 年将丽珊情商—智商的互动图首次收录到我著的《成功的学生时代 你应这样度过》一书。

该坐标以情商为横轴，智商为纵轴，建立一个坐标，因为智商和情商不存在负值，所以我们在坐标系的第一象限中划出四个区域。圆的部分是舒适区，大多数人都在舒适区，越向两极发展特点越明显。

甲先生：智商高，情商也高；

乙先生：智商高，情商却低；

丙先生：智商低，情商也低；

丁先生：智商低，但情商高。

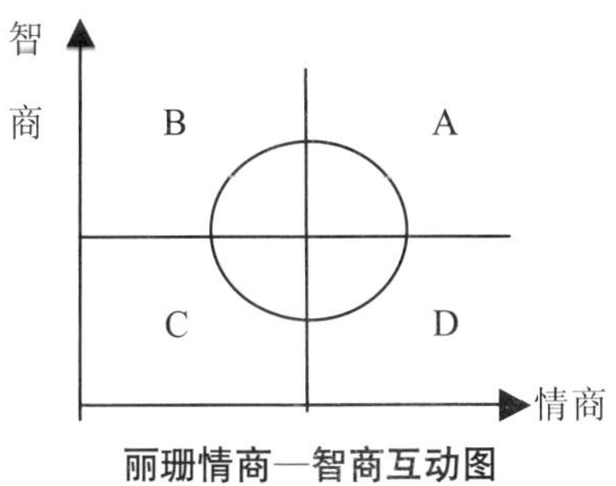

丽珊情商—智商互动图

——摘自张丽珊著《成功的学生时代 你应这样度过》

（中国水利水电出版社 2004 年）

A 区域——“春风得意”

甲先生智商高，读书、升学因为有很好的智力基础，成绩比较优秀；又由于情商高，情绪管理能力强，人际关系和谐。如果有明确的方向感，基本上没有自我的内在消耗，无论是学生时代还是职场生涯，都能顺风顺水，获得成功。

B 区域——“怀才不遇”

乙先生的聪明劲儿可能与甲先生不分上下，说不定在智商上还会比甲先生有优势。他的学生时代应该算是人生中最顺利的时光，因为学习成绩好，情商低的弱势被高分数掩盖。但升入大学、进入社会之后，他情商低的短板则越来越突出。因为无法有效管理自己的情绪，无法协调与周围人的关系，很难成就事业，陷入怀才不遇的处境。

乙先生是人群中最痛苦的，因为高智商使他们拥有敏锐的洞察力，对世界的认识比一般人广泛而深刻。“一群傻子领导我这个聪明人！”是他最具代表性的内心独白，他愤世嫉俗，人际不和睦，陷入尴尬，如此往复进入死循环……

〖案例分享〗

怀才不遇的名校毕业生

刘小姐是我担任心理顾问的一家美国能源公司的员工，登记表上的个人信息如下：34 岁、本科、岗位级别 7 级（初级岗位）、在本公司工作 1 年。这些信息透露了她的职场状况。在外资企业里，岗位级别与收入是完全挂钩的，一般 34 岁应该是中级管理者了。刘小姐的问题到底出在哪里呢？带着问题我和她见面。

刘小姐属于典型的强势外露。一见面就快言快语地说自己的各种不顺，22 岁名牌大学毕业后进了一家大国企。“我是 XX 中学毕业的，您知道那所学校的风格吧？（天津很有名的重点高中）我们智商高，反应快，不愿意与笨人交流。”刘小姐反感国企的暮气沉沉，连续两年考评倒数第一使她不得不选择辞职。她认为美国企业更适合她，所以选择了一间美国药厂，却因为无法与老板相处辞职……她已经跳了六次槽，频繁的跳槽使她的简历非常不好看，岗位也越来越低。她希望找一个可持续发展的公司稳定下来。但现在她无法容忍26岁部门经理对她的各种要求。“小毛孩子，名不见经传的学校毕业，还在我面前指手画脚。”她想咨询我是留下来忍受还是继续跳槽？

C区域——“平庸一生”

大家看过电视连续剧《阳光的快乐生活》吗？剧中的阳光和条子都是典型的丙先生，他们智力水平、自我期待和社会地位都可以用“一般般”来形容。尽管他们也有过幻想，也渴望能够一夜爆富，但依然维持生活和工作上的低水平，按照他们习惯的方式轻闲度日。

D区域——“贵人相助”

尽管丁先生的智力水平不太高，学业水平也不会太好，但因为他的情商高，能够协调人际关系，总是乐呵呵的，周围的人也会被他的情绪所感染，其乐融融。

〖案例分享〗

有人缘儿就有饭缘儿

20世纪90年代初，我有一个学生孙东朝，初中时代，他超前学习，中考以不俗的成绩考入耀华中学。但自高一年级下学期开始，他的成绩就稳定在班里最后了。孙东朝经历短暂的焦虑之后，马上找到了自己在班里的位置，终日乐呵呵地为大家服务，承包了班里的卫生，我问他累不累？“同学们才累呢，学习是最辛苦的事情，我的成绩不好，就为大家服务吧，让他们有更多的时间去学习，成绩再提高一些，弥补我给班级平均分带来的损失……”老师们都很喜欢他，进入高三年级，老师针对他的实际情况给他留个性化作业；同学们将自己觉得有规律性的题目讲给他……高考时，孙东朝以580的高分（满分640分）考入了天津大学……孙东朝经常和我说：“我妈妈说我是傻人有傻福，妈妈还告诉我‘有人缘儿才能有饭缘儿’……我带着全班同学和老师的智慧走进考场，他们都是我的贵人呀！”

“谁是我们的贵人？”我在上课时经常问同学这个问题。许多人误认为贵人是拥有权力、能够掌握别人命运的人……如果真的是这样，那贵人就太少了。请问：当你情绪低落，给你一个微笑，让你感觉自己并没有被所有的人抛弃的那个人算不算是你的贵人？如果你摔倒了，把你扶起来安顿好的人是不是你的贵人？当我们调整了对贵人的界定标准，就会发现贵人随处都是。

“如何遇到我们的贵人？”经常有人叹息自己一生都没有遇到贵人，其实贵人是我们自己培养的。在高三冲刺阶段，同学之间都不自觉地建构“知识壁垒”，但为什么对孙东朝开放呢？你可能会说孙东朝的成绩不好，不构成任何竞争。就算这样，人家也可以将给他讲题的时间用于自己的复习嘛。真正的原因是孙东朝为大家奉献了时间、劳动和爱，谁都不愿意单方面地获得他人给自己的馈赠，所以就用孙东朝最需要的“知识、分数”来回报他……孙东朝的高情商为自己培养了那么多的贵人。

第二节 我们的情绪由何而来

情绪对人类的影响最深刻又最容易被忽略。有些人认为情绪来无影去无踪，是外界的人、事、物左右着我们的情绪，让我们成为情绪的奴隶，承受着负性情绪引发的困境和痛苦。其实情绪主要来自三个方面。

一、遗传天性

脑是由脑干、小脑和大脑三部分组成。脑干控制条件反射机制，心跳、血压、四肢运动以及内脏功能；小脑综合关于身体姿势、运动状态等信息，并利用这些信息协调四肢运动。大脑（大脑皮质）分为左右两个半球，由它控制诸如语言、记忆、理智等功能，并负责综合来自各种感官的信息。杏仁核、海马体、下丘脑以及丘脑被大脑皮质包裹在人脑深处，形成“情绪大脑”。

比如你走进教室，内部感应器捕捉到师生脸上的表情，杏仁核脑组织处理各种细微的情感，如果它识别出有潜在的威胁，便会警告丘脑；丘脑将调动自主神经系统，自主神经系统则通知肾上腺，释放压力荷尔蒙；荷尔蒙、可地松、肾上腺素同时作用，为你做好防御性的准备，升高血压，提高心率，减少对身体其他功能的血液供应等。它们甚至关闭思维机制，降低创造性思维能力，以及判断当前局势的能力。这就是大脑的工作机制。

目前科学家已经识别出七项影响我们对生活紧张性刺激的敏感度的特定遗传基因。这些遗传基因以及由它们产生的化学物质决定了我们对于压力的反应程度。

我在日常的心理咨询中发现一些亲兄妹、表兄妹在某些心理反应上存在相同性，只是呈现的具体行为、年龄不同。比如哥哥过度焦虑时，妹妹表现出乐观开朗，但当压力来袭，她的焦虑方式则与哥哥如出一辙。这既与遗传有关，又与他们的成长环境相似有关。

二、个体发展

“一母有九子，九子各不同”，说明除了遗传基因之外，还有其他因素影响着人的情绪管理。

不知道你是不是有过这样的感受，和某人初次见面，即使事先你没有对方的任何背景资料，也会产生各种情绪感受。其中有两种比较极端的情况，一是产生强烈的亲切感，希望能够多与其交流；二是产生强烈的排斥感，莫名其妙地反感对方。为什么会出现这样的情况呢？下面呈现的精神分析流派的“人的内在冰山”能够帮助你揭开这个谜底。

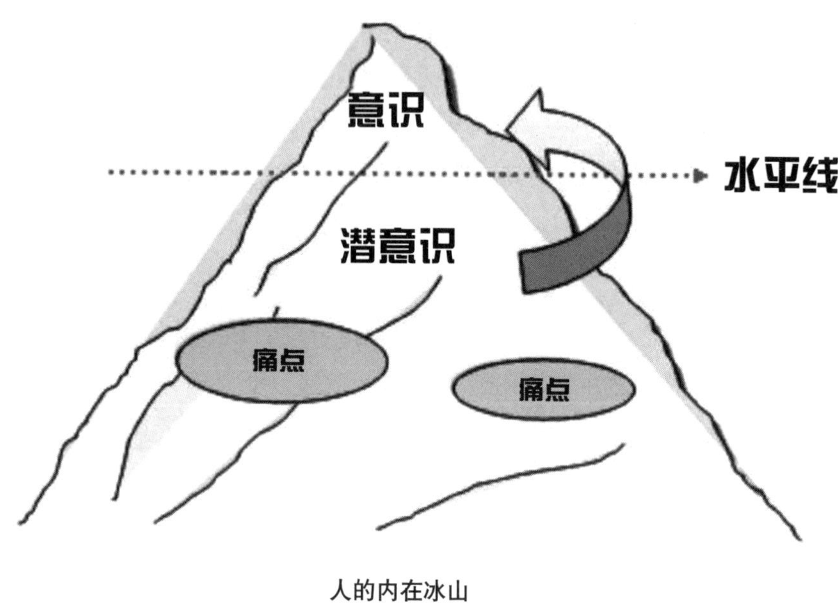

人的内在冰山

如上图，我们看到一个冰山，水平线以上是意识，是我们能够意识到的事物，但非常遗憾所占比例很小，只是冰山的一角；水平线以下是潜意识，是我们不能够意识到的事物，却占很大的比例，恰恰就是这些我们意识不到的东西，却影响着我们，从中我们不难看出人有时活得很被动。

在日常生活中，我们还会有这样的体验——平时我们很温和，但一遇到某种特定的情境就会怒不可遏，难以自控，极大地破坏了自己的公众形象，事后特别后悔。但如果不有效地处理，下一次遇到同类问题依然会难以自控。这是为什么呢？事实上那个情境点燃了你潜意识中的痛点。痛点是如何形成的呢？通过大量的心理咨询案例，我对“痛点”的形成进行了归纳和总结，主要有以下三个方面：

1．来自母亲子宫

在母亲的子宫里接受到的负性信息，会形成痛点，比如有的孕妇在怀孕期间受到惊吓，孩子出生后会比较胆小，或遇到同类事情就会表现出惊恐；再比如怀孕期间，父母对孩子不欢迎，也会在孩子潜意识中形成“被抛弃”感。

〖案例分享〗

反社会行为源自子宫里的被遗弃感

20世纪90年代中期，我参加一位美国心理学大师举办的自我心灵成长课程。那是一个非常昂贵的课程，一天的学费相当于普通工作人员三个月的工资，连续十天课程的费用让每一个学员都希望分分秒秒地跟随老师，将老师的所有话镌刻在大脑中。我们曾自嘲只有心理学发烧友才愿意付出这样高额的学费。

美国大师很在意自己的知识产权，不允许学员录音，一旦发现有违规者，他就会停止讲课，用公众舆论来惩罚这种“违规行为”。一位20多岁的女生将录音笔藏在衣服的袖口里，不断地调整方向以便录上不停走动的大师的话语。大师发现后马上停止授课，大家将愤怒的目光投向那个女同学，“快关上吧，别影响老师讲课！”“怎么这么讨厌呀……”女同学一脸无辜，畏畏缩缩地将录音笔关上，表现出专注听讲的样子。当一切归于平静，她又开始悄悄地将录音笔打开……又是一个循环……她的行为不仅影响了大师的情绪，也让全体学员处于紧张和焦虑之中，不知道课程何时又会被强行叫停……她成为“公众敌人”，课间没有一个人和她说话，分组讨论时，没有小组接纳她。奇怪的是这样的环境不但没有让她有所“收敛”，反而“越战越勇”。大家在对她反感的同时也充满了好奇，为什么她会这样呢？

在课程的后期，大师讲授催眠技术，并通过催眠挖掘出我们潜意识中的“痛点”。当时大师将我们催眠进了母亲的子宫，引导我们和母亲一起用力，以便自己顺利出生。正当我努力地用力准备诞生时，一声凄厉的哭声将我从催眠状态中唤醒。那位女生满脸惊恐、颤栗地哭喊着，全身抖动，几乎所有的学员都被动醒来。如果目光可以杀人，那么她真的在劫难逃。

无意间，我看到一个男生，他依然停留在催眠状态，满脸幸福，咯咯地笑……

大师问她当时看到了什么？

女生虔诚地对大师说:“我听从您的引导，和母亲一起努力，真的出生了，我看到了两个人，但都没有脸……”说到这里，她又开始惊恐地哭泣起来。且不说一个婴儿态的孩子看到两个没有脸的人，就算我们成年人看到这样的场景，也够毛骨悚然的了。大家猜想她这次可能不是存心搞怪吧！

当她的情绪平静下来，大师带领她回忆出生的细节。她说她的父母在决定离婚时发现怀孕了，那个时代要想流产必须要单位和家庭所在的居委会同时开具证明。这件事情无法瞒着老人了，老人禁止他们离婚，他们不敢违背父母的命令。但在他们的心目中，孩子可不是什么天使，而是讨厌鬼，是阻碍他们各自奔向新生活的绊脚石……母亲每天做剧烈运动希望能流产，父亲对她更是不闻不问。父母拒绝的态度在她潜意识中留下了被厌恶的划痕，使她由此产生强烈的被拒绝的弱势感，父母背对着她，所以她无法看到脸。不被接纳的人总是会以“反社会”的行为来回应貌似强大的外界社会。她在课程中的行为找到了谜底——

她偷着录音的初衷可能是为了以后自己有机会再听，重温课程。但当她无意中发现这种行为能够让老师停止讲课，引发同学的愤怒，她感到自己的力量和“价值”，后面的录音已经不再是为了复习，而是为了激怒周围人，彰显自己的破坏力。

我在日常的心理辅导过程中，发现许多“校园霸王”、人际关系不良、对周围人构成伤害的学生都有过类似的“弱势经历”。

而那位咯咯笑的男生是一个自信心满满的人，在他的心目中自己被所有的人喜欢。他的自信心像是具有超强弹性的皮球，拍下去就会弹起来，打击的力量越大，反弹的力度也就越大。

中午吃饭时，我问他在催眠中看到了什么？“我看到父亲穿着蒙古袍子，在草原上托着我欢快地旋转，嘴里不停地喊：‘我终于有儿子了！我终于有儿子了！……’”他家有两个姐姐，父母一直期待着生个儿子，母亲怀孕时，父亲天天和他说话：“儿子，你快出来吧，爸爸一定要有个儿子……”这种经历在他的潜意识里植入一个信念：“我是受人欢迎的人！别人都是发自内心喜欢我，哪怕表面上拒绝其实内心也是喜欢我。”他用善意解读每一个人。

这次上课的经历给我最大的收获：最有效的胎教就是父母每天都和胎儿交流，表达对他的到来由衷地欢迎。胎儿感受到自身的价值，奠定了他最原始最稳定的自信心。

——摘自张丽珊著《你可以生得更踏实》(天津人民出版社 2014 年)

2. 来自幼年期的“早期决定”

幼年时代负性情绪经历没有得到充分释放而被深埋进潜意识之中，会成为痛点，成为一生难以走出的阴影。比如产后抑郁的母亲抱着孩子掉眼泪，忧伤或烦躁的情绪就会被孩子潜意识记录下来，由此产生“不安”感。若将幼年孩子寄养他处，就产生双原生家庭现象。

〖**案例分享**〗

寄养他处的孩子没有归属感

刘彩霞是留守儿童，母亲将 6 个月大的她托付给奶奶，和老公一起去城里打工了。与奶奶相依为命了 6 年之后，妈妈将她接到城里上学，在她的心目中奶奶是世界上唯一的亲人，她恨妈妈将她与奶奶分开。进了城里，妈妈又将她送到寄宿学校，她不明白这个女人为什么总是左右自己的生活，同学笑话她的乡下口音和不伦不类的衣服……她将所有的痛苦都记录在妈妈“抛弃”她的账上。幸好她念书努力，小升初时考到一个比较好的中学。随着视野的开阔，她下定决心要努力学习，以后一定不能过父母这样的生活。成绩优异让她对自己有了信心。

进入重点高中之后，她发现周围的同学学习能力超强，而且非常有见识，她根本就听不懂同学们讨论的话题，她希望自己出类拔萃的愿望看来很难实现了。刘彩霞再次产生了被世界抛弃的感觉，就像小的时候，别的小朋友都有妈妈、爸爸，而她没有……她每天生活在痛苦之中。她坚定信念:“我要成功，比所有人都成功。”“他们有父母的爱，就算他们不成功，还能有父母，而我呢？我什么都没有，我必须获得成功。”她焦虑得难以专注听讲，无法和同学交流，还出现了睡眠障碍。

被父母寄养他处的孩子内心都会对原生家庭疏离。所谓原生家庭是指由父母照料的，孩子出生并成长的家。按照这个概念来看，一个人应该只有一个家，但将孩子寄养他处无形中给孩子增加了一个家，两个家庭无论是价值观还是行为方式都会存在差异，孩子要遵循哪个家的规则呢？这无疑给孩子造成了混乱，有的孩子拧巴，有的孩子钻空子。有过寄养经历的孩子几乎都认为父母不爱自己。他们潜意识中会形成许多痛点，在现实生活中十分容易被激惹，无法控制自己的情绪。

早期的情结和孩提时的经历构成了自我意识和对这个世界解读的重要组成部分。但不用担心，功能性障碍的家庭比比皆是，我们都需要去克服某种程度的功能障碍。

3. 来自成长经历

中国人崇尚“忍”文化，认为宣泄负性情绪是没有修养的表现，强行将负性情绪压到心里，慢慢地好像就没事了，但这样做其实是将负性情绪由意识层面压到潜意识层面，形成痛点。痛点像隐形炸弹，一旦再次遇到同类情景，炸弹就会被引爆，引发强烈的情绪反应。而每次痛点的引爆势必会造成现实层面的危机或损失，放大痛点；痛点就像一个伤疤，每次被撕开后创面就会进一步增大，这就意味着未来被引爆的几率增多。那些沾火就着，难以控制自己情绪的人就是内在痛点太多的人。举个例子让大家了解痛点的危害。

〖案例分享〗

高一男生挑战班主任源自内在痛点

王老师善良、宽容，在她的眼中每一位学生都那么可爱，她做班主任的最高境界就是和学生其乐融融，从来不和学生发生冲突。这个善良的老师却遭到一个学生的猛烈挑战。

王老师担任班主任的新高一班中，有一位叫韩童的男生处处和她作对，她在前面讲话时，韩童在下面与她唱反调，声音很大。王老师根本不知道如何安抚他。开学半个月，王老师已经怵头进班级了……

心理教师是不能主动邀约学生谈话的，为此我特意调整了他们班的教学计划，提前讲“人的内在冰山”，下课后，韩童主动和我交流，说他第一次见到王老师就特别反感，想和她斗争到底。

韩童小学时是班干部，因为和老师们的接触比较多，对老师的敬畏少了，亲切多了，说话比较随便。升入初中之后，他依然对老师敬畏不足，一次非常放肆的玩笑伤害了班主任的自尊心，班主任对他进行了严厉的批评，给他内心造成了极大伤害。支撑韩童走过来的信念是考到名校上高中……中考他如愿考入耀华中学。遗憾的是王老师和初中班主任不仅长得相似，而且说话声音也如出一辙。

韩童的痛点被击中了……

韩童明白了自己对王老师负性情绪的来源之后，主动找王老师承认了错误，师生关系融洽。现在韩童在美国加州大学伯克利分校任教，一直和我、王老师保持着联系。

人的内在冰山理论对于我们每一位同学都十分重要，当我们出现异常情绪的时候，不妨问一问自己，潜意识中是不是有痛点被点燃了？本讲的心灵作业将带你拜访你的内在痛点并有效地消除它。

三、内在誓言

在成长的过程中，有一些事情或经历会激发我们内心深处的信念和期望，对人的价值观和世界观形成了一种预示。它们决定了什么会让我们在意、恐惧、焦虑及程度如何。内在誓言一旦形成就会影响我们解释和定义自己的各种经历。

比如，一个孩子小的时候看到父母因为缺乏理财意识而使生活处于窘迫之中，他就会产生一个内在誓言："长大后我一定要尽力地存钱，让自己在资金方面永远有储备。"这个孩子长大之后就会固执地存钱，可能成为理财高手，也可能成为守财奴。

一个孩子总是听到周围人说："只有考上名牌大学才能有出息，才能过上富足的日子。"如果他身边学习好的同学得到大家的追捧，学习不好的同学过着没有尊严的生活，他就会形成内在誓言："成绩好才能过上好日子，成绩不好生不如死。"他会刻苦学习，如果能够把焦虑控制在合理的范围内，就会成为不用扬鞭自奋蹄的学生；如果焦虑过度，则会出现心理问题。这恰恰暗合了有过优秀生经历的人更容易因为环境变化而出现心理问题的规律。

信念与期望如果是积极的、自我肯定的，就会推动我们走向成功。反之，如果是消极的、自我否定的就会阻碍我们进步。所有的事情都是一个度的问题，一旦过度，好的东西也会朝着负向发展了。

第三节 适度焦虑会让我们更具成长力

我们往往把焦虑当作坏东西，每当进入焦虑就会恐慌，有的同学为了焦虑本身而焦虑。其实世间所有的事都是一个度的问题，过度焦虑肯定是问题，但焦虑不足同样也是问题。在现实生活中，你完全可以接受适度焦虑，并在适度焦虑的引领下收获更多的成果。我们看看焦虑的三张面孔吧——

焦虑不足：满足的面孔

第二讲《心理测试（焦虑度测试）》中，你如果属于焦虑不足的人，请阅读下面的四种分类，看看自己属于哪种类型，“丽珊建议”帮助你扬长避短，只要你更新理念并采取有效的行动，你会将自己调试到适度焦虑的状态。

1. 理想主义者

学生时代的他们：终日乐呵呵，成绩不好时不是寻求老师的帮助或学习方法的改进，而是沉溺于“我现在没有努力，只要我开始努力，班里同学都不是我的对手”的画饼充饥之中。

丽珊建议：保持积极和乐观，同时关注现实，脚踏实地。

2. 超然世外者

学生时代的他们：往往喜欢某一学科的知识，大量阅读此类书籍，在同学中他们很难找到志趣相投的朋友，他们沉浸在自己的世界之中，自得其乐。低年级时，他们会因为“听话”“爱看书”而被成年人认为是好孩子，但随着年级升高，课业上的问题暴露出来，他们会用自己爱看书来解释成绩不好的现实。

丽珊建议：客观、理性看待课业，同时与老师、父母和同学保持真诚的情感交流。

3. 过度逢迎者

学生时代的他们：竭力维护人际关系是他们的最高追求。他们会如数家珍一般说出周围同学的爱好，却没有耐心去听课和学习。他们表面上属于“工作能力强”“人际关系好”，但实际上却是缺乏人生的方向，属于“陪练型”学生，只是同学们阶段性的开心果而已。

丽珊建议：在保持对学习的责任感和人格的独立的前提下，适度参与班级活动。

4. 谨小慎微者

学生时代的他们：经常表现出忧心忡忡，总是和老师讨教学习方法，希望找到一个投入最少、收获最多的方式，他们最常说的一句话：“这种方案肯定没有问题吧？您之前辅导过的学生是不是和我一样呀，能达到百分百的成功吗？”

丽珊建议：维护稳定，谨慎决策，同时敢于行动，具有弹性，在过程中不断调整。

焦虑过度：恐惧的面孔

如果你属于焦虑过度的人，请阅读下面的四种分类，看看自己属于哪种类型的人并根据“丽珊建议”将自己调试到适度焦虑的状态。

1. 自我中心者

学生时代的他们：因为自己在某些方面比别人优秀而无视别人的感受，完全按照自己的意愿做事，他们看不到自己的不足，又无法容忍别人的缺点。一旦他们丧失绝对优势就会有崩溃的感觉。

丽珊建议：虚心地听取或请教他人的意见，这样你能收获更大的成就。

2. 完美主义者

学生时代的他们：低年级阶段因为成绩优异而成为同学的楷模，得到老师的夸奖。随着年级的升高，一般到了初三因为无法“完美”地完成老师布置的任务而处于极端焦虑之中，严重的会在“不成功的结局”到来之前辍学，放弃中考、高考。

丽珊建议：追求卓越，同时也接受自己和他人的不完美；放眼人生的大目标，而不要沉浸在小目标的患得患失之中。

3. 暴君型

学生时代的他们：总是无法控制自己的情绪化，他们在不经意间流露出不可一世的态度，当众批驳同学的观点，还会挑战老师。情绪处于高度波动之中。

丽珊建议：保持竞争力和目标导向，同时尊重他人的需求和权益。

4. 多疑者

学生时代的他们：不信任周围人。当学习出现问题时，他们不会从自身找原因，而是向外归因，指责他人的失误。

丽珊建议：保护自己的权益是对的，但同时也要信赖他人，做一个值得他人信任的人。

适度焦虑：成功的脸

适度焦虑的人具有哪些品质呢?

1. 现实主义和乐观主义

所谓的现实主义是指追求真理、用事实说话。现实主义能够接纳自己的优点和缺点,喜悦和恐惧,胜利和失败。他们具有学习的精神,善于自我反思,以使自己与现实生活更加密切地连接。

乐观主义是指对未来充满梦想，坚信明天一定会比今天好。乐观主义始于对自己的信念及改善现状的能力充满信心，相信每个人都能够把握自己的命运，与周围环境良性互动。

2. 建设性和紧迫感

适度焦虑的人从不无端抱怨，他所做的一切都围绕着建设性展开。因为只有建设才能增强自己的实力，才能扩充自己的人脉，才能真正地营造内心的安全感。适度焦虑的人放眼全局，而不会纠缠于一些细枝末节和日常琐事。

所谓紧迫感是指推动自己的拓展能力，大胆地设置长期大目标，缜密地制订小目标。他们具有一定的时间管理能力，让自己在单位时间内做更多具有建设性的事情。

3. 谦虚和自信

谦虚是对外的，他们懂得聆听，与周围人建立良好的人际关系；谦虚的人能够站在他人的角度考虑问题，将温和宽容的态度传递给周围人。

自信是一种态度，坚信自己能够与周围人和谐相处。

第四节 提高沟通力，你会成为更 nice 的人

沟通力

什么是沟通力？沟是手段，通是目标，力是能力。通过各种手段，使彼此信息交换通畅，情感交流充分，最终达成沟通目标效果的能力。积极心理学关于沟通的前提假设：

一、有效比有道理更重要

1. 在三赢(你好、我好、世界好)的原则基础上追求效果，比坚持对与错更有意义。

2. 讲道理往往是把焦点放在过去的事上，注重效果把注意力放在未来。

3. 只追求有道理但无效果的人生，难以有成功和快乐的体验。

二、沟通的意义取决于对方的回应

1. 沟通没有对与错之分，只有“有效果”和“无效果”之分。

2. 说什么不重要，对方听到什么最重要。

3. 改变说的方法，才有机会改变听的效果。

4. 在很多情况下，给人留下深刻印象的不是说的内容，而是说的方式和气氛。

三、重复旧的做法，只会得到旧的结果

1. 做法不同了，结果才会有不同。

2. 改变自己，别人才有可能改变。

3. 世界上的事物都在变化之中，不肯改变的人将面临被淘汰或失败的威胁。

四、凡事必有至少三个解决方法

1. 对事情只有一个解决方法的人，必陷困境；有两个解决方法的人陷入两难之中。

2. 没有办法，只是说已知的办法都行不通。

3. “没有办法”给事情划上句号，“总有办法”则使事情有突破的可能。

4. 你可以成为第一个找出办法的人。

五、在任何一个系统里，最灵活的部分最能影响大局

1. 最灵活的人便是最有能力的人。

2. 自信越不足，坚持某个模式的态度就会越强硬。灵活是自信的表现。

3. 容许不同的意见和可能性，便是灵活。

4. 在一个群体中，固执使人紧张，灵活使人放松。

5. 灵活不代表放弃自己的立场，而是容许找出双赢的可能性。

达到良好沟通包括三方面的能力：一是良好的聆听力，你不仅要听明白对方说的内容，还要领会对方传递的情绪、情感，和对方进入同一个频道；二是表达能力，你要将自己的意思准确无误地讲出来，同时通过语音、语调和身体语言来传递你此时此刻的情绪和情感，感染对方，邀请其进入你的语境之中；三是情感的传达能力，沟通力强的人除了具备深厚的知识储备、丰富的人生阅历、理性的思考、稳定的情绪，还要善于表达情感，以情动人。

听的五个层次

听的五个层次由低到高依次为听而不闻、虚应故事、选择性地听、专注地听和设身处地地听。

第一层次：“听而不闻”，是指完全处于自己的主观世界之中，根本没有听到对方所说的，往往目光游离。

这种状态对方能够明确感受到，并令对方抓狂。有的同学违反规定，被老师批评，就摆出一副听而不闻的架势，任你晓之以理动之以情，我自岿然不动，更有甚者还抖着脚，浑身乱动，这无疑会激怒老师，使老师从就事论事升级为对该生的全面否定，将之前的一些老账翻出来，直至请家长到校……如果你不想激惹对方，就别“听而不闻”。

第二层次：“虚应故事”，是指表面上仿佛在听，还适时地给予回应，比如“噢、明白、知道……”，实际上根本没有用心听。

有的孩子回家兴致勃勃地和父母说学校的各种奇闻异事、小伙伴间的纷争、偶像的最新动态，父母却一心忙着手中的家务，“妈妈，你在听吗？”“噢，在听，在听……你为什么不去写作业呢？”

遇到这种情况，孩子意识到家长对自己所说的事情并不感兴趣。

方案一：如果你希望继续和母亲交流此话题就要明确提出要求：“妈妈，您能专注地听我说的话吗？我认为这个事情对我很重要。”

方案二：你用她感兴趣的话题来吸引她。“妈妈，这件事已经对我的学习构成影响了……”

方案三：你进行反思，这个话题一定要说给母亲听吗？如果你觉得这个话题不说也罢，就可以结束交流了。

……

孩子激怒父母往往也是因为这种“虚应故事”，父母告诉你一些生活上的要求，你根本就没有听见，但嘴里却虚应着：“哦，知道了。”可做事时依然故我，给父母的感觉是你明知故犯，根本就不把他们的话放在心上，不尊重他们。

第三层次：“选择性地听”，是指双方处于沟通之中，只是听者会将所听到的内容根据自己内心的感受进行筛选，比如自恋的人会选择听对方所谈内容中夸赞自己的部分，而自卑的人则会选择听批评或贬低自己的内容。

这就能解释什么是“说者无心，听者有意”。在你与人交流中，对方突然间生气了，往往是你说的话触到他的痛点。在这种情况下，你最好问一句：“不知道刚才我说的话有什么不妥？”及时制止负性情绪蔓延，以免影响后

面的沟通。

〖案例分享〗

"我才不傻呢！"

张楠是一个高二男生，他自初中以来就很难与周围人和谐相处。勉强升入高中之后，他的问题更加严重，不但不和人交流，对同学无意的碰一下也要睚眦必报。班上有几个不明事理的男生逗他，激怒他，他就会报警。学校里经常开进警车太有损学校的形象了，校长请来张楠的母亲，请她嘱咐孩子有什么问题可以找老师，找校长，就是不要报警……母亲也觉得张楠做得的确过分，就掰开揉碎地嘱咐张楠，张楠怒不可遏地喊："难道学校的面子比我的生命重要吗？他们打死我怎么办？"母亲无奈之下请我介入。了解了张楠的具体情况之后，我意识到这个咨询的难度，明确告诉母亲第一次见面只要能让张楠接受我，建立咨询关系就算成功。调整他在人际交往中的不合理理念和行为则是后续咨询的任务。

第一次见到张楠，他几乎不看我，闭着眼睛坐在沙发上，我明显感觉到他的不配合。随着沟通的推进，他慢慢回应我，还给我讲了一些事情，他的表现完全超出了我的预期，我紧张的神经放松了，有些得意忘形。当他又跟我说一件事时，我竟然十分亲密地说："不是你想得那样，傻孩子！"("傻孩子"是我和朋友间的昵称，并且在与关系密切的学生聊天时也常常使用）话一出口，张楠气呼呼地站起来，"不谈了，走了！"

"天呀，我触碰到他的痛点了。"我在心里大呼。如果他从我的咨询室走出去，他不但不会接受我的辅导，而且会拒绝与其他咨询师见面，那他就无法得到帮助。我必须处理好这个危机。我马上站起来迎过去，轻抚他的肩膀。

"小伙子，对不起。是不是之前有人说过你傻？"他痛苦地点点头。

"那你给我说说，他为什么说你傻呢？"我一边说一边将张楠拉回沙发。张楠小学六年级时因为成绩不好，数学老师总是当众说他是"大傻子"……同学们都取笑他，他认为周围人都欺负他，他必须尽最大努力保护自己……

第四层次："专注地听"，这属于健康的聆听，听到对方所说的内容，并且进行理性的分析。

"专注地听"时要放下手中的一切事物，注视对方，身体稍微前探，表示对对方的话感兴趣。让对方感受到，此时此刻，你是最重要的。

第五层次："设身处地地听"，不仅能够聆听内容而且还能感受对方的情绪，给对方心灵以慰籍。

前面案例分享中张楠说"不谈了,走了！"时,如果我和他解释"傻孩子"是我们朋友间的昵称，他是不会接受的。因为我能感受到他内心的愤怒和痛苦，才能有感同身受，有了后面的沟通和支持。

主动聆听的技巧

一、用"开放式"提问，以获取信息

所谓开放式提问是指提出比较概括、广泛、范围较大的问题，对回答的内容限制不严格，给对方以充分自由发挥的余地。这样的提问比较宽松，不唐突,可缩短双方心理、感情距离。常用的字汇是"什么""哪里""怎么样""为什么？"比如"你能谈谈参加这个课程的感受吗？""针对现状，你觉得应该在哪些方面改进呢？""你能告诉我，你最真实的想法吗？"

与开放式提问相对的是封闭式提问，对方回答的范畴比较窄，答案比较明确、简单，一般是为了缩小话题的范畴。这种提问指向明确，聚焦，效率高，但难以获得更广泛的信息。常用的词汇有"能不能""对吗""是不是"及"你能不能完成这个任务"等。

二、重述对方讲话的内容

在交流中，重述对方的讲话内容会给对方明确的暗示，我不仅认真地聆听了你的内容，而且还能将你所说的话准确地讲出来，以此证明自己的专注。比如"你刚才说在学习上遇到了一些困难，是不是因为之前的基础不够扎实

呢？”“你说社团活动对你的人际交往能力有很大的帮助，能具体讲一下吗？”

三、表达自身感受——回应你的态度与感受

表达自身的感受来向对方展示，你不仅听清楚了对方所说的内容，而且能够设身处地地感受他的感受，拉近双方心理上的距离。“数学老师说你是大傻子，是不是让你特别没有面子？”

四、使用试探性问题

只有双方了解对方更多个人的信息才能有稳定的交往，建立相互信赖的关系。但个人信息的获得要慎重，如果冒失提问有可能会使对方认为你是为了满足好奇心才和他交流的，那就会破坏信任关系的发展。要试探性提问，比如：“我父母工作特别忙碌，所以我小时候是和奶奶一起长大的。”如果对方和你有同样的成长经历，他就会很自然地应和，你们会建立“同是天涯沦落人”的亲近感。

声情并茂地表达自己的意思

影响对方接收你发出的语言消息的因素包括：你的语气、语调和肢体语言。

一、声音质量检查

有关声音质量的研究将声音质量以令人不快的程度进行降序排列，结果如下：

1. 嘶喊、抱怨或者唠叨声：44.0%

2. 高声调、吱吱的响声：15.9%

3. 咕咕哝哝的声音：11.1%

4. 语速太快：4.9%

5. 软弱无力的声音：3.6%

6. 单调乏味的语调：3.5%

7. 浓重的口音：2.4%

你是否存在一个或多个上面提到的声音质量问题？如果你发现自己存在问题，录下你的声音，反复听，寻找改善的方法。

另一种改进途径就是向发音教练咨询。现在很多高端行业的职业人士都接受系统的发声训练，毕竟声音是我们的第二张面孔。

二、肢体语言的规则

1. 前倾。后仰发出的信息是冷淡或拒绝。

2. 不要翘二郎腿。将你的双脚平放在地板上。

3. 垂直握手。有的人握手时掌心朝下，使得对方不得不以一种顺从的、不舒服的方式去向上握住对方的手掌。

4. 适当的微笑。持续的微笑可能会被人认为过于软弱。

5. 直接的目光接触。与人沟通时要有目光的接触，如果一味地回避目光会让对方不舒服。

6. 镜像（模仿对方的身体语言）。这时的身体语言是说："我喜欢你，赞同你。"

提高自己的沟通力是一项艰巨的任务，观察你周围善于沟通的人，和他成为朋友，在交流中观察他是如何与人沟通的，不断提高自己的沟通力。

【心灵作业】

发现你的内在“痛点”

【步骤一】为自己预备舒服安全的环境

请布置一个温暖舒服、无人打扰的空间，让你的身体得以舒展放松，并且不会受伤。

当你布置好这些后，带着珍贵的自己，选个舒服的姿势坐着，别睡着喔！这可是发现你“痛点”难能可贵的机会。

【步骤二】给自己一个承诺，告诉自己愿意接受自己的“痛点”

也许你很少注意“痛点”的存在，别担心，“痛点”只是你内在宝贵的丰富情感，应允许自己去探索触碰。

【步骤三】发现“痛点”

你认真地回顾，自己在什么情况下会表现出情绪失常，比如平时你很温和，但在某种情况下，情绪会非常激烈，想起来了吗？请把事件和当时的情绪记录下来。

【步骤四】回忆过往

回忆之前是不是有过同样的经历？

【步骤五】抚慰情绪

给你的“痛点”写信。将那个事件给你造成的现实困难写出来，列举事件消极的影响和积极的意义。

祝贺你，你发现了自己的痛点，并有效处理了。未来的日子里，你可以不断地重复这个过程，让一个个痛点浮出水面，并且得到彻底清理！

——摘自张丽珊著《你可以生得更踏实》(天津人民出版社 2014 年)

【媒体文章】

优等生的五个瓶颈如何打破

《中国青年报》2013年6月4日 第11版

作者：张丽珊

核心提示

成绩好的学生得到来自成年人的夸奖多了，会误认为自己真的在任何方面都比周围人强，容易自我感觉良好。通常情况下，优秀生自我中心的倾向比其他同龄人更明显，有的学生还会自我膨胀，不把别人放在眼里，缺乏与同学合作的意识，不懂得尊重教师。这势必造成他们人际关系的紧张。

在心航路教育心理机构接待的学生来访者中，70%的人有过优秀生经历。

这个数据并不能简单地说优秀生出现心理问题的几率高于普通生，有两个更重要的因素值得注意：一是孩子成绩好使父母对他们的期待很高，所以更倾向于调动一切力量为孩子的成功保驾护航；二是优秀生具有敏锐的觉察力，更能觉察到负性情绪对学业的拖累，他们常常更善于求助。

无论真实的原因如何，优秀生由于成绩优秀，表面上，他们会得到来自父母和老师的特殊对待，但实际上，在他们成长的过程中，内心产生的痛苦往往多于其他学生。

NO.1
新环境让“特权”突然消失

新环境适应是造成优秀生心理波动的重要因素之一，比如升学、转学。每次新环境的变化都会带来新的评价体系，而最容易出现落差的就是曾经拥有各种“特权”的优秀生。

我在学校给初一学生上心理健康辅导课时，发现纪律散漫的往往是小学时代的优等生。他们告诉我，特别怀念小学，那时因为成绩好，会被老师宠爱、重用、信赖，他们上课时说话、下座位、不认真完成作业都不会遭到严厉的批评。

小学时代学生的地位多是由成绩决定的，如果你的成绩优秀，就算犯点小错误，老师也会对你睁一只眼闭一只眼。进入中学，特别是重点中学，来自各个小学的优秀生云集到一起，在新的坐标系里，优秀生由原来的“唯一”变成了“之一”，他们甚至不知道普通学生应该遵守的规则，或者依然觉得自己可以被区别对待。有的时候，优秀生违反纪律，又不知如何修正，直接被视为“屡教不改”，成了老师眼中的“问题学生”。而为了维护面子，他们装作并不在意老师的批评，有的甚至对老师的教育产生了逆反心理。

进入一个新的坐标系，名次波动是正常的，孩子可能需要一段时间才能找到自己的位置。无论孩子遭遇怎样的困难，父母都要做孩子最坚定的支持者。父母万万不能因为孩子的成绩不再优秀，就表现出“失望”“焦急”等负性情绪，这样会加重孩子的心理负担，使他们陷入更深的失落之中。

NO.2
当师生关系出现裂痕

韦尔奇曾经说，“只有偏执狂才能成功”，这句话在一定程度上道出了成功者的人格特点。在我接触过的学生中，成绩优秀的孩子的确有偏执的倾向。他们误认为自己的学习方法是制胜的法宝，忽略了学习方法是要依据学习内容的难度、密度而不断变化的事实；他们对老师的评价有“厚此薄彼”的倾向，认为带领他们走向顶峰的老师是最棒的，他们的言行会使现任老师产生被挑战的感觉。当师生关系出现裂痕的时候，他们又不会主动弥合。我担任多家企业的心理顾问，在咨询的过程中，我发现凡是与上司关系紧张的来访者，在学生时代几乎都有过与老师关系不和的经历。从这个角度来说，学生时代有意识地营造良好的师生关系，对进入职场后与领导的磨合是有积极意义的。

孩子在人际交往中出现危机时，父母如果一味地袒护孩子，会强化孩子与外界的敌对情绪。父母如果不分青红皂白一味地责骂孩子，不仅无法弥合师生、同学间的裂痕，而且会造成亲子冲突，使孩子感到孤立无援。

当孩子与老师或同学发生冲突时，父母应该客观冷静地将事情的原委弄清楚，给孩子心理抚慰。比如，“我知道你现在心里很不舒服，你希望我们做些什么呢？”先给孩子安全感和归属感，等孩子的情绪平和下来，再帮助他分析原因。

家有成绩优秀的孩子，父母更要下大力气培养孩子的情商，主要包括情绪管理、人际交往、与人合作共事的能力等。当孩子在这些方面取得一些进步，父母要大力表扬，强化孩子提高情商的动机。

NO.3
成就动机太强导致“成就紧张”

成就意识是鞭策学生克服困难、力争上游的动力所在。但万事都有个度，一旦出现“成就紧张”，学生则会因为学习动机太强而表现出焦虑、紧张、咄咄逼人。在他们的眼中，只有学习成绩好才能获得别人的尊重，才能考上好大学，才会有好前程，反之，人生则没有了任何意义。

我从事心理咨询工作以来，接待过很多这类学生。造成他们成就紧张的因素概括起来主要包括以下三个方面：一是家长从小就教育他们，冠军只有一个，只有考第一才能赢得表扬，父母的成就紧张完全被孩子吸收并内化；二是父母因为没有文化，社会地位低，在亲朋好友中处于弱势地位，造成孩子内心的自卑感，他们坚信只有学习才能改变命运；三是父母属于成功人士，举手投足间流露出对普通人的轻视，孩子片面地认为社会的规则就是弱肉强食，强者永远是强者。

成就紧张又使他们在升学考试前出现严重的考试焦虑，一旦成绩下滑，他们就会怨天尤人，为了避免看到失败的结局而出现逃课、不参加考试、辍学等行为。

父母帮助孩子降低成就紧张的最好方式是将人生看作一条长河，告诉孩子考上一流大学只是人生中的一个阶段性目标，“理想的大学”与“成功的人生”并不能划等号。创造有价值感和幸福感的人生需要具备很多方面的能力，大学背景只是其中一个。这样可以帮助孩子优化心理环境，提升他们的抗挫折能力。

NO.4
“真空环境”中的心理隐患

为什么大学生出现心理问题的几率高于中学生？并不是大学老师不负责任，而是中学阶段的心理隐患被忽视了而已。无论备战高考多么紧张，学生心里都有一个信念——“考上大学一切都好了”。升入大学之后他们才发现，事实不是这样的。

心航路教育心理机构近10年来接待了许多因为旷课过多或多门科目不及格而被勒令退学的大学生。这些大学生中85%是有过优秀生经历的。他们被周围人反复教化，中学时代吃得苦中苦，进入大学就可以做人上人了。他们两耳不闻窗外事，一心只读圣贤书。他们心甘情愿地上各种课外班，为了挤出更多时间学习而不与同学交往，不参与校内的任何活动，没有什么业余爱好……他们尽管成绩好，但却不热爱学习，更没有养成终身学习的习惯。有的学生在高中阶段已经意识到自己的状态是不对的，但积重难返，总不能放弃自己在学习上的唯一优势吧。

升入大学后，没有了父母的监管，他们就会放任自己，像脱缰的野马一样，补偿性地沉迷于网络游戏、陷入各种情感等，从而荒废了学业。

父母在陪伴孩子成长的过程中，应该给他多种选择的机会，顺势而为，让孩子根据自己的价值判断，作出最适合自己的选择。毕竟，每天在学校接受教育的是孩子，孩子最清楚自己的综合能力在同龄人中处于怎样的位置。

NO.5
宁肯停在学业的跑道上

有人说，啃老族都是父母培养出来的，这话是有一定道理的。生活能力强的父母更容易培养出啃老的子女，不是孩子想啃老，而是他们根本就不具备独立生活的能力。

中学时代是一个人形成独立意识的关键期，在社会活动中培养自己的处

事能力，积累经验并建立自信。可是在现实生活中，父母为了让孩子专注读书，无论是人生的方向还是日常的生活，父母都全面包办。他们的孩子除了有个好成绩之外，缺乏基本的生存能力。

中国的父母有可能是世界上最爱孩子的，但这种爱是健康的、积极的、科学的吗？每当父母以爱的名义为孩子作各种决定之前，反复追问一下自己吧。这样才能让孩子在父母的爱中茁壮成长，而不是渐趋凋萎。

孩子长大了，父母要牢记：一个人不能控制另一个人。如果希望推动孩子，就要静下心来帮助孩子找出他自身的价值观，使孩子产生推动自己前进的力量，并鼓励他们付诸行动。在陪伴的过程中引导孩子去学习，使他们能够更加准确地判断和选择。如果父母要做孩子人生的“总设计师”，用成人功利的价值取向要求孩子，那么，当孩子的发展不能满足自己的期许时，就会产生教育职能被剥夺的焦虑。

许多年轻人告诉我，只要听父母的，就算选择错了也不会落下埋怨，如果自己做主，万一错了就惨了。表面上孩子很听话，实际上他们是在推卸责任。年轻人在规划自己的人生前应做大量的调研工作，做到知己知彼，并将自己的规划完整地讲给父母，征询他们的建议。确立之后，就要付诸行动，建立个人信誉。当父母真切地感受到孩子长大了，能够对自己的人生负责了，总有一天，他们会主动放手的。

【推荐阅读】

《情商魔法训练营》

（比）米杉著，倪男奇译

译林出版社 2011 年 10 月

《情商魔法训练营》以课堂教学与游戏活动的形式，从一个广阔的人生视角，揭示了我们习以为常的沟通之中潜藏的病态模式，并进一步呈现了积极正向的沟通方式与情感技巧，探讨了人生中不可或缺的某些主题。

尤为重要的是，在整合之后，本书提供了一套具有广泛适用性的教育方案，一套有助于完善传统教育的生动方案。

【心理测试】

内在小孩状态测试

指导语

在回答问题之前，请先检视一下你当下的状态：

1. 你身处于一个安全、安静的空间，不会有人唐突打扰你。

2. 你至少有十分钟可以全然放下地思考和回答以下问题，请关闭手机。

如果你现在符合了心理测试所需要的条件，请如实地选择。

计分方法

完全符合计 2 分，比较符合计 1 分，说不清楚计 0 分，比较不符合计 –1 分，完全不符合计 –2。

1. 我很容易讨好别人。

2. 在我内心深处，觉得自己似乎有问题。

3. 当我为自己争取权益时，会感到不安，常会选择委屈自己。

4. 我做事严谨，凡事要求完美。

5. 我实在不知道自己要什么。

6. 我曾有或正有饮食困扰的问题，例如暴食或厌食。

7. 我常不知道自己有什么感觉。

8. 我常做任何事情来求得别人不生气或避免冲突产生。

9. 我几乎从不表达自己负面的情绪，例如生气、难过。

10. 我有睡眠困难问题。

11. 我常觉得人是靠不住的，包括我自己在内。

12. 我很怕单独一个人，愿意做任何事来避免这种情况。
13. 我发现自己常在做我认为别人期待我去做的事。
14. 要我关心别人，比关心自己要来得容易些。
15. 我很好强，而且讨厌输的感觉。
16. 我最怕遭人遗弃，我愿意为了保住一份关系而做任何事。
17. 我内心深处藏有秘密，没有人知道。
18. 我常觉得自己没有被公平对待。
19. 即使躲在被窝中，我仍然没有安全感。
20. 我从来不对别人显露出真正的情绪。
21. 我不喜欢和人有身体的接触，即使是我亲近的人。
22. 我表达生气、恐惧等情绪后，常会感到后悔。
23. 在与人交涉时，常常不是完全放弃就是坚持按自己的方式(坚持己见)。
24. 我常有莫名的负向情绪突然出现，例如恐惧、愤怒、忧郁等。
25. 我的情绪起伏很大，有时像飞入天堂，有时又像掉入地狱。
26. 我会重复做同一件事情，停不下来。
27. 我会忍不住用伤害自己身体的方式来抒发情绪。
28. 我会用酒、药物或不断工作来让自己感觉好过些。
29. 在友情中，即使知道对方不适合我，我也离不开他/她。
30. 我觉得自己在这个世界活得很不快乐。

分数评价标准

-60 — -30 分，说明你的内在的小孩非常强大，你的成长经历使你具有较强的担承能力。

-30 — 0 分，说明你的内在小孩处于正常的状态。

0 — 30 分，说明在你成长的过程中内在小孩曾经受到过伤害，但你生活的主流是好的，只是遇到特定的一些问题会表现出极端难以控制的状态。你可以通过自己的努力让内在小孩不断成长起来。

30 — 60 分，说明你的内在小孩十分微弱，请你与心理咨询师建立咨访

关系，消除内在小孩的困扰，让你的生活充满阳光。

——摘自张丽珊著《你可以嫁得更好》(天津人民出版社 2014 年 1 月)

【说给父母】

好母亲是孩子幸福的起点

母亲相比于父亲来讲，与孩子接触得更多些，所以主宰孩子的情绪管理和人际关系。如果一个人与母亲建立良好的情感连接，那么他就具有比较好的情绪管理能力，并且在与人交往中比较游刃有余；如果一个人与母亲之间情感连接不好，则会表现出情绪波动频繁，人际关系难以和谐等问题。在一定意义上讲，母亲决定孩子的生活幸福度。有一位知书达理、与社会保持亲密接触并获得幸福生活的好妈妈，孩子获得幸福的几率就很高。

女人一生都要追求的境界是“可爱”：可爱的女性是独立的，她有着明确的人生方向并为此不断努力；可爱的女性是审时度势的，她有充分的自我认知，充分发挥自己的优势；可爱的女性是自爱的，她像爱惜自己的生命一样珍爱自己的名声；可爱的女性是情绪稳定的，用温暖的目光看待周遭，悦纳自己，包容别人；可爱的女性是善良的，她善待他人像善待自己一样；可爱的女性是有情调的，她会乐享生活中的点点滴滴，并将对生活的热爱感染给周围的人。

这样母亲的女儿不需要艰苦地自我探索，更不需要经历内心的纠结消耗生命能量，她们聚焦成长，获得事业的成功，找到属于自己的幸福；她们的儿子不需要太多的纠错过程，因为他们掌握辨识具有幸福潜质女生的标准，享受婚姻带来的幸福、安定的生活。

做好母亲需要智慧，仅仅是母性本能是远远不够的。母亲对孩子的影响包括价值观、人际交往、亲密关系协调、情绪管理能力、心智成熟度等诸多方面。母亲不仅影响孩子的幸福感，而且还影响孩子的生命质量。

第四讲
同学缘儿好，让你的校园生活充满快乐

青春期是不能没有朋友的年龄，在与朋友的相处中感受自己在别人眼中的形象，体会自己的价值感。友情是校园生活中那抹最明快的暖色，是你集体归属感的源泉。

衡量人际交往品质的三个指标分别为：

舒适区，指人社交圈子的大小。如果只与价值观相同的人交往，说明人际交往的舒适区小；如果可以和不同类别的人交往，说明舒适区大。

以包容的心态接纳周围的人，不断扩大舒适区是达成人际和谐的关键一步。交往原则："我接纳你，但不一定认同你，更不会追随你。"

亲密度，指与交往对象的心灵距离。人际交往就像一个同心圆，圆心是本人，半径是心灵距离，距圆心越近说明双方的心灵距离越短，同心圆由小到大分别为知心朋友、朋友和普通同学等。交往原则：知心朋友可遇不可求；朋友真心相处；善待普通同学。

镜子效应，朋友在一定程度上代表一个人的审美。朋友像一面镜子，能够照出你最深层次的价值取向。择友要慎重的道理不言自明。

第一节 与朋友心灵之间的距离：0.618

黄金分割（Golden Section）是一种数学上的比例关系。黄金分割具有严格的比例性、艺术性、和谐性，蕴藏着丰富的美学价值，在人际交往中同样适用。

人际交往中的“缺氧”和“醉氧”

高原缺氧的症状是胸闷、头痛、呼吸急促。醉氧是习惯于在缺氧状态下生活的人来到正常环境中，因氧气充足而不能适应的现象，主要症状是萎靡、瞌睡。人际交往中同样有“缺氧”和“醉氧”现象。现象起因于个体心理需求。一方面为了获得自我价值感和心理安全感，需要与他人进行交往；另一方面个体需要在独处中反思、评价、调整和自我整合。交往和独处对人的成长同样是重要的。一些人因为没有朋友，缺乏语言沟通，情感无所寄托而倍感孤独；也有一些人苦于人际交往过于频繁，无法拥有自己独立的时间和空间，心生厌倦，设法逃避。

〖案例分享〗

同学们太不懂事了

From: 喻肖歌

我争强好胜，成绩特别优秀，难以接受朋友的成绩比我好。长辈们都特别宠我，因此我以自我为中心，不会替别人着想。升入初三后，其他同学抱团学习，成绩明显提高。而我根本就没有朋友，我觉得大家在存心和我过不去。先是不想写作业，后来就不想去学校了，我在班级里就是空气，没有同学愿意和我说话。同学们都是白眼狼，初一和初二的元旦，我送给全班女生每人一个礼物，她们当时也很高兴，可之后还是不和我做朋友。

前几天我终于鼓足勇气去学校了。值日组长让我擦黑板，我在家从来不干这种脏活，所以我拒绝了，值日组长又将全班的作业本堆到我桌上，我都记不全同学的名字，怎么发呀？值日组长竟然教育我，说我不关心集体，不为同学服务……我生气了，把所有的本子都扔到地上了……我再也不想走进那个该死的教室，同学们都太不懂事了。

我的行为激起了同学的报复，只要我不去学校，卷子就会被扔在地上，有的竟然被踩过，这都是什么素质呀？

To: 肖歌

谢谢你信任我，和我倾诉了自己的心声。不和学习成绩好的同学做朋友，你的人际舒适圈太小了吧？不能干脏活儿，不能发作业……那这些活儿都谁来做呢？同学大多都是独生子女，谁家父母不宠自己的孩子呢？那班里的这些活儿谁来做呢？我觉得值日组长的表现说明她并没有因为你不去学校而把你当“问题学生”，在她眼中你和大家一样，这难道不是你求之不得的效果吗？

肖歌，你说元旦时给女生送礼物，我认为这些礼物不但不会收获友情，反而有炫富的嫌疑，有些同学会为此而反感你。

肖歌，克服公主病的最好方案是放下架子，做一个普通的同学，积极为班级作贡献。能为同学服务说明自己的能力强，而不是好欺负。你观察一下，凡是在班里人缘儿好的多是爱劳动、会劳动的学生。同时为集体付出得越多就越有归属感，就会有同学对你充满善意和关注，就算你偶尔不去学校，也会有同学帮助你收拾卷子之类的东西。

多年来我接待了大量的厌学学生，他们不去学校上学的导火线各不相同，但深究起来他们都有一个共同的特点就是在班级里没有朋友。一位学生告诉我，他已经两周没有去学校了，没有一个学生给他打电话。同学是我们心理支持系统中最重要的组成部分，多多地与同学和睦相处，当你遇到困难时，他们的关心能够帮助你战胜困难。

〖案例分享〗

她生活得太痛苦了，我想帮她呀

秀玫是一名高三年级的班长，秀玫学习上努力过，可成绩不升反降。她希望通过帮助同学来保住自己班长的位置。秀玫家住房条件不好，每天放学都在学校念书，接触同学的机会多，为同学排忧解难的机会自然也多。文文成绩不好，虽然表面上快乐，却向秀玫倾吐了内心的痛苦……她目睹了父亲对家庭的背叛，看透了世间的感情，用微笑来麻木自己。秀玫的责任感被激发，她俩在校时面谈，回家后QQ谈……文文倾诉痛苦，秀玫帮助她分析、排解……最近，文文父母已经为她办好出国的手续，文文坚决不走父母为她铺就的路，要以死抗争……秀玫把文文的痛苦告诉班主任，希望班主任能够与其父母交流。班主任告诫秀玫应更关注自己的学习，及时遏制成绩下滑的速度。秀玫不明白班主任为什么对文文的痛苦袖手旁观？

秀玫和文文之间的交流模式是救世主和小可怜之间的关系，这种友情模式对双方都是有害的。文文好像是这段友情的受益人，其实强化了她的低自尊和小可怜的姿态。文文为了维持她们之间的友谊而不错过自己的每一次情绪的波动，并且将这种负性的情绪扩大化，“为赋新词强说愁”，生怕如果自己“幸福”了就会失去这份友情。如果这种状况持续时间过长，会影响她的性格和人格的健康发展。

秀玫的学习成绩不理想，作为班长，她希望通过为同学排忧解难来体现价值，回避努力学习后成绩不升反降的落寞，文文的“痛苦”恰好给秀玫一个“成就”的机会。她用助人来掩盖学习上与别人的差距，赢得老师的认同。

把精力过多投入于外部世界，就无暇顾及自己的内心体验，无心评价自己的所作所为，无意矫正自己的缺点过失，缺少应有的自知之明。交往缺失和交往过剩对人的成长都是不利的。在交往中要保持一个独立的自我，既能享受友情的阳光雨露，又能体会独处的冷静理性，这是交往成熟化的重要标准。

〖案例分享〗

我在同一个地方摔了第二次

From: 蔡文甜

我是高二女生，现在已经不愿意去学校了，物是人非将我折磨得难以平静。初中时我曾钟情于班里的一位女生，为了她，我放弃了所有爱好，尽力满足她的一切需要。开始时她对我挺好，基本不和其他同学交往。同学都说我们是基友。临近中考，她不理我了，无论我怎么苦苦哀求，她不但不理我，而且表现出厌恶。我当时很痛苦，有过轻生的念头。中考成绩可想而知，我留在母校，而她去了全市最好的高中。

高一时，万念俱灰的我在学生会里找到了归属感，用为学生会工作冲淡失落的感觉。升入高二，我在高一新生中遇到了梦中的“她”。她是从外校考进来的，我自告奋勇，帮助她熟悉环境，引荐她认识了很多学长，替她完成老师交给她的任务，她脱颖而出了。

她的男朋友依然留在母校，我觉得他对她缺乏最起码的关怀，为了让他们幸福，我直接给他打电话，告诉他应该如何关怀她、照顾她……那小子不知好歹，还和这个女生说我是同性恋，让她躲我远点儿……女生不理我了。不明真相的同学都说她是白眼狼，我对她这么好，她却如此无情。她什么都没有解释，默默地离开了学生会。我根本就不是同性恋，只是喜欢她，希望周围所有人都像我一样爱惜她，照顾她而已。丽珊老师，您说我到底错了吗？

To: 小蔡同学

你不是同性恋，只是希望寻找一个可以投放自己感情的人。当你遇到了这样的同学就会全情投入，毫无界线地介入对方的生活，用“爱”来掌控对方。

你在人际交往中卷入度太高了，心理卷入度高的人很容易受到外界环境的影响，导致情绪波动大，行为控制不当，进而出现心理问题或人际关系障碍。

小蔡同学，你将高一新生扶上马，又送了她一程，你给予她的友情不仅

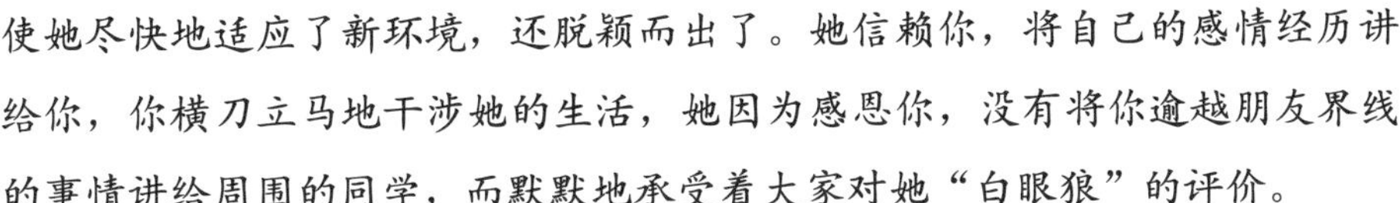

使她尽快地适应了新环境，还脱颖而出了。她信赖你，将自己的感情经历讲给你，你横刀立马地干涉她的生活，她因为感恩你，没有将你逾越朋友界线的事情讲给周围的同学，而默默地承受着大家对她“白眼狼”的评价。

如何解决心理卷入程度过高的问题呢？一是要信任别人能为自己的人生负责、不要越俎代庖；二是加强自信和独立性，有生活支撑点，消除在心理上对他人的依赖，才能驾驭自己的生活和情感。

交往“过密”会导致人与人之间难以真诚接纳、相互依赖，进而引发敌对和冲突。人与人交往久了，出现“回报”心理是很正常的，我对你好，你就一定要对我好，如果你对我不够好，我的付出就不值得了……此时的友情已经没有了美好的感受，剩下的是沉重的精神负担。在校园中我们经常看到形影不离的“朋友”变成陌路，甚至反目成仇，就是“醉氧”的后果。

〖案例分享〗

我将心捧给了朋友，可……

From: 文翔

我是高二男生，性格激进，常常得罪人，在班里只有一位男同学像老大哥似的开导我。在我最无助时他曾帮过我，我曾暗下决心以后他如果需要我，我定要赴汤蹈火。只是他有时盛气凌人，说凭我俩的见识差异他完全可以是我的长辈，开始我听不惯，时间长了也就麻木了，我依然将他视为我的知心朋友。当我与父母发生冲突时，我会向他诉苦，他开导我，但过后他就说我父母没有文化和水平。其实我父母都是高级公务员，人也很好，可因为我的一时冲动，竟然让他们受辱。诸如此类的事举不胜举，由于我在班里比较被孤立，所以我不能离开他，我是不是很愚蠢？他怎么能随意蹂躏我捧给他的心呢？

To: 文翔

你最大的失误是在交友中迷失了自己，与朋友之间形成了一种极为不平等的关系。人与人的交往是一种实力的较量，诚意待人固然很好，但不能过分依赖。在交往中要保持相对的独立，不能将家庭的私事毫无保留地告诉别人。

青春期与父母意见不一致很正常，要想解决问题就必须与父母真诚交流，而不是和朋友议论、对付父母。这种行为的两个危害是：

1. 被欺负。朋友知道了你与父母关系不和睦，在外面遇到困难不和父母说，你没有后援，成了人群中最软的“柿子”，谁都可以欺负你。

2. 被丑化。一个人对自己的父母不恭敬，他会善待周围的其他人吗？谁愿意与他做好朋友呢？

文翔，修正自己与班里大多数同学的关系，如果激进是建立在真诚基础上的话，大家并不一定有多大的成见，不要在行动中将自己孤立于人群之外。平和一下自己的心态，看问题不仅要站在自己的角度，也要学会换位思考。

“留白”，是我国传统艺术的重要表现手法之一，在作品中留下相应的空白，留有想象的空间。留白是一幅画作直击人心灵的触点，留白是一段友情日久弥新的关键。好的友情是需要给予自己和对方空间的。

你在人际交往中有界线感吗

先秦宋玉在《登徒子好色赋》中描述美女，增之一分则太长，减之一分则太短。从中我们不难感受到恰到好处是最美的。人际交往也要有界线。心理卷入度过高会给对方带来压迫感，太过疏远又让自己难以与周围人建立良好的人际互动。在人际界线问题上有四种比较极端的类型：

第一类：顺从者，不能说“不”。

一味顺从的人有朦胧不清的界线，他们会屈服于别人的要求与需求。一味顺从的人会为了要与朋友“相处得很好”，而假装喜欢朋友所说的一切。

他们会把自己和别人的相异性减至最低，以避免纷争。

他们在生活里无法拒绝坏事，发展到无法辨认出什么是坏事。当他们身陷危险、被虐待的人际关系之中时为时已晚了。上文中的文翔就属于此类。

他们不敢说“不”的理由是：怕伤害别人的感情、怕被人遗弃与跟人分离、希望完全依赖别人、怕别人生气、怕羞愧、怕被人说自私或不可理喻。

第二类：回避者，不能听“好”。

他们不能确认自己的需要，拒绝别人进入自己的世界。回避者在自己有需要的时候，往往选择撤退，不愿向别人寻求援助。

他们认为界线是一堵墙，其实界线是“篱笆”。我们可以自由地享受安全的人际关系与避免有破坏性的关系。上文中的喻肖歌就属于此类。

第三类：控制者，不能听“不”。

这类人不尊重界线，喜欢操纵别人，且具有侵略性。这种人又分为两种情况，一是侵犯性控制者，他们明显不尊重界线，像一部坦克，硬是要从别人家的篱笆碾过去。他们根本察觉不到别人也是有界线的，他们要求别人为他们有所改变，要求世界配合他们那些自以为是的想法。二是操作性控制者，试图说服别人放弃自己的界线，他们通过间接改变环境来达到心意。

控制者往往内心是不安的，他们不相信别人会爱自己，所以用控制来满足自己内心的欲望。上文中的蔡文甜和秀玫都属于此类。

第四类：没有反应者，不能说“好”。

这类人听不到别人的需要。划定界线能够帮助我们设定自己的责任范围，什么是我们的责任，什么不是。而没有反应者则根本没有划定，他们不需要为任何人负责，包括自己。

在人际交往中一定要给朋友一定的空间，君子之交淡如水。在你需要的时候，真正的朋友会在你身边。你所选择的朋友应该喜欢你本来的面目，而不是那些因为你拥有某些资源才喜欢你的人。尽可能多交朋友，但不要将他们作为你生活的重心。不要希望面面俱到，做你自己就行了。

第二节 你可以摆脱被同学欺负的处境

朋辈交往的质量在一定程度上决定着心灵成长的历程。渴望交流但又不知应该如何交流，有的学生在群体中面临被欺负的局面。我在学校观察一些被欺负的学生，他们往往有共性：说话没轻没重不合时宜；经常说不着边际的狠话伤人；卫生习惯不好，总是弄出各种令人生厌的气味；小动作影响到公众秩序；等等。当一个学生在集体中没有朋友，并激起众怒之后，被欺负的可能性就很大了。

〖案例分享〗

我被同学视为恐怖分子

李兆奇是重点高中高一男生，因为扬言要伤害同学生命安全而被学校高度关注。他对学校的关注不予理睬，依然做出各种问题行为，为此学校建议其父母带他接受我的心理辅导。

李兆奇一见我就说："丽珊老师，我看过您的书，信任您。"我们之间的关系建立得比较顺畅。李兆奇性格内向，初中时几乎不和同学交往，尽管成绩不错却经常被同学欺负。初二时，一个男生又欺负他，他忍无可忍，奋力还击把对方的眼镜打碎了，扎了眼睛，差一点失明……李兆奇在班里被彻底孤立了。"怪物"成了他的标签。

父母鼓励他说，市重点校里的学生素质高，不会被欺负。为了这个目标，李兆奇努力学习，如愿考入市重点。整个暑假他都很兴奋，向往着幸福的高中生活。假期里妈妈告诉他，学生时代的朋友进入社会后会相互帮助，尤其重点学校的同学未来进入社会后都会很有出息，一定要多交朋友。

"我的同桌是一位长得很漂亮的女生，她老实本分，踏实念书，我觉得这正是我想要交往的朋友，因为太喜欢她了，我不分课上课下地和她说话。

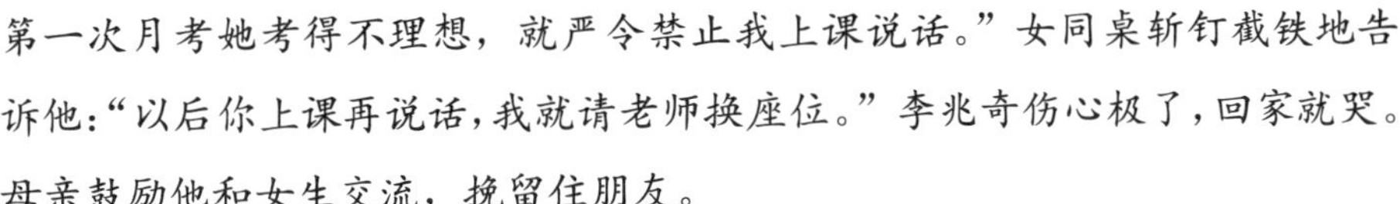

第一次月考她考得不理想，就严令禁止我上课说话。”女同桌斩钉截铁地告诉他：“以后你上课再说话，我就请老师换座位。”李兆奇伤心极了，回家就哭。母亲鼓励他和女生交流，挽留住朋友。

我问李兆奇采取什么方式挽留？他告诉我，集会之后跑步回班的路上，因为位置临近，他一把拽住女生，请求女生的原谅，引起一些恐慌，全年级同学都看到了。女生对他充满恐惧，女生家长找到班主任，他们的座位分开了。

李兆奇的母亲得知情况后，责怪女生小题大做，同学间的事为什么要告诉家长，又让家长给班主任施加压力呢？她严厉要求李兆奇不要再理那个女生。

李兆奇内心开始恐惧，担心女同桌会像媒体里报道的那个给宿舍同学投毒的大学生一样对他下毒手……为了掩饰自己的恐慌，他决定先下手为强，李兆奇和同学说，他要买硫酸泼那个女生。

“李兆奇，你给我的印象是一个善良的男生，你会向一个女生泼硫酸吗？”我要给他正向的心理暗示，制止他的极端行为。

李兆奇憨厚地笑了一下，“我从初中就被同学欺负，一直渴望做一件惊天动地的大事，让同学不再小瞧我……”我告诉他，他的这种说法只能让同学远离他、害怕他，而不会喜欢他。

“我们全班都把我当恐怖分子。”李兆奇的一举一动都在德育老师的监控之下。“丽珊老师，我妈说她暗恋我，又觉得配不上我，就竭力丑化我的形象，让其他女生都怕我，这样她就能够得手了……我恨她。”

我帮助李兆奇梳理他与女生之间的关系。假期里，母亲讲交往朋友的重要性，他全盘接受并遵照执行。只是他没有交友的经验，同是内向的同桌女生接纳了他。他们上课说下课说，这种违反纪律的做法既会导致听课效率低，又会破坏学生在老师心目中的形象，这为他们之间关系的破裂埋下了隐患。

第一次月考成绩不理想使女孩反思自己的学习，提出上课不说话是再正常不过的，而李兆奇误解为人家不再做他的朋友了。母亲没有指出他自己行为的不妥，而是让他努力挽回友情，这种指示本身就给他一个暗示，他们之间的友情濒临破裂。为此，他在各种不适宜的场合拦住女生，让女生陷入惊恐。

女孩除了报告班主任还有什么更合适的、对李兆奇伤害更小的方法吗？从中我们也不难看出女生和她的家长都是本分人。

李兆奇的母亲为了帮助他缓解失去“友情”的压力，给他讲了女孩的坏话，暗示孩子上当了，受骗了。他想报复了，才出现后面的那些狠话。

李兆奇和我交流之后，长长地舒了一口气。我告诉他，从现在开始不在班里说任何有关那个女生的话题，更不能说吓唬人的话，用自己的平和来慢慢修复这件事对他形象的影响。

临近咨询结束，李兆奇还一再追问我：“如果我按照您说的那样做，她还会把我当朋友吗？”

人际交往是需要学习的。初中阶段是大家学习人际交往的关键期，可惜李兆奇没有能够和同学同步。进入高中之后，他如果不急于将与同桌的关系推向密切，而是多观察班里人缘儿好的男生是如何与人相处的，然后慢慢发展友情就比较稳妥了。

〖案例分享〗

同学都在无情地伤害我

From: 刘小敏

我从来没有因为家庭而感到自卑，我爸妈是外来务工人员，一直收废品。我是在垃圾堆里长大的，但我并没觉得有什么不好，我从垃圾里找到许多好书，小学和初中我的成绩始终是班里最好的，同学们都愿意和我玩。经过努力我升入市重点高中。

高一开学不久我生病没有到校，放学之后，班里的几位同学根据登记表上的地址找到我家。我家里总是很乱，有用的垃圾分门别类地放着，同学们进来之后，表情很特别，我第一次因为家庭状况而感觉到尴尬。此时妈妈扯着大嗓门从外面进来，同学们的惊愕升级，他们没有说什么就走了。

两天后，我回到学校，女生们凑在一起听佳莹绘声绘色地讲着什么。一见我她们稍微停顿了一下，我马上意识到她们说的与我有关，心里很不自在，坐在椅子上，但耳朵却在她们那里——

“那样的房子我只有在电视剧里看到过，黑暗潮湿，味道臭臭的……”

“我感觉她妈妈真的可笑，穿着那样的衣服，嗓门那样粗……”

我觉得自己的心脏快要跳出来了，脸烧得像着火，手却冰冷冷的……

“我以为她因为学习好不愿跟咱们玩，敢情是自卑呀。”

班里的男生特别无聊，在班里评出“十二金钗”，而且还排出倒数的。我本来是没有被评上的，那件事后我被评为倒数第一……开始是十几个人在议论，慢慢地其他同学也不和我说话，就连我的同桌李倩也不理我了，一下课就快速从座位上走开，像避瘟疫一样。我感到压抑，于是在班主任的周记里说了自己对这件事的想法，班主任很严肃地在班里要求大家要团结。结果出乎意料，同学说我竟然还有打小报告的恶习，于是我在班里更加孤立。

我上课无法集中精力，只要一听到后面同学轰笑，就认定是在议论我。我的成绩下来了，老师找我谈话，严厉地批评我，我不敢解释，生怕再招惹了那些同学。我的沉默使老师觉得我不配合，原本赏识我的老师也对我失望了，我觉得一个厚厚的锅盖向我压下来，我的生活暗无天日。

我不是一个悲观的人，我曾试图和她们说话，但她们不理我，被她们欺负急了，我也想和她们大打一通，但真正面对的时候我又退缩了。

To: 刘小敏

小学阶段选择朋友只要能玩儿到一起，谁也不会关注自己和他人的家庭。进入青春期，学生已经意识到家庭对一个人成长的影响，开始关注家庭背景了。骄人成绩使同学对你的感觉很复杂，羡慕？嫉妒？当同学知道你的家庭背景后，用嘲笑你来给自己的不平心绪找到一个合理的宣泄口。

小敏，孩子不仅是家庭的承继者，而且还是家庭文化的提升者和缔造者。尽管你没有优越的学习环境，却严格要求自己，主动学习，凭自己的努力考入重点高中，这一家三口都是令我们佩服的人，你应该为此骄傲才对呀！

假如你能够坦然地面对现实，那么你可以选择沉默。为客观原因解释和辩论往往是徒劳的，而且会激发挑战者的兴趣。但此时的沉默并不是软弱，而是用不回应来宽容无知和笨拙，并表明对自己实力和未来的信心。当然，如果他们主动挑衅，你也可以用坚定的态度、委婉的方式去抵御他们，展示自己。关键是内心坚定，决不妄自菲薄。面对专横跋扈的人，没有必要在乎他们说什么，安心学习，用实力说明一切。

人长期生活在一个特定的社会区域里，容易认为这个区域的人是优越的，从而产生排外性，这种偏见只表明认识的狭隘和生活的闭塞。面对强大的压力，人难免会慌乱，一旦做出欠妥当的行为就会恶化人际环境。所以遇到压力，原地不动是个不错的选择。

〖案例分享〗

她究竟做错了什么

云真诚，真诚得不懂事故；她热情，热情得让你只有断喝才能让她停止对你的“纠缠”；她率真，率真得让人下不来台；她简单，简单得让你哭笑不得。于是她成了班里最受欺负的人。

云很热情，但热情过度。生日那天云带蛋糕到学校，中午举着饭盒递到每一个人面前，大家开始觉得奇怪，没理她；云就一个人一个人地劝：“吃吧，吃吧，就当给我过生日了。”大家还是不理她，她就一遍遍地叨叨。最后有个男生忍无可忍，一拍桌子：“烦不烦呀！”云总是将自己的热情强加给周围的人，结果可想而知了。

云很简单很率真，她没有学会掩饰。她喜欢看国外关于教育方面的书，成绩始终不好，但是她从来不作弊，考试时她将脖子伸得长长的，观察谁在作弊。考试结束她就会冲进办公室，跟老师说：“某某同学作弊了，他的成绩不真实，我建议您不要给他判了。”开始老师们都挺喜欢她的，帮助自己找到班级学习成绩不好的症结，给她一点好脸色。这样一来云就更加不知道自己是谁了，期中考试时她将班里一个作弊同学举报到德育处，这回可气坏了班主任。“家丑不可外扬”她都不懂呀。同学恨她，老师烦她。

与云成为朋友之后，她几乎每天晚上都给我打电话，从11点一直到12点，有时问作业，有时将她看的书讲给我。我如果有事打断她，她就会表示奇怪地说：“你怎么这样自私？我还没有说完呢！真的没有礼貌，没有容人之心，和你这样的人交往太压抑了。”云经常借我的笔记，但她从不想着还，等我催着要回来已经是褶皱得让我心疼了。但声明一句，如果你找她借东西，还不还都没有关系，她很大方的。

云生活在自己的思想里，别人骂她打她，她表现出痛苦，但这个痛苦不是为她自己，而是为对方的“无知”。云始终不能与大家兼容，在我眼里她是班里最受欺负的人，但她自己这样看吗？我真的不得而知了。

云被同学欺负的原因是：一是社会角色的倒错，云喜欢看国外教育的书籍，但她的认知能力还不能将这些知识与现实环境有效地整合，只能是主观地营造一个氛围，并将自己的思维模式强加给周围的人。在这种情形下，她考试不作弊已经不是对学习的虔诚，而是监督同学、自我表现，这使她不被同学和老师所接受；二是缺乏界线感，在友情中卷入度太高，不给双方留有任何的独立空间。

云要不断提升自省能力，观察并学习周围的同学是如何交往的，明白“水至清则无鱼”的道理。社会化的过程就是观察、理解、融入社会的过程，不应将自己的观点强加给周围环境，否则就会被环境所排斥。

〖**案例分享**〗

永远慢半拍的人

小丰家四代单传，他被很多人溺爱。在学校他总是无精打采，笨手笨脚，总比同学们慢半拍，上课时还经常弄出响声来。同学们欺负他，他摆出被动挨打的姿态，久而久之，同学们更加忽视他的感受，对别的同学不敢说的话、做的事，到了小丰身上就变得无所顾忌了，后来甚至出现个别同学心里不痛快，便拿他出气的情况。如果带“伤”回家，家长就来学校找老师“解决问题”。而他难以改变被动挨打的局面。

小丰被欺负与家庭的不良教育模式有直接关系。自理能力差，使他一切能力都落后于同龄人，他不知道如何应对各种困难，而家长的参与既强化孩子的依赖又使他在群体里更加被排斥。

小丰要在行动上“武装自己”，增强表达能力：身体站直，挺起胸膛与对方说话；直视对方的眼睛，目光坚定；声音洪亮，不要吞吞吐吐。如果没把握，可以事先将要讲的话在镜前反复练习。

被欺负同学的自我成长行动方案

在群体中被人欺负的确是一件很痛苦的事情，慢慢地消磨人的自尊心和自信心，发展成为连自己都不喜欢的人了。那么如何告别被欺负的尴尬呢？

1. 观察班里人缘儿好的同学，看他们是如何与人打交道的，同时检视自己与他的不同，发现自己的不当行为，彻底改变。

2. 学会一些劳动技能，担当班里的一些劳动。

3. 注意个人卫生习惯，身体发出各种味道的人会被同学嘲笑或拒绝。

4. 每天在家照着镜子反复训练自己，以便与人交流时做到从容大方。

5. 在群体里身体站直，挺起胸膛与对方说话。

6. 讲话时看着对方的眼睛，眼神中流露出坚定的信念。

7. 声音要洪亮，不要吞吞吐吐。说话时如果对方声音超过你，你可以突然将声音变轻，这种音量差会给对方心理压力，使对方更加细心地听你说话；保持与对方交流中的沉默间隔，它会使你有更多的思考时间，也使对方感受到面对的是一位充满自信的人。

第三节 建立友情同心圆

学生时代是学习交友的最佳时期，争取和大多数同学交流，拓展视野，锻炼交往能力；在交友中要善于取人之长，补己之短，学会和更多的人打交道。

交友原则：我接纳你，但并不一定认同你，更不会追随你。

〖案例分享〗

脱下正义的外衣你会更加从容

From: 温格

我是高二男生，班长，家教严格，已经两周不去学校了。但我不是厌学，而是厌世。事情的起因是假期去英国游学。出发前带队老师让我做学生负责人，可真正出发后，根本就没有人听我的。成员中有三位是国际部的同学，留着长长的头发，说话时总带着脏字。我不明白为什么学校对游学的学生不进行筛选？怎么能让这样的学生代表学校呢，多丢人呀！到了英国，我非常不幸和他们分到一个学校。那三位同学和英国同学很快就熟悉起来，两个英国女生缠着他们学中文，他们教给她们的都是骂人的话，女生特别兴奋，到处说这些脏话。我实在受不了，就当着众人的面告诉女生这是脏话，千万别说了，还义正词严地训斥那三位同学……那三个同学向我寻衅，要殴打我，我向接待学校求助，请求他们报警。接待学校马上通知了游学带队的学校领导。领导告诉我独善其身，千万不要再激惹他们，等回国之后再给他们严惩。可回国之后，带队领导再也不提这件事情了，对我的申诉开始还竭力安抚，后来就不耐烦了。期间我父母也找到学校要求他们按照在英国时的承诺，严惩他们，给我一个说法。但学校并没有主持正义，我觉得学校太丑陋了，甚至比那三个人还丑陋，我不想再走进那个校门了。

To: 温格

我理解你的内心感受，你认为自己所做的一切都是为了维护学校的形象，但学校不但没有给予你相应的表扬，而且也没有给犯错误的学生以严惩，正义何在？这件事情已经动摇了你的价值观。

温格，你明是非，知道学生应该做什么，不应该做什么。你站在道德的制高点上，严以律己的同时还以自己的标准来要求别人。但毕竟你是孩子，缺乏社会阅历，过于刻板，忽略了别人的感受。

我们先讨论一下，谁的行为对学校整体形象构成负面影响？国际部的三位同学教给英国女生骂人的话是不对，但这种行为仅限于学生间的交流，所有的中国学生都知道，只有你做了说出皇帝新装真相的小孩儿。这种行为让三位同学颜面尽失，也让两位英国学生尴尬。你当众义正词严指责他们，这样太不分场合了，你不给对方留面子在先，对方寻衅在后。出现了矛盾你要求接待学校报警将问题上升为校际间，如果让英国警察处理一同来自中国的学生间的矛盾会给周围人带来怎样的心理感受呢？

作为游学领队的学校领导面对这种情况，说回校后对滋事方严惩，是因为一方面要安抚你，一方面要震慑住那三位学生，避免继续打架。回到学校，事过境迁，学生之间剑拔弩张的状态已经消除，学校自然就不再追究了。

通过这个经历，我觉得你要反思一下自己为人处事的方式，你想想为什么那两位女生找国际部的三位学中文？或许他们本来就是一类人，都愿意搞怪，她们教给他们的英语也可能是搞怪的，他们只是找找乐子而已，别人根本就没有必要参与。就算你想制止此事，也只能私下和三位交流一下。

“我接纳你”的意思是，每个人的言行都与其先天条件、后天与环境的互动等各方面相关，每个人都是独特的。

“但不一定认同你”的意思是，我尽管接纳你、理解你，但不一定认为你做的是对的。“更不会追随你”的意思是，我们是独立的个体，我不会因为和你交往就要和你保持完全一致。

〖案例分享〗

误入“是非圈”，让我深陷尴尬

我精力过剩，学习只占很少的一部分精力，我不会拒绝别人，周围的朋友越聚越多，经常在一起的都是家境好得用不着学习、时刻准备出国、个性反叛、衣着夸张的同学。我本不想和他们牵扯在一起，怕老师找麻烦，但除了他们谁能总陪我玩呢？为了不让老师盯上我，我经常提醒他们收敛点，他们说没事儿，老师还求他们父母办事呢。可自我和他们在一起，我可摊上事儿了。班主任经常把我叫到办公室，告诫我不要自己学习好，就耽误别人的学习。并且给我“代罪立功”的机会，随时向她汇报他们的最新动向。我很反感老师这样的办事方法，如果认为学生有不对，就应该大大方方教育；如果怕人家父母，就睁一眼闭一眼，为什么拿我当替罪羊？他们经常出入高档娱乐场所，我家的经济条件根本无法支付高昂的费用，但我不喜欢总是他们请客，这样的“圈儿”在我寂寞时能够给我带来快乐，但也带给我很多的麻烦。

青少年通过结识朋友来确认自己在群体中的形象。在一个班级中，家庭背景相近、三观接近、性格相像、志趣相投的同学形成一个个“圈儿”，如影随行。“圈儿”里的成员充分享受着群体的归属感和安全感，在“圈儿”中体会自己的价值，感受“人多力量大”“人多好办事”的种种好处。

独生子女从小缺乏同龄人间的交往，有以自我为中心的倾向是比较普遍的。“圈儿”给他们自我成长的机会，团体要求他们个人利益服从群体利益，学会照顾别人，学习协调人与人之间、个人与群体之间的关系，这对他们的社会化进程是有利的。

但不可否认，由于年龄、阅历使“圈儿”中人在领略友情和归属的同时面临着新的矛盾。首先是无法摆正“圈儿”与班级之间的关系，圈内同学与圈外同学之间的关系。如果将“圈儿”的利益凌驾于班级利益之上，无疑会造成与老师之间的矛盾；如果排斥“圈儿”外的同学，不关心其他同学的诉求和喜怒哀乐，就会造成与他人关系的疏远，难以获得更多同学的友谊，人为缩小自己眼中的世界。

其次是无法摆正自我和“圈儿”的关系。每个人都应该有自己的私人空间，学习、发展特长是个人的事，不适合群体活动，但往往“圈儿”中人将不参加“圈儿”的集体活动视为对“圈儿”的不忠诚，于是出现两难的选择。如果择友不当，违心地做一些突破自己底线或不符合学校规定的事情，就会给自己带来麻烦和困扰。

主动与同学成为朋友吧，积极参加各项集体活动，学会宽容，这样你的身边自然就会聚拢更多的朋友。

〖案例分享〗

交换秘密会使友情陷入尴尬

From：小雅

我现在快要崩溃了，同学们都用特别恶毒的话攻击我。

我是高三女生，很漂亮、文静，除了与婧交流的那段日子，我几乎一直是独来独往。我从没谈过恋爱，男生并不喜欢我，我也很享受宁静的日子。

高二时，外向活泼的婧闯入我的生活，她的情感经历特别丰富，她将自己的秘密都讲给我了，其中很多都是男女之间的事。为了表达诚意，我搜肠刮肚地也将自己的秘密讲给她，我喜欢高一的“灌篮高手”，他阳光帅气。她每天中午都陪我去篮球场，我们商量用什么方式吸引他的关注……

我和婧的友情只坚持了一个学期，她有些生活习惯是我无法接受的，比如借钱不还、吃饭时弄脏我同桌的桌子也不收拾……我们的感情越来越淡了。

婧从我身边离开后，和其他的女生关系异常的好，总是说说笑笑，有时又窃窃私语，我想她准是将我如何勾引男生的想法告诉她们了，我发现我们班的女生又和男生接触频繁，我感觉自己被全班同学评论。婧和我在一起时也没有说过别人的坏话，为什么就不放过我呢？

一个月之前，我的耳朵突然变得敏感了，坐在第一排都能听到最后一排同学说话中涉及我的内容，他们说我骚、不要脸，勾引男生……我的心思全乱了，根本无法学习。

To: 小雅

青春期的女孩子往往通过交换秘密来维系友情，这是一种很危险的交友理念。将自己内心最不成熟的一些想法，或是与对方交流中碰撞出的“火花”都当真事一样地说给对方，满足了当时的倾诉需求，之后就担心对方会将自己的秘密示众，内心无法宁静。

在交往中要学会自我保护。每一个人都应该有自己的隐私，这不是对朋友不真诚，而是给彼此留有空间。我就隐私问题在高中组织了一个团体辅导，一个女孩说，有一个同学总是将自己的隐私告诉她，她并没有觉得有什么不妥，一次交流中无意中当着别人的面说出来了，那个同学认为她没有给自己保守秘密，双方的关系出现了裂痕。这件事让她深切地体会到知道别人的隐私是件很麻烦的事，后来她拒绝听任何人的隐私。

一旦将自己的隐私说出去，人就会变得特别敏感多疑，产生“托付心态”——我将秘密讲给你，你要对我负责任，不能跟其他人交往过密……为了捍卫自己的隐私尽力维系友情，人为加大了交往的压力。友情难以承受这样的负重，往往会土崩瓦解。告白隐私对双方都不利，有的秘密只能跟自己倾诉，有的可以和母亲交流，但最终还要将之珍藏于心，这是一个人由幼稚走向成长，由成长走向成熟的必经阶段。

〖案例分享〗

学习同盟让你立于不败之地

郭建以全班第一的成绩升入重点高中，他自己心里清楚，为了这个结果自己付出了常人难以想象的努力，他格外珍惜自己的今天。班里经常有同学问他问题，他觉得这些同学特别贪婪，自己不付出，总想剥夺别人的劳动成果，他可不是傻子，不能轻易地将自己的经验讲给别人，“我也不清楚”“我也不会”……郭建就像一个老母鸡保护小鸡一样守护着自己的知识。慢慢地同学不再问他了，他松了一口气。班上的同学组成了好几个学习同盟，相互督促，相互切磋，郭建开始并没在意，可那些同学的成绩一路飙升，他再也没有得过第一。郭建沮丧极了，他总是盯着那些同学，他觉得自己的智慧和好运被他们剥夺了。

郭建应积极观察班里的哪个学习同盟可以接纳自己，主动示好，让自己尽快有归属感。

1951 年，心理学家明斯设计了一个有趣的心理实验。

在一个大玻璃瓶中装有若干个球，球系在绳子上，被试者可以通过拉绳子，把球拉出瓶外，但由于瓶颈比较狭窄，每次只能拉上来一个，而不能同时拉上来两个。在瓶底接一个水管，可以把水导入玻璃瓶。实验过程中，由若干个被试者各执一线，被要求在最短的时间内将球全部拉出，如果时间过长，玻璃瓶中的水会逐渐上升，如果球沾了水，就算失败。

实验设计了两种情况：告诉第一组被试者，如果能从瓶中拉出球而使之未沾上水，给予奖金，失败者罚款，**创设一种竞争的环境。**

告知第二组被试者，实验的目的是看他们是否能够把球全部拉出瓶外，且越快越好，**创设一种合作的环境。**

第一组成员都争相出来，彼此各不相让，卡在瓶颈处，无一人得以出来，最后只能同归于尽；第二组成员事先安排好顺序，大家依次出来。

心理学家据此提出了**集体智商**，不是简单的每个人智力的相加。影响集体智商的并非是成员的平均智力而是他们的情商。学习同盟中的同学营造了相互促进的和谐氛围，使个人的潜能得到充分发挥。

西方心理学家和社会学家把东方的“善行”“宽恕”“诚恳”推崇为人类的“理想人格”，他们甚至从免疫学、健康学、神经学探讨这些品质对人类生存发展的意义，认为竞争中对人友善、有良好的人际关系、宽容别人、诚恳处世，会使人健康完美，这种心境使大脑中分泌“内啡呔”物质，使人体

愉快、安适；反之，对人怀有敌意、愤怒、烦躁以及挑衅性，使人失去心理平衡、精神崩溃、心脏病加剧、免疫功能下降。

〖案例分享〗

班委为什么不配合班长工作

曲杰是高一年级的班长，组织了许多活动，为集体赢得了许多荣誉。忙碌之余她不免心生怨气，其他班委工作懈怠，越来越不配合她的工作，偶尔还会说些怪话。班里的大事小事都得曲杰亲力亲为，牵扯她太多的精力，成绩严重下滑。曲杰很着急，希望老师能够给予帮助，但她发现班主任好像有些无能为力。

随着权威时代的结束，沟通时代的来临，要想做业绩卓越的领导人，必须具有与人合作的能力。作为一个团体的管理者，如果没有合作精神，则无法调动下属工作的积极性，无法形成凝聚力和向心力，这正是曲杰面临的问题。

我在给曲杰建议的同时，更希望学生干部都能认真看下面的内容——

1. 要让同学们觉得许多想法是他们提出的，并得到了班长的认同，而不是班长强加给他们的，鼓励同学为班级建设献计出力。有了荣誉，与同学们分享；遇到挫折，主动承担责任，这样就会赢得同学的信赖与支持。

2. 要善于从同学的立场去看待问题，“学生干部”是偏正词组，重点要落实在“学生”上，而不应强化自己的干部角色，这样就会有一颗平常心。不要过于追求荣誉，要进入一种工作中“有我”，荣誉上“无我”的境界。想一想如果当同学发现了自己的努力只是为班长的业绩栏上添砖加瓦时，还会尽心尽力吗？

3. 真心请求同学的帮助，千万不要制造一种领导者与被领导者之间的氛围，遇到困难要向同学示弱，赢得帮助。

融入群体全攻略

一、生活在群体之中

学生时代是一个人学习各种能力的最佳时期，既不能生活在一个人的世界中，也不能将自己封闭在一个小圈子内，而是应尽量学会与各种类型的人交往和沟通，主动表达自己对各种事物的看法和意见，锻炼自己的表达能力。既接纳与自己观点、处事方法一样的同学，也接纳与自己不一样的同学，这样才能提升自己的沟通能力，获得更多人的支持。

二、做一个主动的人

每个人都是自己人生的规划师，明确自己想要什么，制订切实可行的计划，然后全力以赴地去执行。因此，每个人都有非凡的成长动能。主动的人有能力和勇气去担当成长中的各种挑战和收获，并积累经验，增强自信心，敢于面对更大的挑战。

三、客观、直接了当地沟通

在与人沟通中如果不能接受某种方式，就直接了当地表达清楚。如果强迫自己忍受无法忍受的沟通方法，表面上暂时会给人留下随和的印象，而一旦这种“忍耐”达到极限，则会表现出“忍无可忍”极不友好的态度，让对方感觉是突然间发生了变化，造成情感上的伤害。一个“不”就会断送的友情本身就是不值得维持的友情。敢于说“不”，是尊重自己内心，尊重他人的表现。当然，要用适当的便于对方接受的方法和口气表达自己的想法，不要在很多人面前给别人制造难堪。

四、校园是青少年成长最佳的场所

学校生活可以全面提升学生的文化知识水平，提升分析和解决问题、优化与人相处等综合能力。在学习中锻炼自己坚韧的品质，为未来进入社会奠定坚实的基础。

消除人际焦虑的方案

人之所以会在人际交往中出现焦虑、担心和害怕，是因为在潜意识中我们都渴望过一种自由自在、无忧无虑的生活，我们在面对可能发生的事件（特指消极的）或克服此事件产生的后果时缺乏信心，潜在的不自信会给我们的思想、行为、情绪造成紊乱。丽珊老师研发的“消除人际焦虑方案”帮助了很多人，你也可以试试，让自己在人际交往中更加从容而坚定。

第一步　评估

1. 我在人际交往中怕什么？（或是我焦虑什么？）

2. 我为什么会怕？（或是为什么会焦虑？）

要作直截了当的探索，越具体越好，最好拿出纸笔来，清楚地写下来。

第二步　理解

1. 就算我所怕的事情发生了，是否真的有那么可怕？

2. 他人是不是也有过类似的遭遇？

3. 如果真的发生了，我真的无法活下去了吗？

评估及理解是很重要的消除焦虑的两大步骤，因为只有面对可能发生的最坏后果，我们才能从容地面对现在。

第三步　再次评估现在的情况

1. 现在真正的问题是什么？（朋友不理我了，我不知道错在哪里。）

2. 问题的起因是什么？（我说的什么话伤害了他的情感？）

3. 解决的办法有哪些？（和他进行一次界线对谈？）

4. 我决定用哪种办法？（给他写封信？和他的朋友了解一下？）

5. 什么时候开始实施？（做好心理准备就行动。）

第四步 方法的有效度评估

目的是了解此方法有没有帮助，若没有，立刻就改，采取更有效的方案。

【媒体文章】

有些话为什么不能对别人说

《中国青年报》2011年12月13日第11版

作者：陈远宁

编前

越来越多的中学生选择在特定的场合，对特定的人说特定的话，尽量使自己在每一方面都恰如其分，恪守固定的话语规则，不逾矩。比如，有些话不能对父母说，有些话不能对同学说，有些爱好不能张扬，有些八卦只能和陌生人分享……与“童言无忌”、“口无遮拦”相比，“有话不能说出来”在一定程度上代表着自我意识的萌醒和内心的成长。但是，当我们进一步探究他们不能说的话题时，却感觉到学生或躲躲闪闪或八面玲珑的背后，是向外界砌起的一堵墙。

“马甲强迫症”让我无依无靠

人物：马甲帝

很多人无法理解我的网络生活。我拥有很多马甲，每件马甲都是一层外衣，层层叠叠的外衣织成一个厚实的茧，我躲在其中，狭小，拥挤，但是安全。

与班上同学聊QQ，我时刻警惕，告诫自己要维持平日里树立的淑女形象。在同学眼中，我是老师的得力助手，永远微笑的班干部，矜持有礼的女生。可是维持这个表象很累，因为每次谈到感兴趣的话题我都想使劲儿显摆肚子里的那点儿墨水，和志同道合的人畅所欲言是多么过瘾的一件事，可是在现实中我很少那么做。

一直以来，父母都不希望我过多地表现自己，他们希望我内敛一些，成为“知书达理、温婉可人的大家闺秀”。在他们眼中，要是你口若悬河、滔滔不绝，就要跟“扯”、“疯”沾上边。显然，父母理想中的女儿并不是真实的我，我是一个乐观开朗、率性直言的女孩子，我不想放弃自我去做另外一

个人。父母却总是说:“现在你什么也不懂，等你长大就知道感激我们了。”在屡次表达自己的强烈不满都毫无例外地被无视之后，我学乖了。其实另一部分原因是我觉得父母毕竟养育了我这么多年，这个完美女儿梦他们做了太久，我真的不忍心把他们叫醒。

那么，只要在熟悉的人面前装出一副父母所期待的样子，不就可以了吗？也就是说，使用真实姓名的时候保持谨慎，凡事三思而后行，话出口前反复检查，确定符合父母、老师要求的“标准”再说。事实证明，如果谨言慎行，做到这些其实不难。

在披小号马甲的世界里我就如鱼得水了。网络是我最好的保护伞。使用不同的ID、不同的语言风格、不同的习惯表情，我就不必担心被人认出来。跟驴友侃世界风景名胜，跟闲散人士聊明星八卦，转眼又痛骂哈日哈韩的脑残萝莉，吐槽小心眼同学的卑鄙行径……小号使我逃离那些熟悉“我”的人，还可以跟有不同爱好的人讨论各种话题。即使前一秒钟还在口沫横飞地痛骂某人，换上一个马甲立刻发表完全相反的观点，也根本不会有人看出来。

披着马甲让我激动不已，心潮澎湃。只有这样我才能感受到真正的自由。这才是一个真实的我，一个活生生的、实实在在的当代中学生。

然而，这种做法也产生了不可忽视的麻烦。比如我现在像是得了“马甲强迫症”，现实生活中没有诸多马甲的庇护，我感到无依无靠，仿佛失去了坚固的保护膜。这种情绪无处发泄，于是我又新建一个小号，抱怨“马甲强迫症”的各种悲摧。

我喜欢的只是他们的作品

人物：林锋

许多人听说我既爱韩寒又粉郭敬明，马上对我投来异样的目光。有些人从此戴着有色眼镜看待我的一切，有些人干脆直接把我划入问题少年行列，还有些人忧心忡忡地问我:“你不会辍学吧？年纪轻轻的，千万别走上歧途啊！”“你还是个学生，不应该追求名牌，攀比炫富更不能做了。”“你怎么这么非主流啊？”……

但事实上，我不过是喜欢他们的作品罢了。韩寒的文章简洁精辟，妙语连珠。郭敬明好像仍处在忧伤而漫长的青春期，他总是能把青春的明媚和忧伤表现得淋漓尽致。年少成名，必然使他们受到许多人的误解。只是我没想到，我的母亲也因此误解了我。

初二时，由于新增了物理科目，我学习时明显感到吃力，本来就擅长文科的我此时更没有优势。第一次考试成绩公布，我的分数并不理想。我以为父母应该会理解我，给我充分的时间并且帮助我调整好状态。但是成绩公布那天，妈妈从进门开始就不分青红皂白地开骂，指责我在阅读上花了过多的时间，并且控诉偶像对我的不良影响。骂着骂着她冲进我的房间歇斯底里地撕扯柜子里的藏书，那全是韩寒、郭敬明的小说或杂志。

我感到十分失落，但妈妈根本不给我解释的机会，仿佛我不彻底遗忘掉偶像就要跟我决裂似的。我怎么可能忘呢？他们曾无数次在我悲伤绝望的时刻把我从悬崖边拽回来，简直成了我的精神支柱。

现在我过得很不开心，自责、懊恼和内疚整天纠缠着我。如今我已很少公开表达对韩寒、郭敬明的喜爱，生怕惹来不必要的麻烦。

朋友和我玩都要偷偷摸摸

人物：徐衍

摇滚怎么了，为什么人们有那么多的偏见？我不喜欢那些极端商业化的口水歌，它们不值得用心聆听，摇滚则昭示着一种力量与激情，一种不拘世俗的洒脱。

许多人觉得我堕落，只因为我说自己喜欢摇滚。说到这种音乐，人们立即就会想到演唱会上手舞足蹈的听众和同样癫狂的乐手。但那只是摇滚宣泄内心世界的一种方式。从另一个角度来看，这恰恰是摇滚的优点。

我有个很铁的哥们儿，他的父母听说我喜欢摇滚，立即禁止他和我交往，说“近墨者黑”，生怕他和我在一起会沾染不良嗜好，进而堕落。虽然我确定哥们儿不会这么偏激地看我，但是每次他和我在一起都要偷偷摸摸的，对父母撒谎说是跟别人出去玩。看到他这样夹在朋友跟爸妈之间左右为难，我总是懊恼不已。为什么要把这些事情说出来呢？埋在心底不是很好吗？现在却要面对别人的轻视和朋友的小心翼翼。

摇滚是我表达内心情感的独特方式，沉浸在摇滚乐中我可以全身心地放松，这简直是别样的日记，然而这种表达方式却不能毫无压力地向外人说。只是期待着有一天，当我真心地说出喜欢摇滚，没有人再投来异样的眼光。

掩饰自己只因不被理解
坦诚相待保持内心完整

《中国青年报》2011 年 12 月 13 日第 11 版

作者：张丽珊

三位学生的倾诉让我陷入深思。为了迎合周围人，给自己披上不同的“马甲”，长期处于分裂状态的马甲帝；因为喜欢韩寒、郭敬明而被成年人担心有“辍学”“炫富”倾向的林锋；因为喜欢摇滚被周围人定义为颓废，朋友的父母唯恐避之不及的徐衍……是学生们的爱好有问题，还是社会对青少年的评价体系出现了偏差？

每个人在成长的过程中都会不断地审视自己，体察自己的言行会引发周围的人怎样的感受，将对自己的公众形象构成怎样的影响，与“童言无忌”“口无遮拦”相比，“有话不能说出来”在一定程度上代表着自我意识的萌醒和内心的成长。但是，当我们进一步探究三位学生不能说的话题时，却让我们感受到外界环境对青少年正常精神需求的屏蔽。

一边是躲躲藏藏，有话不能说出来的未成年人；一边是紧张焦虑，希望通过各种途径探知孩子内心的成年人。一旦失去信任，双方内心都会出现纠结和压抑。

社会上有一种奇怪的现象，凡是 1990 年以后出生的人往往都“被 90 后”了。在成年人眼里，他们有这样一种群体特质：具有强烈的反叛意识，张扬自己的个性，对长辈、学校一些不合理的说法和规定敢于质疑，极力表现得与众不同，而此处的“与众不同”常带有贬义。成人世界的“归纳”，无疑给了正在成长的孩子强烈的心理暗示。一方面他们会强化自己的“反叛”，而盲目的反叛无疑会扭曲他们的人生；另一方面，一些渴望被主流认同的孩子，不得不披上各种各样的外衣，掩饰自己的内心感受和情感需求，使成年人失去了解他们的机会。马甲帝长期处于分裂状态，仿佛她能够游走在各种角色之中，其实这样的经历会对她构成强大的心理压力，影响其身心健康。

青少年时期是一个人出现自我意识、用独立的目光观察周围、逐步形成人生观和价值观的时期，此时需要社会和周围的成年人用积极的、正向的、健康的目标期待他们，这样学生会更加用心地按照这种期待发展自己。反之，如果成年人对他们充满指责和质疑，则会使他们朝着另一个方向发展，他们自己也会有一个错觉—认为自己就是桀骜不驯的，就是反叛的。

其实，无论郭敬明还是韩寒，可以肯定的是他们能够脱颖而出，都曾经历过奋斗。作为青少年，仅仅欣赏他们的作品是肤浅的，学习他们成功背后的那种对目标的执着追求，才能从心灵层面与自己的偶像对接。那么，好吧，就用你的聪明智慧、责任感、积极健康的生活态度来向周围人彰显，你对偶像的崇拜是理性的。如果周围的人不认同你的喜好，而你却一味地反叛，这只能让成年人更加无视你的偶像。

我最担心马甲帝，表面上她最有心计，伪装得最好，她给自己设计了不同的社会角色，她和每个人都能选择最贴切的话题。但在这种长期不同角色的切换中，她很可能会慢慢迷失自己，回避了本来应该面对的问题。

其实，孩子不妨对父母多些坦诚，尽管在交流过程中可能会出现一些挫折，但只要彼此都朝着理解的方向努力，你应该可以做到既符合父母的期待又让自己个性更加丰满，保持自我形象的完整。

作为父母，是不是应该对孩子的喜好包容一些？是不是应该了解一下他们真正喜欢的东西？如果没有静心去感受就一味地否定，怎么能让他们信服？

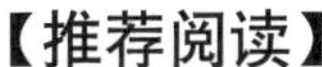

【推荐阅读】

《界线对谈——谈判艺术的技巧》

（美）亨利·克劳德、（美）约翰·汤森德著，蔡岱安译

海天出版社　2010年10月出版

人际关系冲突，尤其是亲子关系或朋友关系的矛盾和冲突是让我们最感心痛的问题，也是我们感到最难以解决的问题。争吵、暴力、退让或冷战都不可能解决问题，这些方式只会让我们更受伤，更郁闷！其实，你只需要进行一场你一直试图避免的“棘手对谈”，就可以表现出你的诚实、责任和爱心，增进和改善彼此的关系。对谈并不可怕，但需要原则、理论、技巧和坚持。

本书介绍的对谈艺术可以让你与对方保持“距离美”和融洽的关系。

【心理测试】

人际交往中你属于哪种类型

本测试是我在借鉴了亨利·克劳德和约翰·汤森德的相关论述，进行科学论证而制订的，具有一定的信度和效度，仅限于自我认识和自我成长，不建议企事业单位作为人才选拔和评定使用。

指导语

请根据你的第一感觉，选择符合的题目。

1. 从小父母就教导我要学会忍耐，拒绝别人是一种不礼貌的行为。
2. 从小父母就告诉我，不能向别人求救。
3. 我有一种控制全局和控制其他人行为的需要。

4. 别人从来没有向我表达过他们有什么需要。

5. 父母告诉我能和周围人相处得好比什么都重要。

6. 我不向别人求助也是因为我根本就不能确定自己到底需要什么。

7. 我试图通过以下一种或几种行为来控制别人：自责、强迫、威胁。

8. 周围人说我从来不会说别人“好”。

9. 在人际交往中，我总是无法表达自己的意愿，所以对方不会因为我的付出而对我好些。

10. 如果让别人进入我的世界，我会有强烈的不安。

11. 我只把真实感觉留给自己，绝不会表露出来。

12. 我不明白周围人为什么总有那么多的需要。

13. 我总是迎合别人，这样可以避免纷争。

14. 听到别人说“好”，我难以理解。

15. 我特别乐于助人，只要觉得对他们好的事情，就会想方设法地说服他们，直到他们接受。

16. 我无法总是对别人问寒问暖。

17. 我不能跟坏事说“不”。

18. 我的家庭气氛是困难的、冷漠的、机械依赖的或对问题紧张过度的。

19. 周围的人为什么就不能变得更好呢？

20. 我根据自己的节奏生活，外界对我起不到什么影响。

21. 我怕伤害别人的感情，进而破坏双方的关系。

22. 当别人提出需要帮助时，会让我勉为其难。

22. 我不相信别人会爱我，所以只能用控制来满足自己内心的欲望。

24. 人就应该清心寡欲，不要有太多的要求。

25. 如果我拒绝了别人，内心会感到强烈的不安。

26. 从小我的家人就不表达他们的感受或不开放表达他们的感情。

27. 每当听到别人对我的建议说“不”时，我就会产生强烈的负性情绪。

28. 为什么要我对别人的内心感受负责呢？

计分表

顺从者	1	5	9	13	17	21	25
回避者	2	6	10	14	18	22	26
控制者	3	7	11	15	19	23	27
没有反应者	4	8	12	16	20	24	28

如果你在以上四项中都没有超过四个题目，说明你属于比较折中的人。

如果你某一项超过四个题目，说明你属于这种人际交往类型。

如果你某一项是六个题目则是典型的这种人际交往类型。

成长方案

顺从者：尽管你避免向人家说“不”，为此你可能有很大的隐忍，但对方不一定会感觉到，甚至他会误认为这就是你的真实感受。你内心积蓄的委屈过多，一旦控制不住爆发了情绪就会彻底破坏你们之间的关系。

丽珊建议：你要关照好你的内心感受，让自己成为一个有界线的人。

回避者：你在人际交往中采取鸵鸟策略，尽管你不向别人求助，不给别人带来麻烦，却让你在群体中处于游离状态。人具有很强的社会属性，需要与周围人在互动中获得归属感和安全感。

丽珊建议：明确你自己到底需要什么，并表达给相关的周围人，这样你会获得更多的爱。

控制者：你在别人眼中很强势，用各种的方式掌控对方，这些源自你内心强烈的不安，你担心一旦自己松手，就无法控制你们之间的关系。其实你的掌控会给对方造成强烈的压迫感，他们一直在寻求着如何挣脱。

丽珊建议：你对各种人际关系放轻松，给对方空间，也是给自己空间。

没有反应者：你的内心对人际关系还是重视的，因为你不能及时给周围人善意的行为以肯定，会使对方懈怠或心生怨气。

丽珊建议：及时、准确地表达自己的感受，使双方的互动更有方向感。

【说给父母】

让孩子的人际交往充满正能量

进入青春期，纷繁复杂的适应性问题摆在学生们面前。生理适应、学业适应、人际适应、情感适应和社会适应无时无刻都在挑战学生的自信心、意志力、变通性和解决问题的能力，无论哪种适应出现问题都会直接引起学生情绪的波动。同学是心理支持系统中最核心的力量，人缘儿好的学生往往有勇气和能力克服困难。为此，父母要鼓励孩子积极与同龄人交往，父母要遵循的原则是：

1. 给孩子相对宽松的心理环境，让孩子勇于和同龄人交往，不要将成年人对朋友的“审美”强加给孩子，更不要将人际交往的功利思想灌输给孩子。

2. 当孩子与同学之间发生了矛盾，父母要陪伴在孩子身边，给孩子以安慰，同时帮助孩子反思自己在人际交往中存在怎样的问题，现在如何消除矛盾，未来如何避免类似矛盾的发生。

3. 父母要始终给孩子正能量。

第五讲
师生融洽，给你的校园生活多个支撑

教师因为在学生社会化及人格形成过程中具有重要影响，而被称为学生心理的“重要他人”。一位学生如果拥有和谐的师生关系，他会在尊重师长、尊重权威、尊重公众标准中收获内心的平静与安宁；他从老师的积极反馈中获得自信，更加热爱学校、热爱学习。一个学生如果与老师关系不和谐，老师的负性反馈会让学生变得自卑、敏感、多疑，他会由讨厌老师所任教的学科发展成厌学，且情绪处于激烈波动中，有的会在潜意识中形成“痛点”，一旦形成挑战权威的行为习惯，也会危害其将来的职场形象。

第一节 与教师相处规则一：定位准确

教师是一种职业，也是一种谋生手段，并不是健全人格的象征；教师是普通人，有着常人都有的喜怒哀乐。在与学生的朝夕相处中，教师的责任感不断增强，心灵被不断地净化，精神境界不断提高。学生应尝试走进教师的心理世界，知道他们的所思所想，为换位思考奠定基础。

〖案例分享〗

班主任总是出卖我怎么办

From: 林然

我是一位非常爽朗的女生，从小就是班主任的助手，和班主任之间的关系始终十分融洽。高一开学我就被年轻的班主任雷住了，与其他班的“女汉子”班主任相比，她简直太柔弱了，完全是台湾式温良女子，说话声音高了好像都会吓到她自己。

她的柔弱激发了我们班委“英雄救美”的情结，只要班里有任何违纪情况，我们就会冲上去镇压，怎能让“不食人间烟火”的班主任着急呢？但我们几个班委在班里却被同学孤立，在同学中流行一句话：“阎王好惹，小鬼难缠。”在贴吧里我们被骂得体无完肤，我们完整地收集了资料，然后拼凑出事情的真相——

班主任顾及学生的面子，从来不当众批评同学，她采取私聊的方式。每次交流中，她都会“不经意”地说，她完全可以容忍该生的违纪，但班委却不能接受这种影响班级形象的行为。同时她还会提出该生的行为引起班里其他学生家长的投诉，尽管她想保护学生，但却承受不了来自各个方面的压力，所以她不得不采取制裁行为……有的学生对她感恩戴德，也有的学生继续违纪。遇到继续违纪的情况，她就会说：“对付你这样的人就不能宽容，就应该采取班委提出的制裁方法……”我们恍然大悟，班主任把我们都卖了。

我们班委商量后，决定利用周二放学后的时间和班主任推心置腹地交流一下，这样卖我们既对我们个人在同学中的处境不利，更对班级建设不好。班主任特别热情地接待了我们，还拿出同学送给她的各种巧克力款待我们，耐心地聆听我们诉苦，她一再地安慰我们，不要因为贴吧上被同学攻击了就不敢工作了……当时我们再次被她蒙蔽了，又说了一些治理班级的建议……

周三课间操，我们班因为缺勤多、集合慢、纪律差而被德育处当众批评。回教室后，班主任第一次在班里发飙，她说学生们没有人性，都是奴性，就应该采取班委的白色恐怖方法。又说有的班委摆不正位置，总想凌驾在班主任之上，对班级工作指指点点……

我们算什么？这个老师是不是人品有问题呀？

To: 林然

因为你描述的信息有限，所以很难判断班主任是不是人品有问题，但我觉得你们班委的行为的确存在明显的定位不准问题。

“英雄救美”情结误导了你们。你们被班主任的“外在”迷惑了，认为班主任太柔弱，需要你们替她“拔闯”，却忽略了对班主任管理班级思路的观察。学校选拔一个班主任是有系统规则和流程的，不会轻易把一个班交给不具备担任班主任工作条件的老师。你们班主任是以柔克刚型，你们却指手画脚，越俎代庖，的确令老师抓狂，令同学反感。

学生干部是班主任的助手，为大家提供服务，而你们的行为完全凌驾在同学之上，无论你们的初衷如何，行为都是不妥的。你们这个年龄的人连成年人过度的管束都逆反，何况对班委呢？你们的行为不但不会将班级建设好，反而会制造一个各行其是的“乱班”。

林然，我能理解班主任处理问题的态度让此时此刻的你们伤心了，但站在人生的角度，你们应该感谢班主任的话和行为点醒了你们，不然你们这种处事方式进入职场，很有可能会恶化同事关系、冒犯领导，甚至会丧失工作的机会。

“知书达理”这个词误导了我们，我们想当然地认为，知书自然就能达理。知书可以通过学历来衡量，而达理则要通过与外界的互动和本人的幸福体验来证明。

这位年轻教师希望和学生建立新型师生关系，却将师生之间的序位关系搞乱了，结局是带出了“乱班”——领导不满意、家长不认可、学生不尊重。人处于高压力状态时会出现“意识狭窄”或“意识休克”，丧失了对事物整体的把握和判断，在慌乱中人为地放大压力，造成许多衍生问题，产生联动性的不安，进而升级为新的压力，让人深陷压力漩涡而无力自拔。如果此时学生能够换位思考，体谅老师的不容易，遵守学校的各种规章制度，帮助老师解压，未来依然会有和谐的师生关系。

〖案例分享〗

爱上老师不可以吗

From：柳枚

我们班主任是与我们同时进校的大学生，他全身的肌肉和充满阳光的面庞使人感受到青春和活力，同学们天天围着他转，他也没有像有的年轻老师那样刻意将自己装扮成老气横秋的老师的样子。我特别愿意和班主任在一起，有时单独和他在一起时会走神，将他想象成自己的白马王子，每想到能够见到他，我就渴望夜晚快快过去，早晨快点到来，能够到学校，能够见到他。

上周日我知道班主任在学校值班，就一大早带着他爱吃的早点到了学校，没想到他正在和一位女生在办公室里有说有笑，桌子上摊着许多小吃，女生看见我就喊我快来吃，说班主任给她买了这么多，她怎么能吃得了？我愣了，他和这个女生是什么关系？我很难过，将自己手里的早点扔进了垃圾桶。

这一周我过得闷闷不乐，总是存心和班主任过不去。周五中午班长从办公室回来说，班主任要求大家放学之后做大扫除，并且要做卫生区的卫生。大家纷纷小声议论，下周就要期中考试了，学校又没有强行安排，为什么要做大扫除呢？我觉得机会来了，大声地和同学说："这个时候还做大扫除，太想出风头了，有病。"说话的时候，我的眼睛盯着那位女生。没有同学回应，大家呆愣愣地看着我，我继续说："你们怎么不说话，是因为怕他吗？他算什么东西，今天要求咱们这个，明天要求咱们那个……"我无所顾忌地大声地说着，还是我对面的一位女生抢着截住我说："刘老师，您有什么事吗？"我回过头来与班主任四目相对……班主任只是说："必须按我的要求去做。"然后走出了教室。我呆站着，脑袋里一片空白，我知道我们俩人的关系算是彻底完了。

To：柳枚

"一日为师终身为父"是中国传统对师生关系的明确界定。说明什么？师生本来就应该是两辈人，在这样的人际关系框架中相处，彼此都会舒服。如果跨越了这个界线，彼此之间就难以保持淡定了。

女生比男生要早进入青春期2－3年，年轻男老师独立、有学问、有包容心、懂感情，非常容易吸引女生的视线。如果教师不能严格地规范自己的言行，态度不明确，对学生不合理的想法和做法不能及时提醒和控制，就会出现尴尬的局面。

柳枚，你的"爱"不但不会让班主任感觉到幸福，反而会让他很不舒服，一定会想办法将你推得远远的。

回到你应该的位置来吧，这样你们还是能营造和谐的师生关系！

学生很难理解班主任各种行为背后的原因。当班主任发现某个学生在情绪或行为上出现问题时，会根据学生的实际情况采取相应的教育手段。比如对于缺乏安全感、敏感多疑的学生会营造和谐的沟通环境；对于自我膨胀的学生则采取打压的方法。柳枚将班主任假想为自己的白马王子，她将自己的内心需求投射给其他同学，认为只要女生和班主任关系稍微密切就和自己想的一样。这种行为不仅会给自己带来痛苦，而且还会破坏原本简单的人际关系。

〖案例分享〗

“神童”成了永远的职场新人

From：刘亚楠

丽珊老师，我现在心灰意懒了。我人生最辉煌的时光是学生时代，那个时候我在全省最好学校的重点班，我们被称为“神童”班。学校领导像对待珍稀物种一样地爱护我们，尤其是我们的主管主任，那叫一个“护犊子”。我们和其他班的同学闹矛盾，无论谁对谁错，最终肯定是他们挨批。我们的任课老师也被主任洗过脑，只要我们出成绩，对我们的不守纪律不必太计较。记得有一次我上课违纪，任课老师批评我，让我写检查，我才不写呢，最后就不了了之，我在这种宽松的环境中成长，考上了著名的大学。

我觉得中学时代的主管主任特有水平，激发了我们的潜在能力。进入职场之后，我遇到的都是能力平平、嫉贤妒能的领导，他们看不到我的优势，总是鸡蛋里挑骨头和我过不去。我已经跳了很多次槽了，今天又被辞退了。我难道不适合这个社会吗？

To：刘亚楠

我在耀华中学的心理健康辅导课上一直告诫学生要尊重老师。习惯于尊重权威，未来进入职场就会比较顺利，如果不懂得尊重权威，进入职场就会遇到很多麻烦。你给我的邮件恰恰印证了我一直告诉学生的观念。

你的问题出在哪里呢？你在中学没有学会遵守规则，不懂得敬畏权威，不知道与同龄人平等相处。而造成这种状况的恰恰是你所喜欢的主管主任。他固执地以成绩作为判断学生价值的标尺，学习好的学生可以为所欲为，他的无原则扭曲了你的人生观。你的中学时代在主管主任的庇护下，成长很顺畅。主管主任将你们当作考试机器，却忽略了对你们人生的影响。

亚楠，你肯定听说过“没有规矩不成方圆”。无论到什么环境都要认真学习规则，观察周围人是如何遵守规则的。让自己和大家保持一致，这不是盲目从众，而是成为群体一员的必须选择。

老师无原则的爱是会给学生未来造成大尴尬的“小爱”，而重视学生良好行为习惯养成的老师，才是对学生一生负责的贵人。

〖案例分享〗

顺风顺水的“丑小鸭”

叶锦贤是一位其貌不扬的女生，中考因为超水平发挥进入耀华中学，她的知识基础和学习能力都无法和周围的同学抗衡。为了追赶同学，她高一年级没有参加任何社团，但学习上收效甚微，升入高二年级她下定决心参加心理健康使者团。

20世纪90年代末，全社会还不清楚什么是心理健康，使者团同学们向全社会奔走呼号，传播心理健康的理念，我创立的“同伴互助”模式，提出“自助，我心成长；助人，播撒阳光”的理念。我们的活动包括两种方式，一是举办面向市民的心理健康讲座，使者以“同伴导师”的身份，担当孩子的代言人，在我讲座之后告诉家长，青春期的人是如何看待各种问题，帮助亲子两代人架起沟通的桥梁；二是给报纸策划心理健康相关的话题，写文章。

叶锦贤报名时就给我留下了深刻的印象。她连续来了三天，每次都看到我和使者们热烈交流，她不打扰我们，只是默默地等到上课铃响了……第四天，我主动询问她有什么需要。“丽珊老师，我不善于和人沟通，做不了同伴导师；我语文不好，作文总不及格，不能给报纸写文章，但我希望加入使者团。”我告诉她，只要她肯付出，一切都可以做到。

经过不懈地努力，她在报纸上发表了《走进高四部落》和《你还参加艺术特长生考试吗?》两篇专题策划大稿儿。这个成绩无疑激发了她的自信心。高三时，她的作文成为年级的范文。

叶锦贤除了虚心向我请教，并遵照执行之外，还有一个习惯，就是每个月都要给心理辅导中心做大扫除，高三也不例外，每次月考后的下午她准时来做大扫除。

叶锦贤高考超水平发挥，考入了上海的一所著名大学。她问我如何才能留在上海？如何能够得到在大企业工作的机会？我告诉她要坚持到心仪的大企业做实习生，同时加入志愿者组织。她真的做到了，大四时她被评为“上海市十佳大学生志愿者”，获得了上海户口；坚持做了四年实习生的美国公司留下她了。进入职场她更是顺风顺水。

叶锦贤在参加使者团“可持续发展论坛”时的发言时说:“我是从里到外的丑小鸭，但我遇到了很多的贵人帮助我，我的内心充满了感恩。在我成长的路上，丽珊老师无私地给予我那么多的帮助和指点，我用什么来回报她呢？就是坚持给心理辅导中心做大扫除，让丽珊老师在窗明几净的环境中帮助更多的同学……”

叶锦贤笃守“中华传统美德”，她真诚、善良、感恩，感染了周围的同学、老师和领导，成为一位充满正能量的职场达人。

第二节　与教师相处规则二：界线分明

教师是学生心理的“重要他人”，教师的评价对学生来讲真的很重要。有的学生不免由此对老师产生了托付心态。我们在成长过程中需要外界的补足和别人的迁就，但是每个人都需要照顾自己的人生，如果自己的幸福一定要倚靠别人的话，就算暂时有可托付的人，也绝不是长久之计。因为别人还需要照顾自己的人生呢，如果照顾你是举手之劳也还可以，但如果帮助你需要人家减慢或者放弃自己的目标的话，则绝没有可能。明白这个道理的人，会不断地培养知识技能，提高自己的能力，增强自我价值感。

〖案例分享〗

老师打击了我学习的热情

From：解晶晶

我是一名初三女生，由于学习和生活中的一些事情困扰，使我不能更好地投入到紧张的学习中去。

我是一个随老师的好坏而变化的人。在小学时，我的老师是一位25岁的高富帅，他对我们很好，教会我们许多知识和道理。他总鼓励我，在周记中他对我的祝福，使我对自己有了不少信心，我的小学时光是在快乐和幸福中度过的！

现在我们班的班主任是一位快40岁的死气沉沉的女老师，她仿佛除了对我们的成绩感兴趣之外，没有别的什么爱好。她对我们的严格简直到了苛刻的地步，她把我们当奴隶一样，我们没有任何自由。平时她总在教训我们时炫耀她曾是全市优秀班主任，她班的学生在历年中考中都是年级第一。

我的身体不太好，这学期落了许多课，月考成绩有所下降，我失去了学习的信心和兴趣，就经常不去学校。我知道这样不对，觉得自己变成坏孩子

了。前两天我又没有去学校，第三天去上课时找班主任要前天发的练习卷子，她很不耐烦地说:“你那么多天没来，我当废纸扔了！”我当时委屈极了，但我没顶撞她。事后，我越想就越生气，很难专心听讲。我确实是因为身体问题、情绪问题才没来上学，不是故意旷课，老师为什么这样对我呢？我太委屈了。

To：晶晶：

所谓委屈是指当我们将自己的内心感受交托给别人，而对方却没有给予我们所期待的回应时的内心感受。但我们为什么要将自己的内心感受交托给别人呢？

你与老师的互动中有着强烈的“托付心态”，将自己是否热爱学校，热爱学习的控制权托付给老师。小学时，你的班主任是年轻的高富帅，你们之间的互动愉快，所以你的学业生涯就顺畅、快乐。你从托付的思维中获益了。

初中班主任是快40岁的死气沉沉的女老师，你不喜欢她，她自然能够感受到你的情绪，她对你也没有担待。在这样的状态下，你却依然将自己的内心感受托付给她，这难道不是自找伤害吗？

在师生关系中，老师要照料好自己的情绪，学生也要管理好自己的言行和情绪。与老师沟通并不困难，上课时全神贯注地听讲、课下主动和老师打招呼、认真完成作业都可以将友善的信息传递给老师。

〖案例分享〗

缺乏老师关注，女孩失去求学的动能

王纯父母怎么也没有想到，在最后一次月考还被班主任夸奖“我们班能考入省一中的只有王纯一个人”的女儿，会在中考中严重发挥失常；也没有想到曾经胆小听话、埋头读书的王纯，会在高一开学一周后就和父母说不上学了。王纯告诉父母，她每天上学太紧张太焦虑了，她担心这样下去自己会精神分裂。

“我害怕去学校，害怕看到老师，每节课我都是低着头，思路紧跟老师时会不经意间抬头，一旦看到老师，脑袋里的筋就像是橡皮筋一样绷直了，不停地抖动，特别特别难受。”从不与外人接触的王纯心如止水地学习，从小学到初中，尽管她的成绩始终是前十名，但从来没有引起老师和同学的关注，她生活在一个人的世界里。

初二刚开学，英语高老师找到王纯，说他已经观察王纯一年了，认为她是一个很有潜力的学生，请她做英语课代表。当时王纯激动得说不出话来，高老师是第一位意识到她存在的人，这个世界在王纯眼睛里突然变得明快而温暖了。王纯更加狂热地学英语，每天早上五点起床读英语，上课时她对老师讲的内容心领神会，通过眼神传递给高老师，高老师也经常回复一个微笑。上英语课简直就是一种妙不可言的享受，王纯觉得自己生命中一些什么东西被激发了。她愿意和同学说话了，愿意帮助那些在英语学习上有困难的同学，对课代表工作也是兢兢业业，干得有声有色，同学们经常听到王纯的笑声。每次上英语课前，王纯都激动得心怦怦跳。她想如果英语课能够安排在下午最后一节就好了，那样一整天都可以在那种美好的期待之中度过。

始终生活在孤独中的王纯，很少能够从外界获得多维度的评价，她的生活缺少变化和色彩。尽管成绩优良，但对学习没有激情，毕竟良好的成绩并没有给她的生活带来直接的利益。当高老师说自己观察了她一年，说她是一个很有潜力的学生时，王纯的生命之火被强力助燃，高老师的评价第一次让王纯体会到自我存在的价值，体会到学习带给她的“福利”。在王纯的心目中高老师就是伯乐，引领她走入一个期盼已久的多彩人生。走出一个人世界的王纯，积极开放自己，慢慢与周围人建立良好的沟通与交流，她珍惜那种美好的感觉。

一次英语课上，王纯发现高老师不再看自己，目光经常看自己同桌。王纯努力吸引老师的目光，她积极举手回答问题，但当她坐下之后，发现高老师还是不看自己；她又发现那些上课不听讲的同学经常被老师关注，她就东施效颦般地上课说话，但高老师仅仅扫她一眼就将目光移开……王纯绝望了，她发现同桌的确比自己有太多的优势：成绩比自己强，乐观开朗，长得也漂亮……王纯不再努力寻找高老师的眼神了，每天上英语课，她都低着头，不再去看同桌和高老师之间的目光交流，不再与同学们说话，不再有笑声。她很奇怪从来都不嫉妒别人的自己，但这次却是彻底地嫉妒同桌了，尽管表面上她并没有表现出来。

高老师每节课还是照样提问王纯，上课之前王纯担心老师提问自己，担心那一瞬间的目光对视，但如果老师不提问又感到深刻的失落。每天上课一边努力地听讲，一边还要应对这种担心与失落之间的心理波动。王纯再也不去办公室了，她把作业收完，就找各种理由让同桌帮忙送去。同桌同意了，王纯开始时如释重负，但随后又是失落，自己又失去一次与高老师面对面的机会；同桌不同意送，王纯就会焦虑，掐算好高老师不在办公室，悄悄放下作业就跑……

王纯为了吸引高老师注意而在课堂上所做的一切“努力”伤害了高老师，他发现了王纯并启用她，而她的上课说话，低头听讲，课代表工作不积极主动……高老师会自责选错了人。

“后来就发展到害怕面对每一个老师，每节课都是低着头，幸好这样并没有影响成绩。现在回想起来，当时我觉得低头会影响听课效果，所以课前认真预习，上课时思路紧紧地跟着老师，回家认真复习、写作业，结果从初二下学期我就稳定地保持在班里前三名了，升入初三就是第一了。老师们都以为我太骄傲，对老师讲的内容不屑一顾，而我又没有勇气解释。反正成绩好，老师也就不要求我什么了。”

没有想到，刚升入高一，物理老师又让我当课代表，我害怕死了，我担心再一次经历被发现一被启用一被漠视……”

——摘自张丽珊著《与厌学孩子的心灵对话》(中国轻工业出版社 2008 年)

每一个孩子进入青春期都会执着地自我探究，“我是谁？我在别人的眼中是怎样的一个人？”他们乐此不疲地寻找周围人表现出来的“蛛丝马迹”来建立自我形象，又根据“最新信息”来修正对自己的认知，构建新的自我形象。这个时期的孩子都渴望得到别人的重视，无论是生性内向还是外向，是外显还是内敛。班中的尖子生和成绩落后学生往往是教师关注的焦点；成绩中上等，纪律上没有问题的老实本分学生经常被教师忽略，时间长了就会习惯这种平静的生活。而一旦被教师关注，生命的潜能被激活，学生所能迸发出的能量是无法估量的。而且这种能量会迁移到其他的方面，改变学生整个生活状态，使学生的生活之花绚烂起来。

〖案例分享〗

挑战权威已经成为他的行为习惯

孙经理是我担任心理顾问的一家美资企业的部门经理，他找我咨询的原因是不知如何帮助处于试用期的问题员工赵磊。

赵磊是从另一家美资同行业企业跳槽过来的。他聪明、有创意、有激情，以自我为中心。他会擅自加班几个小时，然后在转天自动晚来几小时。为此孙经理找他谈话，告诉他这是公司所不允许的。赵磊马上拿出辩论的架势，指责孙经理缺乏弹性，不能以工作效率为重、以人为本。团队里有这样的员工会带动大家工作的积极性，但也会造成松散。自赵磊入职，孙经理的心情就像坐过山车，业绩明显提高，但管理却越来越难，激发他来找我咨询的最直接原因是他收到了赵磊的一个大群发邮件。

收件人包括前公司的全球总裁、亚太区总裁、中国区总裁及公司的许多同事,还有孙经理。内容是举报他以前所在部门经理“徇私枉法”的种种劣迹。孙经理觉得整个邮件都是主观臆断，没有任何证据。他找来赵磊谈话。赵磊敞开心扉，说他人生坎坷，学生时代和老师不投缘，总是被老师打压；初中时还因为顶撞、推搡老师而被学校记过处分；高中时认为班主任嫉贤妒能，奋起反抗，班里也和老师有矛盾的学生却拒绝上他的战车。他一直单枪匹马和老师作斗争。

给他造成最大伤害的是研究生导师，在他眼里导师和女生关系暧昧，总是让他干脏活儿、累活儿。最可气的是导师让他们做国家级科研课题，却不将他们的名字写入参与研究的人员名单中。赵磊联合同学一起找导师据理力争，导师说他们只是参与了课题中很少部分的实验，对整个课题缺乏全貌性认识，怎么可能写进名单？其他同学觉得导师说的有一定道理就不再发难了。赵磊像被打了鸡血，热血沸腾，将问题弄到网上，说导师剽窃他们的科研成果。一石惊起千层浪，有的研究生也来吐槽、诉苦，也有导师介绍这种情况的普遍性……导师在网络上作出回应，名单上的所有的参与者都是对整个科研项目有完整认识和了解，并且能够对科研课题进行学术上把关的人，而研究生只是做微观环节……大家明白真相之后放弃了对赵磊的支持。赵磊非常失望，他希望再弄些证据或什么激起大家的“正义感”，但没有人再跟贴了……赵磊认为导师肯定会封杀他，要求学院给他换毕业论文的指导教授，没有一位教授接受他。最后，院长不得不勉为其难地做了他的指导教师，总算毕业了。

孙经理觉得尽管赵磊的手段欠妥，但学生时代不招老师待见，进入前公司又被部门经理打压，在表达同情之余，他也嘱咐赵磊千万不要再干这种事了，尤其他在邮件中说自己已经是这家公司的中流砥柱，他愿意为公司利益作出所有的贡献……这样说容易让前东家误以为在赵磊行为的背后有什么更深的行业竞争元素。赵磊表示，他是一个敢爱敢恨的人，一人做事一人当。

孙经理希望从我这里获得帮助赵磊消除仇恨的方法。我明确告诉他，孙经理无法从专业层面给赵磊任何帮助，他一路冲杀，在潜意识中留下的痛点太多，现实生活中一旦遇到类似的事情，痛点就会被引爆，爆发出难以控制的能量。目前孙经理只能做两件事，一是建议赵磊接受EAP的心理咨询，系统清理潜意识中对权威的偏见，修正不合理的理念；二是如果不接受心理辅导，公司就不要和他签署用人合同，挑战权威的习惯会给管理者带来很多的麻烦，对团队合作构成威胁。但之后我并没有得到赵磊接受EAP咨询的消息。

孙经理再次接受咨询时告诉我，我的一切预言都应验了。就在他试用期满前一周，赵磊给公司的同事、包括总经理在内的三十多人群发了一个邮件，夸赞他所在部门有多么的卓越，孙经理有多么的伟大，他得到了成长和历练。孙经理觉得邮件与现实严重不符，部门没有这么好，而他本人也没有那么干练。就在孙经理对赵磊发这个邮件的目的感到莫名其妙时，又收到赵磊的一封新邮件，“你是不是正在窃喜？其实在我眼中你只是没有创意，缺乏担当的平庸之辈，我之所以那样写只是想让大家觉得我有团队合作意识，帮助领导下决心和我签署劳动合同而已……”孙经理觉得毛骨悚然，第一时间将邮件转给总监和人力资源主管（HRD）。两人一致表示这样的人万万不可录用。赵磊彻底失去了这个工作机会。

学生时代的老师和职场中的上司在一定程度上都代表权威，一个人如果形成了挑战权威的思维模式就难以改变，并陷入“被害妄想”之中，在“你就是要害我的”前提假设框架下去解读人际交往，将对方拉入负向的互动之中，然后他就会说：“看，怎么样？我早就知道他会害我的。”

要想未来进入职场顺风顺水，在学生时代就努力学会与不同性格类型的老师和谐相处，扩大自己人际交往的舒适圈。

第三节 与教师相处规则三：充满善意

教师周旋于学校、学生和家长之间，稍有不慎就会说错话，办错事，将自己卷入人际漩涡之中。作为学校教育思想的贯彻者，教师要对学校负责，同时又要为学生的成绩和成长负责。他们承担着难以承受之重。同学们，在了解了教师的内心感受之后，做教师的心理支持系统吧。换一个角度，和教师情感深厚，沟通顺畅的同学在校园里最有底气，对学校的各种活动敢于参与，敢于尝试，甚至敢于冒险。师生和谐可以真正收获双赢。

〖案例分享〗

我们成绩不好，班主任哭了

From：郝筱筱

班主任的严厉全校闻名。她对学生总是紧绷着一张脸，常备倒八字眉，在教室门口一站，有一种不怒自威的气势。无论之前教室里的同学们多么活力四射，只要班主任出现，立即噤若寒蝉。

办公室是大家的警戒线，除非有特别紧急的事情，一般人是不会自投罗网去接近班主任的。她最常用的台词就是:“警告你，无论什么事都逃不过我的眼睛！”“不要指望我夸奖你们，做对是应该的，达不到我的标准，就统统该挨骂！”

班主任奔四了还没结婚，我们猜测或许是感情受过伤，不过也有人说她宁愿做一台光速运转的机器，也不想考虑感情问题。

我们班的成绩一直居于年级中等偏下，前段时间班主任似乎立志要把我们往上游拽，于是越发冷酷严厉。她封杀一切社团活动，男生下课均不准去操场打球，活动课时间一律占用。同学们已不单单是惧怕她，大部分人对她产生了反感。

这学期第一次月考，我们班的成绩不但没有前进，反而在年级吊车尾。于是不可避免地，她又是一通儿怒火。紧接着就是月考成绩分析报告会，全年级各班的学生都要齐聚报告厅，会议无非是表扬进步班级，嘉奖进步同学，给年级前几名发礼物等。

我被年级组长叫过去，帮她找落在办公室的讲稿，她要在大会上分析高考形势以及未来学习计划大纲。

大办公室里老师们往来穿梭，都是一副急匆匆的样子，一摞摞白花花的卷子堆在地上。我找到年级组长的桌子，正翻动着，听到背后隐约有抽泣的声音，伴随着断断续续的数落。我以为是家长跑来跟老师了解情况，可是听了一会儿发现不太对劲儿，因为她已经接连数落了好几个同学不听话不上进，还说为了这帮孩子自己都没时间约会什么的。

我缓缓地转头，天哪！那个周围一地纸巾团，盘腿蜷在椅子里背对着我，向数学老师诉苦的女人，居然是班主任。她怎么可能如此失态？紧接着，班主任又哽咽着絮絮叨叨地说，希望数学老师多点耐心，我们班的数学提分就靠她了……我的惊讶无以复加，班主任居然为了我们低声下气去求任课老师照顾。

我找到讲稿后匆忙跑了出去，之后的会议内容我是一点都没听进去，满脑子都是班主任哭泣的声音。我不能理解，如果班主任真的关心学生，为什么非要端着架子戴起冰冷的面具。也许她没意识到，正是这种她以为正确的做派，最终导致师生之间形同陌路。

TO：郝筱筱

我在给教师做心理培训时常问教师一个问题："你在什么时候获得快乐体验？"答案多数是："学生长大了，懂事了。""学生的不良行为改变了。""我们班的学习成绩提高了。"无论是繁华的大都市还是县城学校，教师的回答像标准答案一样。为什么教师的快乐体验不是来自个人的成长呢？

一种可能是教师真的无条件接纳学生，将自己的内心感受与学生的成长紧紧捆绑在一起。这种状态从心理学角度来讲，属于心理卷入度过高，势必造成教师的情绪随外界的评价而波动，失去了自我掌控的能力。另一种可能是社会对教师业绩的考核，仅仅从学生这单一维度出发，导致教师将自己的业绩和荣誉系于学生的成绩。

郝筱筱，你无意之中看到了班主任最真实的面孔，她为了你们的成绩而落泪，而央求任课老师。越是敬业的老师出现负性情绪的可能性就越大，你在了解班主任的良苦用心之后，应转变之前对班主任的不良印象，从情绪上、行为上多多支持老师，在班级里传递尊师重教的正能量。

班主任除了要承担其他教师所面临的挑战与困难外，还要承担班级管理者的特殊压力，他们要处理学生与任课老师、学生与学生之间、学生的全面发展与考试成绩之间的种种矛盾冲突，出现沮丧、失落、不安、气愤的负性情绪是很正常的。

〖**案例分享**〗

我给老师鼓掌

郑一玮

我有一位可爱的健康课老师。他是墨西哥和美国的混血，20岁出头，同学们都觉得他长相酷似贝克汉姆。他的教学方式十分“美国化”，经常会在课堂上大呼小叫，动作表情都十分夸张。我们的健康课程分为两部分，第一学期上身体的健康部分，第二学期上心灵的健康部分，这门课是必修课。

他经常会用一些搞笑的创新的形式来传授知识。就像有一次在心理健康教育课上，我们学习一个新的词语，“Denial”(心理学上的拒绝接受，拒不承认)。为了让大家更透彻地懂得这个词语，老师把大家分为了四个小组，任务是表演一个小型情景剧。大家可以自由编排故事和分配角色，但是需要表现出其中一个角色“Denial”。我们的小组有三个成员，角色分别是一对年轻的夫妻和一个很有经验的老医生。我充当这个老医生的角色，我们花了十五分钟的时间编排了这样一个故事：妻子在上班的路上接到医院的电话，当她赶到医院的时候，医生宣布她的丈夫遭遇车祸已经不幸身亡，拒绝接受现实的妻子非常愤怒，和老医生争吵，并且要求老医生把丈夫还给他。老师对我们的表演非常满意，觉得我们领悟到了“Denial”这个词语的含义。

老师还会经常鼓励我们参加各种活动，他说到了大学也是如此，要尽可能多地参加各种社团。他曾经在课上告诉我们说:“因为你们还很年轻，还有很多的机会，也许你觉得冰球是一项你从未听过的活动。但是这项活动存在就必定有它的意义，也有很多人享受在其中。如果在大学里面有这样的机会，你会去把握吗？你会愿意去尝试自己不会甚至从未听过的活动吗？也许第一个星期你会感到非常无聊，但是也许过了三个月、半年，你就成了一名专业的冰球运动员。”他的那节课给了我非常大的影响，他的话也都深深地刻在了我的心里。在快下课的时候，他顺口提起学校的戏剧部正在筹备一场新话剧,如果感兴趣的同学可以去尝试。正是因为他的一席话，我鼓起勇气去参加了话剧的面试，结果我很意外地入选并且分配到了一个很重要的角色。第二天上课的时候，他以略带玩笑的口吻自言自语:“我想可能没有人去参加话剧社的海选吧，或者说真的有人参加了的话你可以现在站起来。”我很自信的站了起来，他的神色从诧异转到了欣慰。“Eva，我也想过你可能去尝试！”“我不仅尝试了，而且成功了！”我非常庆幸自己去参加了新话剧的面试。

在下课的时候，我走到了老师的面前致以感谢，“我觉得您的课给我带来了很大的影响,并且我觉得这节课在我们的人生中起着很大的作用。”“Eva，首先谢谢你对我课程的肯定，我也看到了你身上的潜力，你一定可以作为国际生在这所学校发展得很好的！”从那次愉快的交谈后，我和这位可爱的健康课老师成为了很好的朋友。有的时候我会在午饭时去和他聊上几句，有的时候是关于学校的上课感受，有的时候他也会对我未来的发展说些看法。总之，他给了我在这所学校里面的安全感。

做一个可以及时给老师“鼓掌”的学生，有的时候你的一句感谢或者认可的眼神，其实是对老师莫大的肯定。不同于“拍马屁”，“鼓掌”是一种发自内心的感恩和赞同。老师也和我们一样时常需要一些小小的鼓励。这种良

性的愉快的师生相处模式，也在我未来的留学道路上起了不小的作用。

——摘自郑一玮著《我在美国上高中》(天津教育出版社 2013 年)

人与人之间的情感是互动的，你希望老师认同你的前提是你要善待老师。许多学生误认为老师是钢筋铁骨，无论面对学生什么样的态度都可以、或都应该保持对教学的极大热情。其实真的不是，我做了二十多年教师，教过的班级数不胜数，但内心中总有一些班是我喜欢至极的，在这些班上课对于我来讲是一种享受，我会讲很多很多延展性知识。为什么呢？因为这些班有个共同的特点就是有像一玮这样的学生，上课时她会全身心投入，与我互动；下课后她会与我分享上课的感受，为了这些“知音”，我也会讲得更丰富、更尽力……每次结束课程的时候，我都会和全班同学说：“你们受惠于这些同学，是他们鼓励了我，让我更愿意将知识倾囊而出，同样上这门课，你们比别的班的同学额外知道了更多，而这些不需要感谢我，你们要感谢的就是这些鼓励老师的同学……”全班同学会给这些同学鼓掌！

【心灵作业】

评估你在学校的情绪

在学校里，你的这种感受发生的频率如何：

1	2	3	4	5	6	7	8	9	10
几乎从不		有时			经常			非常频繁	

（愤怒）

1. 我觉得老师存心挤兑或批评我。

2. 我有暴怒的冲动。

3. 我想在口头上或是身体上猛烈攻击（某人或物）。

（恐惧）

4. 我身上可能会发生一些有破坏性的事情。

5. 我觉得很担忧。

6. 我担心有些事情可能会出错。

（悲伤）

7. 我是人群中最不幸的人。

8. 我为某事感到不安、担心、沮丧。

9. 我被纠缠在过去某件不幸的事情之中。

（羞愧）

10. 在某件事上，我并不配得到所受的称赞或表扬。

11. 我感觉受到羞辱了。

12. 我想在别人面前隐藏起关于我自己的某些事情。

（嫉妒）

13. 一个我不喜欢的人总是特别幸运。

14. 我有些嫉妒别人。

15. 无论如何，我不想让那个人成功。

通过以上的测试，请你对自己的负性情绪有所认识和了解，如果你存在比较多的负性情绪，请你尽快找心理辅导老师交流，他们会给予你及时、科学和有效的帮助，千万不要自己扛着！

【媒体文章】

说说我的期末评价

《中国青年报》2014年01月07日第11版

核心提示

多数班主任给学生写评语时都希望细心研磨，写得更有针对性。但实际操作起来，难度很大。

评语能够实现师生间的心灵沟通，给自卑的学生以勇气，给浮躁的学生以宁静，给缺乏安全感的学生以信心，这才是评语最理想的效果。而决定这个效果的因素，一方面是班主任在评语中写了什么，另一方面是学生通过评语感受到了什么。

期末评语是双面镜，既照出了学生在学校的整体表现、精神风貌，预示了学生未来成长的方向，也照出了班主任的师德和教育艺术。

班主任，你没有看错人

天津市耀华中学 郭子轩

小学阶段我的期末评语都不是写给我的，而是写给我妈妈的。

妈妈在我还没上小学之前已经小有名气，这就注定了我会生活在她的影响之下。小学低年级的班主任喜欢做各种活动，妈妈则成了她最重要的资源，找场地、联系媒体、组织报道都是我妈妈负责。那个时候尽管我比较调皮，不踏实学习，但老师的期末评语永远是:“你是不可多得的全面发展的学生，你精力旺盛、乐于助人、热爱集体……”刚开始我特别高兴，甚至觉得自己骗过了班主任,但后来,我发现“全面发展”就是学习成绩不好的代名词,“精力旺盛”是说我上课时总管不住自己，“乐于助人和热爱集体”是对我妈妈的表彰。

小学高年级换了班主任，老师的工作重心转移到学习上，别说组织活动了，连体育课都不怎么上。我的优势很快成了缺点，我妈不像其他妈妈那样喜欢给孩子报课外班，她也不能及时帮助我批改作业，这些都成了老师眼里重大的失职。低年级时的轻松使我的基础不扎实，升入高年级学习就比较吃力了，成绩不能达到老师的要求。老师经常在班里指桑骂槐地对一些学习不够努力的同学说:“你们可要认清形势，别跟有的同学比，人家有好妈妈，无论考成什么样都能进一流中学……”

这位班主任的期末评语永远是“老三篇”:“希望你能够做自己人生的主人,好好学习,遵守纪律,做一名合格的小学生。”我对这个评语的解读是:“我生活在妈妈的光环之下，是典型的寄生虫，没有资格成为自己人生的主人，我不好好学习，我不遵守纪律，我不是合格的小学生。”幸好那个时候我还没有进入青春期，性格也比较温顺，没有太强的逆反情绪，每天基本保持和班主任井水不犯河水，任她巧舌如簧，我自有一定之规。

升入中学，我成熟了，填写任何表格我都空着妈妈一栏，我再也不想明晃晃地做名人的儿子了。我的境遇发生了很大的变化，我很享受普通学生的生活。我可以犯错误，老师既不会袒护也不会上纲上线；我可以成绩好也可以成绩不好，老师既不会恨铁不成钢也不会明枪暗箭。我生活得无比自在。

真正改变我的是初三班主任。她是一位很有智慧的老师，从来不唠叨学生，但对每一位学生的分析都入木三分，她在给我的评语中写道：“你是一位很有思想的小伙子，在你阳光开朗的背后有着深刻的思考；在你随和憨厚的背后有着做人的原则和人际界线；在你嬉笑怒骂的背后有你的抉择和自我控制。我能感受到你具有承担的意识和能量，你是一个纯爷们儿！你不会辜负任何一位信赖你、看重你的人，你一定能够达到自己理想的彼岸……”

这是第一份写给我个人的感情真挚的期末评语，热情地肯定了我的优点，同时也委婉地指出了我的不足。我反复地朗读，认真地揣摩班主任的深意，并且将写着这个评语的成长手册放在床头柜上。每当懈怠的时候我就看看这个评语，我一定不能辜负任何一位信赖我、看重我的人，尤其是我初三的班主任。

就这样，我坚定而从容地考入一所一流的高中，做了社团的主要负责人，创办了第二本团刊，成功主持了全市中学生心理剧大赛……学生时代的我已经做起自己的事业了，我要用自己的实际行动证明班主任没有看错人。

我不再是那个活跃分子

天津市双菱中学 王怡鸥

期末评语对于我们中学生来说是无比熟悉的。期末考试结束后，大家都要领取一个“小红本”，看看老师对自己的评价与期望。

记得初一那年，期末考试刚刚落下帷幕，大家的心情格外激动，因为寒假就要来了。可是领取学生手册时，大家却又小心翼翼地、一步一挪地走到讲台前。我也不例外，伸出因紧张而略显瑟缩的双手，恭恭敬敬地领走自己的“小红本”，生怕给新老师留下坏印象。回到座位上，我用早已沾满冷汗的双手打开第一页，然后快速浏览着，为了不落下一字一句，我又用手指一个字一个字地指读着。读到最后一行“希望你能积极参与学校的各项活动”时，我的记忆回到了小学时代。

在小学低年级的时候，我一直是学校里的活跃分子。由于成绩一直名列前茅，所以只要有活动，老师、同学们都一致推举我去参加。小到班级优秀作业，大到全校汇演，我几乎一场不落。就连学校每天午休时五分钟的“小小电视台”节目，一周五天，至少有三天可以看到我的面孔。渐渐地，我的小书桌里堆了一摞证书、奖状。我的“头衔”也越来越多，班长、中队长……无论何时，只要你看到学校走廊里一个与时间赛跑、穿梭在各个楼层的女孩，那八成就是我了。

好景不长。随着我的“知名度”不断提升，同学们也开始对我这个老师们心尖儿上的学生表示不满了。

当时年幼无知的我哪里知道“得罪人”“人情世故”这些字眼。班主任要我管理同学，我自然毕恭毕敬地完成任务。即便是伤了很多同学的自尊，但是为了完成老师交代的任务，我也要做。不久，班里一些较淘气的男生，开始不听从我的管理，和我对着干。很多嫉妒心强的女生开始在背后议论我。还有的人明目张胆地向我示威，找我的麻烦。刚开始我积极地面对，因为我心中有一股强大的力量支撑着我——老师们的支持。渐渐地，我发现事情并不像我想的那样。

那是四年级的一个冬日，寒风凛冽。教室里，大家都在朗读课文。这时的我，早已没了往日的活力，因为工作繁多，再加上快到元旦了，学校惯例都是要组织元旦晚会的，当然少不了我这个文艺骨干。

我被挑选参加多个节目，所以午休、下午后两节课以及放学后的时间全都要贡献出来。不用想，我的学习成绩逐步下降，由于奔波劳累，身体也出了问题，每天病怏怏的。看着同学们认真听讲，而我还在为各种事情而焦虑烦恼，真是有苦说不出。这时，班主任给我使了个眼色，给她刷杯子倒水。

对于每天看老师的脸色过日子的我来说，一个眼神就知道，老师又要让我干活了。

刷完杯子，我走在回教室的路上。刚走到教室门口，我听到班主任正说着我的名字，好像在议论我。于是，我像电影中的间谍一样，小心翼翼地把耳朵贴在门上，听听老师到底对我有怎样的评价。我信心满满地幻想着班主任对我的赞美。可谁知，接下来发生的事情，真如晴天霹雳一样深深打击了我。

“你们别看王怡鸥有这么多光环笼罩着她，她现在已经不行了。看看这学习成绩，等着吧，马上就期末考试了，她肯定考不好……”听着这些话，我仿佛走进冰天雪地，全身麻木。我蹑手蹑脚地推开教室的门“飘”了进去，双腿仿佛灌满了铅，每一步都是那么艰难。这时，老师说：“怎么去了这么久？！成绩都念完了。你看看你这成绩，还去排练呢。我看你是发烧烧傻了吧！”那时，我多么想去倒立，因为只有那样眼泪才不会流下来。

从那以后，我对课外活动的兴趣日渐淡薄，班级竞选中也见不到我的影子。我变得安静起来，不再是昔日那个在学校走廊里与时间赛跑的少女。

撰写评语 考验教师人格魅力
解读评语 折射学生自我评价

心航路心理网（www.xinhanglu.com）主持人 张丽珊

我曾做过八年班主任，写过多少份期末评语已经记不清了。刚做班主任给学生写评语时特别激动，希望将每份评语都细心研磨，写得更有针对性。但实际操作起来，难度很大。与班级中处于两极的学生沟通较多，掌握的素材就多，容易写成个性化的评语；而对中间的学生因为交流少，没有太深的印象，搜肠刮肚还是不免写成套话。

毕竟，期末阶段是班主任“最后的疯狂”：出卷、阅卷、平时分、期中分、期末分、学期总评、学年总评、家长会……根本无法静心写评语。为此我将写评语的功夫用在平时，将学生周记中、与我交流中的“精辟语言”录入学生成长文档，临近期末，整理一下就可以写出非常有针对性的评语了，每一份都是量身打造不可替代。我的有些学生现在都三十多岁了，依然珍藏着我

给他们写的评语。

班主任在日常教学中，不仅要发现行为举止“不一样”的学生，还要了解“不一样”背后的故事。初一班主任对王怡鸥的观察很到位，“希望你能积极参与学校的各项活动”直指她的特点，如果能够进一步追问一下，或许就能找到解开学生心灵之锁的钥匙。一个在小学阶段有着炫目经历的学生升入初中之后，为什么沉默了？她到底经历了什么？这个经历对她的成长有怎样的影响？对学生过去的经历了解得越多，班主任在教育上出现误差的几率就越低。

我在做高一年级的班主任时，每接一个新班，给学生留的第一份作业就是写一篇周记——《原来的学校、原来的班、原来的班主任和原来的我》。通过这篇周记，可以及时发现在前一阶段遭遇过心理伤害的学生，圈定需要重点关注的对象。

从郭子轩的经历中，我们看到，其实学生在阅读评语之前内心已经有了前提假设。班主任与学生相处，班主任在明处，学生在暗处，班主任的一言一行都会被学生观察，并形成对班主任的整体评价。

郭子轩小学低年级的班主任善于利用家长资源，在郭子轩的心目中，班主任有求于家长，所以就算老师表扬他本人，他依然会觉得班主任的表扬与自己无关。他既不会因为这份表扬而提高自我价值感，也不会觉得班主任善于发现学生的优点。高年级班主任为了激发学生的学习热情，强化学习动机，让学生有紧迫感，于是说“人家有好妈妈”之类的话，这种功利色彩浓郁的话不仅刺伤了郭子轩的自尊心，也让其他同学感觉到内心的不平衡。当学生不再有信任感，班主任所写的评语就会被学生忽略掉，评语丧失了原本的教育功能。

评语能够实现师生间的心灵沟通，给自卑的学生以勇气，给浮躁的学生以宁静，给缺乏安全感的学生以信心，这才是评语最理想的效果。而决定这个效果的因素，一方面是班主任在评语中写了什么，另一方面是学生通过评语感受到了什么。每个学生在看评语时内心都有一个前提假设，将评语放到这个固有的思维框架中去思量。

那么，是什么影响着学生的前提假设呢？

首先，在学生的心目中，班主任是怎样的一个人。对待学生是否有爱心、耐心和包容之心？对待教学是否精益求精？对待家长是趋炎附势还是一视同仁？如果班主任在这三个方面有明显的瑕疵，就算评语写得充满溢美之词，学生也无法感受到真诚。

其次，学生的自我形象如何？具有安全感和归属感、自我价值高的学生就算看到班主任的批评，也会理解为良药苦口利于病；而处于焦虑、紧张、自我价值感低的学生就算班主任写满鼓励的话语，他也会认为班主任是拐着弯儿批评自己。

第三，师生关系的亲密度。班主任在日常生活中要准确判断自己与每位学生的亲密度，给关系密切的学生写评语可以实话实说。给关系一般的学生写评语就千万不要太掏心掏肺，以免无意中伤害学生。如果师生之间有过不愉快的经历，那么老师写评语之前，最好能够先面对面地沟通一下，澄清误解，传递友善，避免学生误读评语。

期末评语是一个双面的镜子，既照出了学生在学校的整体表现、精神风貌，预示了学生未来成长的方向，也照出了班主任的师德和教育艺术。班主任只有走进学生的内心，给学生最贴心的关怀，才能赢得学生的尊重，而此时的肯定或对学生的期望才能达到预期的效果。

【推荐阅读】

《致加西亚的信》

(美) 阿尔伯特·哈伯德著，赵立光、艾柯译

哈尔滨出版社　2004 年 4 月出版

当美西战争爆发后，美国必须立即跟西班牙的反抗军首领加西亚取得联系。加西亚在古巴丛林的山里，没有人知道确切的地点，无法带信给他。美国总统必须尽快地获得他的合作。 怎么办呢？有人对总统说：“有一个名叫

罗文的人，有办法找到加西亚，也只有他才能找得到。”他们把罗文找来，交给他一封写给加西亚的信。

罗文拿了信，把它装进一个油布制的袋里，封好，吊在胸口，划着一艘小船，四天之后的一个夜里在古巴上岸，消失于丛林中，接着在三个星期后，他徒步走过一个危机四伏的国家，把那封信交给了加西亚……

罗文的事迹通过《致加西亚的信》一本小册子传遍了全世界，并成为敬业、服从、勤奋的象征。故事很简单，但其中却包含了太多如何面对任务、如何拥有责任感、如何赢得信赖、如果获得成功的道理。

【心理测试】

气质类型测试

请你根据自己的实际情况给以下六十道题打分，很符合自己情况的计 2 分；比较符合的计 1 分，介于符合与不符合两者之间的计 0 分，比较不符合的计 –1 分，完全不符合的计 –2 分。请不要对任何一道题进行价值判断，只将你的第一感觉准确的表达出来就可以了，否则测试就不准了。

1：很符合 2：比较符合 3：不知道 4：比较不符合 5：很不符合

	题目	1	2	3	4	5
1	做事力求稳妥					
2	遇到可气的事就怒不可遏，想把心里话讲出来才痛快					
3	宁肯一人干事，也不愿多人在一起干					
4	进入新环境很快就能适应					
5	厌恶那种强烈的刺激					
6	和人争吵时总是先发制人					
7	喜欢安静的环境					
8	善于和人交往					
9	羡慕那些善于克制自己感情的人					
10	生活有规律，很少违反作息制度					

	题目	1	2	3	4	5
11	在多数情况下，情绪是乐观的					
12	碰到陌生人觉得很拘束					
13	遇到令人气愤的事时能很好地自我克制					
14	做事总是有旺盛的精力					
15	遇到问题时常举棋不定，优柔寡断					
16	在人群中从不觉得过分拘束					
17	干事的兴趣由情绪的高低来决定，情绪好时干什么都有趣，情绪低落时，又觉得什么都没意思					
18	当注意力集中时，别的事很难分心					
19	理解问题总比别人快					
20	碰到危险情景常有一种极度恐惧感					
21	对学习、工作、事业都有很高的热情					
22	能长时间做枯燥、单调的工作					
23	符合兴趣的事干起来劲头十足，否则不想干					
24	一点小事就能引起情绪波动					
25	讨厌做需要耐心、细致的工作					
26	与人交往不亢不卑					
27	喜欢参加热烈的活动					
28	喜欢看感情细腻的文学作品					
29	工作学习时间长了常感到厌倦					
30	不喜欢长时间谈论，愿意动手干					
31	宁愿侃侃而谈，不愿窃窃私语					
32	别人说我总是闷闷不乐					
33	理解问题常比别人慢些					
34	只要短暂休息就能解除疲倦					
35	心里有话宁愿自己想，不愿说出来					
36	希望尽快实现目标，否则誓不罢休					
37	学习、工作同样的时间，却常比别人更疲劳					
38	做事有些莽撞，常不考虑后果					
39	听新知识、新技术讲授时，总希望能慢些，多重复几遍					
40	能很快忘记那些不愉快的事情					
41	完成作业或工作总比别人花时间多					
42	喜欢大运动量的体育活动或各种文艺活动					

	题目	1	2	3	4	5
43	不能很快地转移注意力					
44	接受一个任务后，希望迅速完成					
45	认为墨守陈规比担风险强					
46	能够同时注意几件事物					
47	当我烦闷时，别人很难使我高兴起来					
48	爱看情节起伏跌宕、激动人心的小说					
49	对工作认真严谨始终一致					
50	和周围人们的关系总是处理不好					
51	喜欢复习学过的知识，做掌握了的工作					
52	希望做变化大、花样多的工作					
53	比别人更能记住小时候会背的诗歌					
54	别人说我出语伤人，可我并不觉得					
55	在体育活动中，常因反应慢而落后					
56	反应敏捷，头脑机智					
57	喜欢做有条理而不麻烦的工作					
58	兴奋的事常使我失眠					
59	理解新概念很慢，但以后就很难忘记					
60	如果工作枯燥，马上情绪低落					

请将每题得分按后表题号相加，并算出各栏的总分

1. 如果某种气质类型得分 10 分以上，且高出其他 3 种 4 分以上，说明具有这种气质类型的倾向；如果得分 15 分以上，且高出其他 3 种 4 分以上，说明就是这种气质类型；如果得分超过 20 分，且高出其他 3 种 4 分以上，说明是典型的这种气质类型了。

2. 如果某两种气质类型得分接近，分差低于 3 分，且高于其他两种气质类型 4 分以上，则有可能是两种气质的混和型。

一是多血质和胆汁质混合，属于外向型；

二是多血质和黏液质混合，属于稳定型；

三是胆汁质和抑郁质混合，属于不稳定型；

四是黏液质和抑郁质混合，属于内向型。

胆汁质	2	6	9	14	17	21	27	31	36	38	42	48	50	54	58
多血质	4	8	11	16	19	23	25	29	34	40	44	46	52	56	60
抑郁质	3	5	12	15	20	24	28	32	35	37	41	47	51	53	59
黏液质	1	7	10	13	18	22	26	30	33	39	43	45	49	55	57

解读气质类型

气质类型强调人在先天环境中形成的稳定的内在特质。气质类型是表现在一类人身上共有的或相似的心理特性的典型结合。构成气质类型的心理特性有感受性、耐受性、不随意反应性、反应的敏捷性与灵活性、可塑性与稳定性、内外倾向性、情绪的兴奋性、情绪与行为特征等。这些心理特性的不同结合，就构成不同的气质类型。气质类型没有好与坏之分，只是不同的气质类型适合不同的职业选择。

根据二十年对气质类型的研究和大量实际测试跟踪分析，我创立了丽珊一气质类型示意图，用坐标系直观地反映气质类型的特质。

我以情绪内在稳定性与否做纵坐标，正向为稳定，负向为不稳定。稳定是指情绪波动的振幅大小，比如多血质和黏液质的情绪波动振幅相对于抑郁质和胆汁质就会小很多。但情绪不稳定并不意味着心理不健康。以外显性格的内外向为横坐标，正向为外向，负向为内向。由此四个象限代表了四种气质类型的基本特点。

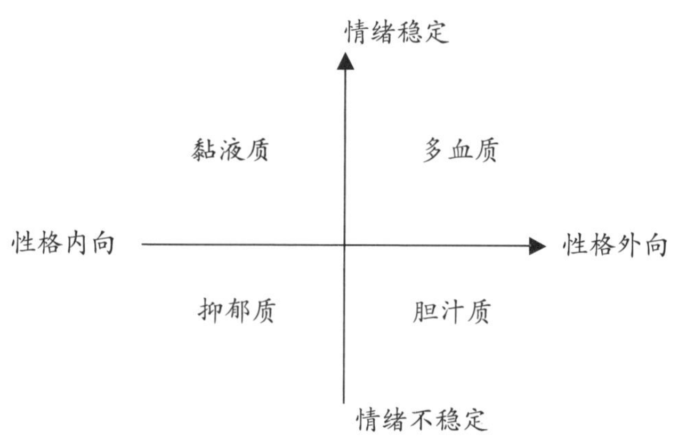

丽珊 — 气质类型示意图

多血质

活泼、好动、适应性强，性格具有明显的外向倾向。

他们是人群中最具弹性的人，根据现实情况不断地调整自己，以便适应周围的环境。多血质人充满自信，属于敢作敢为的实干派，但要注意的是，在实干的过程中，请更多注意培养自己的决断能力，不能在该出手时犹豫，同时要培养自己的韧性。

多血质的人有潜在的活动态势，不让他们活动，他们会很难受，所以不适合做细致单调、环境过于安静的工作。

多血质的人思维过于活跃，由此会表现出注意力不够集中，给人造成浮躁的印象，进而失去发展的机会。

对多血质的人的温馨提示：要时刻提醒自己集中注意力，做事情要专心致志，做事情要有持续性，要善始善终地把任务保质保量地完成。另外，在发表自己观点之前一定认真思考过，同时避免说话太多。

适合工作：多血质所适应的工作是很广泛的。他们可以从事各种管理工作，有创新性的工作。比如外事工作、律师、新闻工作者、管理工作等。这里所说的新闻工作最好选择记者而不要选择编辑，多血质的人在不断活动和改变中体会工作的乐趣，而记者这种极具挑战性的工作会激发其潜在的能力。

胆汁质

热情、直率、好冲动，热情忽高忽低，喜欢新环境带来的刺激，工作干劲大。性格具有明显的外向倾向。

他们是人群中生命能量最旺盛的人，精力充沛但易暴躁，他们每天睡眠时间一般四个小时就可以了。有部分胆汁质人表现出悲观的倾向，什么事都要往坏处想，做起事来很谨慎，一旦失败就会变得不够自信，从而产生情绪上的波动。

他们极具煽动性，会通过各种手段将自己的理念传播给其他人。如果他们有明确的目标，会集中注意力，并且有很好的执行力和持续力，不达目的不罢休。

对胆汁质的人的温馨提示：将提高情绪管理能力作为自己一生的课题。

我在担任企业心理顾问过程中，深刻地感受到胆汁质的人如果善于情绪管理，他们会成为人群中的领袖；但如果他们不善于情绪管理，则会无意中挑战权威，激化和同事的关系，尽管他们很聪明很有能力却往往被领导打压，处于怀才不遇的状态，而这种状态又激发他们的愤世嫉俗，陷入职业危机的尴尬之中。

适合工作：导游、经纪人、节目主持人、演说者、外事接待人员、演员等；在企业中适合做公关。但不适合整天坐办公室，或枯燥的研究工作。

黏液质

自制、安静，适于从事细心、程序化的工作。性格具有明显的内向倾向。

他们是人群中情绪最稳定的人。他们具有很强的自我调节能力，是人群中最守纪律的人。在与人交往中他们可以巧妙、机敏地在谈天中获取想索取的情报，对待老实人，他们可以真诚相待；对待诙谐的人，又可以谈笑风生。能做到这一点并不是他们在刻意追求这种效果，而是因为他们具有天生的表现力，黏液质人在做自己感兴趣的事情，或执行心目中的权威者的命令时，能集中精力去干，所以他们学生时代往往是好学生。

对黏液质的人的温馨提示：因为情绪过于稳定，而且不愿意表达自己的喜欢，常给人感觉是对外界漠不关心，所以在学习和工作中要注意表达自己的关注。

适合工作：外科医生、社会活动家、法官、出纳、播音员、管理人员，还可以做编辑，他们的细致会保证工作的准确和质量。

抑郁质

对新环境适应能力差，容易疲劳，严重内倾。

他们是人群中最敏感的人。工作细心，审慎、认真，观察力十分敏锐，抑郁质人的集中力是超群的，他们具有艺术家的潜质。因为他们的敏感，接受外界刺激的宽度和广度大于周围人，所以选择工作时一定要回避嘈杂的环境，避免由此引发的疲劳感。

对抑郁质的人的温馨提示：因为考虑问题容易有悲观倾向，并且在人际交往中过于敏感，所以要时刻提醒自己多从积极、健康、向上的方面考虑问题。

适合工作：科研人员、保管员、校对、排版、化验员，也适合做机要工作、研究工作和艺术造型工作。在政府、企事业单位中，可以担任部门主管和按常规做出决断的领导人。

【说给父母】

父母要成为师生和谐的推动者

父母在陪伴孩子成长中有一项重要的任务，就是本着尊师重教的原则，成为孩子和学校、老师之间的桥梁，为孩子营造良好的心理环境。具体怎么做呢？

兼听则明。每个人说话都会站在自己的角度，无论是老师还是学生，当孩子与老师之间出现矛盾或冲突时，父母要保持冷静、客观、理性的心理状态，充分与双方进行沟通，了解事情的全部真相。

给孩子正能量。父母在平时与孩子的沟通中要灌输尊师重教的思想理念，但不能将老师的所有言行视为最高指示，更不能“如果你不听话，我就告诉老师去”，把老师的权威无限放大，甚至将老师的形象妖魔化。

体察孩子的内心感受。如果孩子的某种行为被老师误判，家长既不能责问老师，恶化师生关系；也不能不管不顾地“护犊子”，与学校为敌，与老师为敌，让孩子陷入孤立的状态。父母要充满善意和真诚地与多方沟通，达成相关各方的和谐互动。

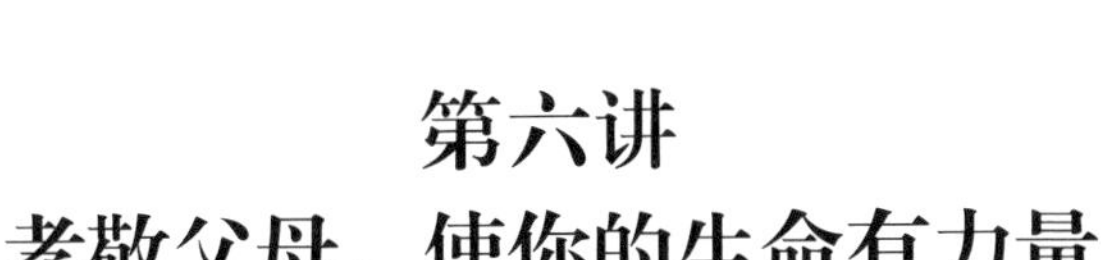

第六讲 孝敬父母，使你的生命有力量

原生家庭是与新生家庭相对应的，原生家庭是指父母照料的，孩子出生并成长的家，孩子长大结婚后组建的是新生家庭，而他们新建的家庭就是他们孩子的原生家庭。每个人都是带着原生家庭的烙印，按照自己对原生家庭的解读，诠释自己的人生价值；在体验自我内心感受的基础上应对外在世界，并依照外在世界的反馈固化自己的思维和行为模式，形成内外循环，由此书写自己的人生篇章。

原生家庭的价值观、行为方式、家人间情绪互动、依恋模型、夫妻沟通模式、家人互动的模式等都会对子女构成深刻的影响。

父亲主宰孩子的生命能量！如果一个人与父亲建立良好的情感连接就会充满生命能量，自信、乐观、开朗；如果一个人无法与父亲建立起良好的情感连接，就会表现出生命能量低弱，难以保证学业或事业的可持续性，内心总是充满各种无法坚持完成任务的理由。

母亲相比于父亲来讲，与孩子的接触更多些，所以主宰孩子的情绪管理和人际关系。如果一个人与母亲建立良好的情感连接，他就能够具有良好的情绪管理能力，并且在与人交往中游刃有余；如果一个人与母亲之间情感连接不好，则会表现出情绪波动频繁，人际关系难以和谐。在一定意义上讲，母亲决定孩子生活的幸福度。有一位知书达理、与社会保持密切接触并获得幸福生活的好妈妈，孩子获得幸福的几率就很高。

第一节 认同父亲使你生命有力量

许多人误认为只有事业成功的父亲才能真正得到孩子的佩服。事实上，父亲在与子女沟通的过程中直接对孩子产生影响的是他的价值观、思维方式、行为特点、情绪管理能力、沟通能力、上进心等方面。

二十多年来我与不计其数的孩子们交流过有关父亲的话题，发现父亲对男孩和女孩影响的深度和广度不太一样，下面我们来细数一下吧。

女儿背后的父亲

父亲是女儿认识的第一个异性。被父亲在情感上“富养”的女孩敢于并善于与异性交往，她认定自己是被所有人所喜爱的。强烈的自爱使她进入青春期后，在与异性交往中表现出自信和自尊，发乎情，止乎理。相反，如果在成长中缺乏父亲的陪伴、父亲性格暴躁易激惹，对女儿充满嫌弃等，她就会认定自己是被所有人所厌恶或抛弃的。缺乏自爱使她进入青春期后，与异性的交往会走向两个极端，一是退缩，她坚信不会有异性欣赏自己，所以拒绝与异性交往，不敢接受爱情；二是过于开放，为了赢得异性的喜欢，她会表现出低自尊，作出饮鸩止渴的选择。心智成熟的母亲能够力挽狂澜，避免这两种极端的出现。

父亲是女儿接触到的第一个“社会人”。如果父亲对事业、家庭都具有责任感、客观、理性，用自己的行动向女儿展示男人是以怎样的姿态立足社会、赢得他人尊重的，女儿会对社会、未来充满信心，对自我成长有明确的目标和可持续发展的动能；如果父亲对事业、家庭都缺乏责任感、价值观偏离主流社会、个性怪异、行为障碍、情绪管理失常等，会使女儿对社会的认知出现偏颇，迷失自己成长的方向。

单亲随母生活不仅使女儿失去了与父亲交流的机会，而且还缺少一种持续存在的与父母一起生活的模式，这使一些女孩对男女亲密很恐惧，成年后不愿谈恋爱，担心自己再次被抛弃，更有甚者会痛恨男性，无法平等地与男性交流；另一些女孩则早早恋爱，怀着不切实际的乐观和期望，渴望爱情能够把她从父亲带给自己的失望和伤痛中解救出来，却不知这种期待本身就是爱情的毒药。

〖案例分享〗

我盼望母亲带我远走高飞

自我成长训练营中的林美怡给我留下了比较深刻的印象。训练营中为了让学生们充分自知，设计了用“我”造句的活动。林美怡的造句一改绝大多数学生被动“应对”的态度，而是站在更高的角度审视活动本身。“我觉得丽珊老师的这个方法很好”“我希望和妈妈一起出国”“我希望爸爸可以经常出差”“我不喜欢脾气暴躁的人”“我以妈妈为傲”“我希望下辈子做男生”……看着她的这些造句，我基本勾勒出这个女孩的心理环境。

在一对一分享中，我问她：“美怡，你喜欢妈妈，好像不太喜欢爸爸？”

“您说得太对了，我不仅不喜欢爸爸，而且渴望他们尽快离婚。”

美怡告诉我，她的爸爸在奶奶家排行最小，又因为聪明学习成绩好而被家人宠得特别以自我为中心，工作之后因为业绩好还做了领导干部，他说话丝毫不顾及别人的感受，在家尤其脾气暴躁，为了避免激惹他，每每他发脾气，妈妈都会主动道歉……妈妈在一家外企做销售总监，脾气温和，但非常有主见，曾经有朋友描述妈妈像浮在水面上的鸭子，表面上看起来悠然，而水面以下是什么，有多深，谁也不知道。妈妈一直打算移民国外，但因为爸爸的工作涉及国家机密而被搁置。

“我特别渴望妈妈能够带我移民，远离恶魔般的爸爸，现在我的头皮还在疼，前几天因为我顶撞了他一句，他揪着我的头发向墙上撞……”美怡说这话时眼睛中泛着泪光。

“只要爸爸发脾气，妈妈就道歉使他既没有意识到自己有问题，更没有改变的意识和动能。如果你妈妈提出离婚，爸爸会莫名其妙，对他的打击太大了，会造成他愤怒甚至做出极端的事情来。”

美怡不停地点头。“丽珊老师，您说得有道理。”

“美怡，你觉得爸爸的性格对你的人生有影响吗？”

美怡告诉我，同学给她起了一个外号叫“七十二变”，她与同学相处时，绝大多数情况下会很温和，但偶尔会暴躁之极，让同学摸不着头脑。幸好她目前成绩好，一些同学还是愿意和她成朋友的。“丽珊老师，我能理解同学的感受，就像我和爸爸在一起一样，不知道他下一分钟是什么情绪，什么表情。我不能再模仿他了，不然我的人生就被他毁了，我可不会像他这么好命遇到我妈妈，事业上还能很成功。”我叹服一位初中的孩子就能把问题考虑得如此周全。

我明确地告诉美怡，她与同学相处时的状态并不是简单地模仿父亲，如果她的内心不能够和父亲有良好的连接，她就像没有根基的浮萍，缺乏安全感，无论是不是和父亲在一起，都会遵循这种模式，所以只有将这种模式彻底改变了，才能让自己更加趋于温和而稳定。

“您能告诉我妈妈应该如何与爸爸相处吗？”美怡放弃与妈妈抛弃爸爸远走高飞的念头了。

我告诉美怡妈妈只要丈夫发脾气，无论什么原因她都道歉，表面上看起来是息事宁人，实际上是在家庭中营造非正常的人际环境，纵容了丈夫的坏脾气。她完全接受了，那么如何改善呢？第一，透过丈夫被激惹事件，总结出规律性，避免此类事件的发生；第二，如果丈夫没有理由地发怒，不要忙于道歉，而是离开现场，给丈夫独立思考的时间和空间；第三，充分挖掘丈夫脾气暴躁对女儿成长的积极作用，比如让女儿知道良好的情绪管理能力是和谐的人际关系的基础，告诉女儿遇到问题首要考虑的是如何整合已有资源解决问题而不是逃避。

原本以为美怡爸爸不会接受心理咨询的。家庭关系趋于正常之后，他主动询问妻子到底谁在幕后？第一次与他见面时，他非常幽默地说：“丽珊老师，您太厉害了，没有见到我就知道如何对付我了……”

无论父亲多么优秀，多么顾家，只要他的情绪不稳定，无法控制自己的负性情绪，并有暴力行为，就会给女儿造成深刻的伤害。智慧的母亲不仅要带领女儿躲避，而且要春风化雨地改善老公的情绪管理能力。

〖案例分享〗

父亲帮助美貌女儿抵御诱惑

初二年级时的杜伊静吸引了各个年级的多名男生追求，尽管她没有明确答应任何一位男生，但男生之间还是闹起了矛盾……杜伊静成了学校德育处重点关注的学生。

第一次见到杜伊静，我眼前一亮，她长得漂亮，性格温和，与她交流是一件很舒服的事情，她身体前倾，认真聆听并给予及时的语言和情感回馈。“丽珊老师，我觉得男生都挺好的，如果我不分青红皂白就拒绝人家，会不会伤害他们呢？”在交流中我发现杜伊静的父母在她小学时离婚了，她随母亲一起生活，但内心特别认同、思念父亲。她渴望得到来自异性的关注和喜爱。

杜伊静父亲是一位知性、儒雅、精致的男士，他内心也很挂念女儿，他知道在女儿心中爱自己更多一些，为了避免女儿“身在曹营心在汉”，加大母女沟通的困难，就很少和杜伊静联系。我告诉他，父亲如果能够在情感层面“富养”女儿，会帮助女儿抵御来自男生的各种诱惑，避免陷入情感的漩涡之中。杜伊静父亲恍然大悟，他对女儿不仅有爱心，而且还很有方法，让杜伊静生活在浓浓的父爱之中……

“丽珊老师，在我的眼里没有任何一个男生能够跟爸爸对我的爱相比……我长大了，就一定要找像我爸爸一样的成熟有品味的男朋友。”杜伊静能够坦然地拒绝那些追求她的男生了。“对不起，感谢你对我的认可，但我却不需要你的感情。我们就做好朋友吧！”杜伊静明朗的态度不但没有伤害男生，反而赢得了男生的尊重和喜爱，这些追求她的男生都成为了她的好朋友。

父亲对未成年女儿恋爱的敏感度要远远高于母亲。因为他们也曾经青春萌动，他们会清晰地记得当时心中的冲动，更知道这种冲动会给女生造成怎样的伤害。所以当父亲发现未成年的女儿恋爱时会坚决反对，如果女儿固执己见，父亲觉得无法阻止，往往会对女儿持绝望和放弃的态度。而这种态度成为将女儿的心推离家庭的最后一个力量。女儿过早恋爱就是给父亲提了一个醒：你给女儿的爱不足以满足女儿对爱的需求。

男孩背后的父亲

父亲对男孩有哪些影响呢？在男孩的心目中，“长大后我就成了你”用在这里再恰当不过了，一个事业成功、乐观、乐群的父亲让儿子觉得做男人真的很爽。如果这样的父亲还能给儿子关怀和支持，就太完美了，男孩身心和谐，拥有成就事业的能量和勇气，乐享幸福人生。如果父亲疏于与儿子沟通，儿子就会产生落寞感，但他坚信自己的遗传基因是好的，生命是有能量的。如果外界给予适当的引领则会走向正途。

如果父亲性格怪异、事业颓废、人际关系不好，男孩就会惊恐，担心自己也成为一个像父亲一样令人生厌的人；男孩内心对父亲的瞧不起阻断了他与父亲之间的情感连接，由此他的某些行为就会越来越像父亲，并对自己丧失信心，陷入深度的宿命之中。

〖案例分享〗

当母亲成为家庭的经济来源

From：魏风（高三男生）

丽珊老师，我是您忠实的听众。我升入高三却丝毫找不到紧张的状态，本来计划利用假期将知识上的漏洞弥补一下，但因为各种原因并没有真正完成任务，我为此而担忧。我的情绪很不稳定，经常会烦躁。我晚上偶尔还能读会儿书，白天极其痛苦，根本学不下去，干些放松的事，心里又有负罪感。

有时我觉得自己快疯了。我很脆弱，可在同学和亲戚面前还要撑着，“精神饱满”地帮助别人解决问题，大家对我的期望值很高。

我的父母非常溺爱我，他们双下岗，但还尽力满足我买各种参考书的要求，我每买一本就觉得肩上的担子更沉重了。为了让我上学近，他们把我们家的房子租出去，在我们学校附近租了一套房子，现在我们的房东不租了，我们又要搬家，我说趁早回家，妈妈不同意，说那样我太辛苦，这使我再次感到沉重。

我的母亲为了生活在做服装生意，最近生意又不好，有时一回家就发脾气，这也影响我的情绪。父亲在家里游手好闲，成天没有事做，而且很少干家务，这样的情况已经持续了两年，我的家庭是母系社会，纯粹的。父母经常吵架，我现在已经麻木了，视而不见，这样是出于无奈，但我有什么办法呢？我对父亲不出去工作很有看法，他真的很无聊，看电视、睡觉、钓鱼，每次妈妈给他找工作他都不去，我真的不理解。我觉得一个人活着就应该有追求，有一种面对困难的勇气和毅力，而不应该像他这样颓废。我的心灵深处有一个声音一直在喊：“以后可不能成为他这样的人。”看着妈妈，我觉得她的一切希望都在我的身上，我真的不想让她失望。

丽珊老师，其实解决学习上的一些问题的道理和做法我都知道，可我就是心里很乱，我不知道自己应该怎样做才好，我想听一听您的意见。

To：魏风

魏风，从你的字里行间我能感受到你是一个责任心很强的孩子。你对家庭、对学习都有很强的责任感，你没有将自己的危机向任何人透露，于是你的压力就更大了，换句话说如果你高考失利了，周围的人都会感到莫名其妙，为此你更加紧张。那么我们看一看你的紧张和焦虑原因到底有多少？哪个内容对你的影响最大呢？

我归纳你的焦虑按出现的顺序是这样的：一是学习的状态不好；二是掩饰自己的紧张；三是父母为你付出许多；四是家庭重任落在你的母亲身上，你为这样的家庭气氛感到压抑；五是你父亲的糟糕情况使你担忧“自己未来是他这样的！”

其实你的这些压力中只有最后的两条是与众不同的。因为进入到高三之后所有的考生都会有这样那样的压力，而真正与别人不同的，或者对你来说最深刻的压力是你的父亲放弃自己的家庭责任，好逸恶劳，于是在你的潜意识中产生一个很可怕的念头：你是你父亲的儿子，你从他那里会遗传、会学来这种在你看来很可耻的行为，并且你现在有让自己相信这种想法的证据，就是在学习上你至今还没有进入状态。你知道目前的状态不对，自己有许多的学习动机和学习方法，却无法行动起来，这使你太紧张了，从自己的行动中已经看出了你父亲身上的你所无法容忍的影子，于是你预感到自己未来的黯淡和凄惨，在来信中你批评父亲的语言其实是在间接地揭露自己。

魏风，你认为男性应该承担养家糊口的责任，而你父亲在逃避自己的责任，这的确是他的问题。丽珊老师也要告诉你，你的观点有些陈旧了。农业社会、工业社会男人无论是体力上还是技能上都比女人有优势，他们自然就担承起为家庭创造财富的责任。但进入信息社会，尤其是现代服务业的蓬勃兴起，社会已经进入了“她时代”，女性在许多行业中的优势很明显。现在女主外、男主内的家庭结构越来越多。男性没有必要过于紧张。魏风，你不认同父亲的行为方式，我完全可以理解。但此时你要做的就是将自己的事做好。我可以肯定地告诉你，长大后的你是否和你的父亲一样，与遗传没有太大的关系，与你的思维方式有关，如果你停留在对周围环境的求全责备中，自我要求高而行动力差的话，那你真的也会一事无成。

魏风，我很尖锐地分析了你潜意识的问题之后，咱们来认真研究一下你的学习状况，我感觉你是进入了“高原期”，无论怎样努力学习都很难有明显的进步，付出劳动却没有收获使你焦虑。其实每个考生都会有这样的过程，只是你的自我觉察能力比较强而已。此时你要放弃难题，夯实基础，并且给自己积极的心理暗示：马上就要有量变到质变的飞跃了。内心焦急只能无限期地延长高原期。高考是知识上的较量，更是心智上的较量。

魏风，我觉得你是一位潜质很好的学生，这些从你的同学、老师、亲戚的认同中可以看出来，那么就放下你的思想包袱，轻装上阵，以自己的实力迎接高考的到来。

女性与男性相比，更能适应环境的变化，面对困难更坚韧、更具弹性。而男人的自尊心要比女人强，在他们心目中面子比什么都重要。随着“她时代”的来临，女性在担当家庭经济重要来源的同时，还要顾及男人的面子。女强男弱的家庭模式会让男孩子觉得如果未来他也要在这样的环境中生活就太没有意思了。为了孩子，要给你老公尊严和“面子”。

〖**案例分享**〗

告诉孩子，爸爸心灵也脆弱

From：林玉鸣

丽珊老师，您好！我是一个高级公务员，表面上每天被人们尊重和逢迎，可身在其间的我最能体会艰辛。我常常被一种莫名的情绪所困扰，我发现自己有时很脆弱，希望能够得到别人的理解和支持。

每当回到家，在儿子面前我都装做很强，有“像山、像树”的气魄，仿佛自己是金刚之身，我觉得只有这样才能给儿子安全感，才能让儿子发自内心地佩服我。但我只是一个普通的人，在自己排解不开恶劣情绪时，遇到孩子不听话，我就会和孩子大发雷霆。

我平静下来自问：是孩子的表现激怒了我？还是我转嫁了自己的负性情绪？这样做对孩子公平吗？丽珊老师，我看了一些家庭教育方面的书籍，说父母与孩子之间能够成为朋友，您觉得可能吗？毕竟父母与孩子在大利益方面是一致的，但在具体问题上还存在分歧，双方的角色、视角和利益不是完全重合的。我曾经几次想过将自己的脆弱和冲突告诉给儿子，让他能够体谅父亲光鲜外表掩盖下的内心苦恼。您说如果那样会不会在孩子面前丧失了尊严，以后就不好教育他了？

To：林玉鸣

其实引起孩子轻视的不是告诉他们爸爸心中有痛苦和矛盾，而是隐瞒真相后的情绪波动、教育观念不连贯和朝令夕改。每位父母都应该具有走下家庭“神坛”的勇气。告诉孩子，四十多岁是一个人最苦最累最紧张的岁月——生理上，开始面临生理机制的变化，情绪波动大，同时年轻时的过量劳动给肌体留下的隐患，已经开始显露；家庭中，他们上有年迈的老人需要赡养和照顾，下有孩子需要抚育和教育，他们是最不能倒下的人；事业上，可以用“不进则退”来形容，前面的一切努力要在这时见分晓，如果不能站在好的位置，就意味着事业上很难再有大的发展。这么大的压力是需要家人齐心协力站在一起，同舟共济的。向孩子倾诉还有几种好处：

一是树立孩子家庭责任感。孩子总是希望父母能够把他们当做大人。我曾经有一位学生，有主见，学习成绩优秀，工作能力强，考虑问题全面，当我问及他原因时，他说从上初中开始，就直接参与家庭决策，分担父母的忧愁，他说他永远忘不了爸爸与他以两个男子汉的身份长谈至深夜时的感觉，从那以后，他对家庭有了很深的责任感，也化作他学习永恒的动力。

二是有利于亲子两代人的沟通。父母想走进孩子的世界，但孩子认为这是单向的，是不公平的，于是在亲子关系中，孩子本能地有了一种封闭倾向，如果父母能够主动地将成年人的世界有选择地展现给孩子，就能促进孩子的开放，达成有效的双向交流。有一学生说：一天吃饭时，她犯了一个很小的错误，她的爸爸对她大发雷霆，她感到很莫名其妙，很委屈，晚上爸爸把她叫到阳台，向她道歉，并讲明了自己在工作中的种种困难，当时爸爸看到孩子的理解的目光十分激动，眼里含着泪花，而孩子也从此了解到爸爸的不容易，体谅了成年人的苦衷，对家长的情绪波动不仅不会批判，而且转化为家长心理上的支持者。

三是有助于孩子社会化进程。许多父母不愿将社会中复杂的事情讲给孩子，以免过早剥夺孩子心灵的纯净。而我们将孩子放在真空里，并不能去阻止社会发展的脚步，到头来终有一日孩子进入社会，那时孩子会有强烈的不适应。孩子的社会化是一个进程，何不尽早地慢慢地牵引孩子进入社会呢？

家庭里有很多复杂的关系，还有整个社会文化大系统的问题。比如，西方的媒介上有很多文章教给妈妈在孩子长大后要慢慢放手；而在东方，好多文章都是在谈母爱，这样妈妈们不知道放手比抱着更重要，爱就成了孩子成长的牢狱。这就是一个社会文化问题。如果把问题都放在家庭中，归咎在爸妈身上，很容易导致互相埋怨、指责反而不能解决问题。

我曾经做过一个家庭辅导，爸爸有严重的抑郁症状，全家人都生活在压抑的气氛之中。爸爸因为外面的事情，压力很大，精神抑郁。他们来咨询时，14 岁的女儿坐在一边不吭声。我问她怎么看，她说：“我感觉他太难受了。”爸爸已经三个月不上班。爸爸只看到外面的压力，却没看到家里有关心他的妻子和孩子。很多爸爸妈妈都以为自己的问题不要和孩子谈，孩子不知道就没有事。比如这个孩子的爸爸就说：“我的事你不要管，好好念你的书。”我问孩子这样行不行，她哭了，说：“不行！我希望爸爸开心，希望家庭气氛好，我现在每天都不敢回家，不知道要面对怎样的情况。”其实家庭经历压力的时候，如果每个人都默默承担着这些压力，就会感到很孤单，相互有怨气。瞒着孩子，孩子会感到更困扰。我对他们说，外面的压力有时没法改变，但一家人可以团结起来。如果三个人各自悲哀，岂不是更糟糕？最后，我让孩子和妻子走过来，让爸爸好好看他们，他发现他其实并不是那么孤单。孩子是爸爸的精神支柱，我要让孩子把他拉出来，不要让他继续抑郁下去。

向孩子适度示弱是缓释自己压力的最好方案之一。

孩子如果有了情绪问题或行为问题父母就希望通过心理咨询师来帮助、改造孩子，尽管咨询师很尽心尽力，但效果并不尽如人意，主要原因是忽略了每个人的生活是一个系统，如果系统中有缺陷，问题就无法解决。

第二节 认同母亲让你人际更和谐

如果有一位知书达理、与社会保持密切接触并获得幸福生活的好母亲，她的女儿因为有可以模仿的榜样而成为幸福女孩；她的儿子就知道了什么样的女生是可以给周围人带来正能量的。

也有一些母亲为子女耽误了事业，付出了全部的精力，节衣缩食将全部财富给了孩子，但她们不知道给予孩子的其实是有伤害的爱。

与母亲情感连接好的孩子善于人际交往，性格温和；与母亲情感连接不好的孩子则会重蹈母亲在人际交往中的覆辙。理解母亲，她性格中的缺陷是与她成长经历有关的。当你内心接纳她了，你就会脱离她的影响，按照自己的规划发展自己的人生。

〖案例分享〗

我咆哮时像母亲附了体

From：刘舒羽

我今年25岁，研究生毕业在事业单位工作，长得不丑，身材挺好，但没有男生靠近我。截至目前，我只在初三时谈过两个月的恋爱，这一切都是我母亲造成的。

我母亲是护士，把耐心全给患者了，在家里脾气特别暴躁，平时说话嗓门特大就像吵架一样。我和父亲基本不说话，生怕哪句话惹着她，她咆哮起来，我特想一头撞死……说心里话，母亲挺贤惠的，承担了全部的家务，勤俭持家，我吃的用的都很好。但我从来不会感恩她，因为她恶化了家庭气氛，剥夺了我和父亲的尊严。

我深受母亲恶劣脾气之害，从小到大一直告诫自己，千万别说话声音大、别急躁、别乱发脾气……哪怕遇到不公平的事情，我都会提醒自己装作不在意，把负性情绪压下去，不表达自己的情绪。但非常遗憾，从小到大，我几乎没有过朋友，曾经我把一位生病的女生背到医务室，出于感激，她告诉我：我的表情让人害怕，她能够想象出如果我怒了会是怎样的状况……天呀，难道我的表情真的那么恐怖吗？

丽珊老师，我唯一的一次恋爱是在初三年级，我发自内心地感谢那位男生，因为他的出现，使当时的我对自己充满信心，我尽力按照想象中的温柔女生言谈举止的标准与他交流，但在第二个月他激怒了我，我不顾一切地冲他咆哮，那一瞬间，我觉得母亲附体了……男生被吓呆了，缓过神来像躲瘟疫一样地跑了……自那以后，再没有男生和我多说过一句话。

丽珊老师，我生活在人间沙漠之中，外面没人理我，回家不敢理母亲，而父亲几乎丧失了语言功能，不是看报纸就是木讷、机械地做事。我跟他说话，他没有任何反应，我总在想父亲结婚前就这样还是婚后变成这样？婚姻太可怕了，丽珊老师，我注定要成为剩女吗？

To：舒羽

你母亲脾气不好，尽管很贤惠，却没有给你们父女带来幸福，更遗憾的是给你内心留下了深刻的阴影。我想她肯定有所觉察，自己付出了全部换来的却是你们父女无声的抗拒，她内心有怨气、委屈和不满等负性情绪，这些负性情绪通过大嗓门宣泄出来。

舒羽，你是一个自我觉醒能力比较强的女孩，从小就下定决心不要随她，所以你有意地压抑自己，面对不公平，你要装作不在意，把负性情绪压下去。相由心生，因为内心积蓄了太多的负性情绪，你的表情就变得不舒展甚至扭曲，周围人看到就会有压抑、害怕的感觉。舒羽，负性情绪是不会自行消失的，只能由意识层面压到潜意识层面，形成内在的痛点，痛点就像火药库，只要外界有激惹就会超强度爆炸。你和男友的那次爆发或许他无意中点燃了你内在的火药库，你完全不能自控。负性情绪需要疏导而不是压抑。

舒羽，护士是一种高强度高风险的职业，在工作中如履薄冰，一天下来心力交瘁，回到家没有体谅、温暖，只有你们父女非暴力不合作的态度和永远做不完的家务，你母亲的心情会好吗？如果你想让自己变得更 nice，就从体谅和关心你母亲开始吧！

自知之后需要采取行动，但所有正确的行动都是基于科学、合理的理念，没有理念支持的行动有时不但不能达到预期的效果，反而会给自己造成内伤。与优质的心理咨询师建立联系是个不错的选择。

父母将生命传递给子女，就对子女的一生产生巨大的影响。接纳父母、孝敬父母的最大最直接的受益人是孩子本人。你从小就不接纳母亲，对母亲持否定一切的态度，这样你就无法接受来自母亲的教养，这样既会强化你在与她交流中的“以恶制恶”，又会在人群中会显得缺少家庭教养。

〖案例分享〗

母亲为什么在外人面前贬损我

From：小娇

丽珊老师，我现在很痛苦，为什么我妈妈总在外人面前说我的坏话呢？其实在家里她对我挺好，总是夸我学习成绩好、人缘儿好、长得漂亮、皮肤好……但只要到外面，妈妈的表现就不一样了，只要人家夸我学习好，妈妈就说我其实不聪明，有时还小马虎，关键时刻会掉链子；人家夸我长得好，妈妈就说我其实长得很一般；人家夸我懂事，妈妈就说我特别笨，还懒，所有生活中的事情都需要她料理……

我觉得妈妈特别虚伪，在家里她表现出因为我而骄傲，在外面却总是挑出我的毛病来。有一次我实在忍无可忍就跟她吵起来了，她告诉我说话不能说满了，千万不能落下说嘴打嘴让人耻笑的话柄。她这个人思想怎么这样复杂呢？

今年我面临中考，按照我学习的状况肯定考上市五所，但别人夸我时，妈妈就一直在言语上左躲右闪，说我特别容易关键时刻掉链子，考上二类学校就不错了。她这不是咒我吗？我是不是她亲生的呀？

To：小娇

在父母的心中孩子是永远长不大的。在生活上父母对孩子的照顾无微不至，孩子很少有拒绝父母照顾的，但母亲在人前说孩子生活上不能自理，一切都依靠她时，孩子就会很不舒服。分析你母亲这样说的原因：一是中国式谦虚，无论心里对人家的夸奖有多么喜欢，但在嘴上却例数自己孩子的不足；二是担心孩子在未来成长和升学上会有不尽如人意的地方，就先打个埋伏，如果考好了皆大欢喜，如果考不好也不会因为之前说得太满而尴尬；三是看着孩子一天天长大，开始有自己的思想，离振翅远飞的时刻越来越近了，他们感到危机。父母甚至怀念孩子小的时候，尽管一切依靠他们，他们很累，但他们同时对孩子拥有绝对的权威，他们将孩子对自己的依赖视为人生价值的体现。看着孩子一天天长大，不再那样乖乖地听他们的话，任凭他们的摆布，他们感到自己的权威地位在动摇，在丧失；同时他们对孩子是否具有独自面对生活的能力也有顾虑和担心。

小娇，从你的倾诉中我感觉你和母亲是完全可以交流的，你可以明确地告诉母亲，你已经不是小孩儿了，很在意在别人心目中的形象，请她不要在外人面前说有关自己的任何事情，无论是表扬还是批评，不要成为成年人交流的话题就对了。同时告诉她无论自己长多大都是她的孩子，是永远爱她的孩子。

建立个人信誉，管理好自己的各种事情和情绪，用自己的实际行动向父母证明你真的长大了。

〖案例分享〗

儿子考上重点校瞧不起我们了

From：冯舒兰

我儿子中考从一所区重点校考入市五所高中，并当上了班长，我挺以他

为傲的。可自从他升入高中以来回家就跟我们没好气。上周我去了趟学校，了解一下他在学校的情况，班主任告诉我，孩子在学校非常温和，为班级做了许多的工作。就算前一段时间班级选举两名学生代表大会代表，他落选了，依然表现得很平静，没有任何的负面情绪。我很难将他在家里的表现和班主任介绍的联系在一起。班主任认为是不是我们的教育方法还停留在初中阶段，缺乏发展的目光。我也是大学毕业，我也知道一些先进的教育理念，除了偶尔和老公打架控制不住情绪之外，我对孩子还是比较耐心的。丽珊老师，您说未来孩子就永远对我们这样的态度了吗？我只能忍耐吗？

To：舒兰

每一位母亲都希望孩子能够出类拔萃，您的儿子升入市五所之后，回家对母亲的态度冷淡了，有时甚至是暴躁了，“是不是孩子翅膀硬了，瞧不起母亲了呢？”一旦母亲有了这样的念头就会特别难过，尤其是班主任提出教育方法是不是没有跟上孩子的成长，您难以控制负性情绪，为什么孩子有问题板子却打在母亲身上呢？

舒兰，您的儿子由一所区重点校考入市五所，他承受的压力有以下几个方面：一是学习上，两类学校的教育思想和目标都是不一样的，初中校以基础知识的讲授为主，而高中校以拔高为主，许多学生都会有种跟不上的感觉；二是见识方面，高中校汇集了全市的最顶尖的学生，他们中有一些人不仅学习成绩好，而且业余爱好多，经历丰富，有许多同学都跟我说，他们进入耀华之后陷入深度的自卑之中，和同学相比，自己知道的事情太少了，跟同学搭不上话儿了；三是人际交往方面，您儿子一进学校就当上了班长，他不仅面对以上的问题，还要协调好学生干部和普通学生两个身份的关系。班长为班级做了许多工作，但同时也得罪了很多同学，这也是为什么他没有当选学生代表大会委员的原因。孩子现在承受着这么多的压力，您想过吗？您的儿子在学校处于隐忍的状态之中，回到家，他终于可以放松了，一旦被您激惹，就会爆发出来。

面对这样的孩子，父母应该怎么办呢？经常与孩子进行交流，对孩子在

学校里的学习和工作表现出极大的兴趣，不需要给他多少建议，做个善解人意的听众就可以，给孩子提供心理支持，让孩子心里清楚，无论在学校承受多大的压力，只要回到家就是安全岛了，就能够说出来了。

在日常咨询中，我经常遇到这样的情况，许多学生在与同学相处过程中处于隐忍状态，这不是最佳的方案，无论同学做什么你都没有情绪反应，会给同学误导，一是觉得你没有性情，他们可以做任何事；二是觉得你特别假、能装。在人际交往中，我特别推崇毛泽东主席在解放战争期间提出的口号：“以斗争求团结则团结存；以妥协求团结则团结亡。”将自己的内心诉求明确地表达出来，让周围人了解。避免内心压抑太多的负性情绪。

当你们在学校处于压抑的时候，回家之后要寻找合适的机会与父母交流一下，他们完全可以是你的心理支持系统。如果你不说，尤其还对父母态度恶劣的话，父母对你会产生误解，不但不能给你支持，反而会给你新的压力。

第三节 你父母的婚姻顺遂吗

丽珊夫妻—亲子互动模型

夫妻沟通模式对孩子的生活品质到底有多大的影响？近二十年的临床心理咨询，使我充分意识到夫妻的沟通模式对孩子个性形成、人际交往品质、亲密关系质量都有着深刻而持久的影响。经过多年的努力和不断修正，我终于设计出一个坐标系。我们每一个家庭都可以在这个坐标系中找到位置。圆圈内为舒适区，绝大多数家庭是在这个区域的，特点不明显，最多是具有某种倾向性而已。越向两极发展，特点就越明显。

该坐标的横坐标是父亲掌控家庭气氛的程度，纵坐标是母亲掌控家庭气氛的程度。从而形成了四个象限。不同性别的子女身处同一个象限所形成的个性、思维、行为都会不一样。

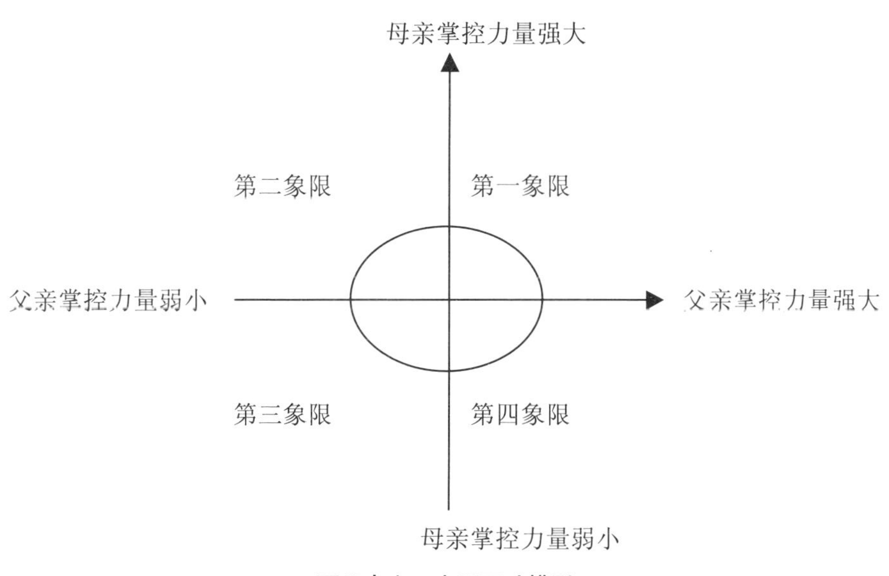

丽珊夫妻—亲子互动模型

不同的家庭，塑造不同的男孩

无所是从的男孩

第一象限家庭的男孩：父母在家庭中都很强势，他们会以各种方式争夺着家庭的主导权。男孩从小看到父母双方争夺，他被双方的力量撕扯，缺乏主见，难以承担选择的后果。

这样家庭的男孩子进入青春期之后会向两个极端方向发展：

一是软弱，无主见，充满依赖；父母将孩子的生命能量彻底地打压，使孩子在人际交往中表现出被动、被欺负。

二是反叛，无原则，无法自控。孩子在通过正常手段争取自己合理权利的需要无法得到满足后，他会选择比较极端的方式，比如像父母一样大喊大叫，摔东西……有的孩子还会用逃学、谈恋爱、网瘾等方式来挑战父母的权威，如果父母表现出无奈、无助、退缩，孩子则由此“症状”获益，他们会继续通过问题行为来争取“权益”。

缺乏榜样的男孩

第二象限家庭的男孩：母亲在家庭中处于绝对的强势，父亲处于弱势。弱势的父亲有其自身的问题，比如事业上不成功，性格退缩，人际关系不和谐等。男孩从小就崇拜母亲，讨厌父亲的软弱无力，甚至会因为自己是男孩而自卑，对未来自己会是怎样的生活状态没有任何的自信心。他习惯于被母亲全盘掌控的生活局面。

缺乏学习榜样的男孩无力应对生活的各种状况，缺乏决断力。进入青春期之后，他像所有的孩子一样对成年人有了逆反心理，他会在周围寻觅比较强势，善于与成年人对抗的女生，希望以此获得与母亲抗争的力量。随着斗争的深入，他会依恋强势女生，如果被对方嫌弃则会变得更加被动和退缩，那样他会更加痛恨软弱的父亲和强势的母亲，将自己的不如意归因到他们的身上；如果他被强势女孩接受，则又陷入父亲的宿命。

懂得爱和被爱

第三象限家庭的男孩：无论夫妻双方的社会角色和社会地位如何，在家

庭中，每一个人都是平等的，谁也无心争夺家庭的主导权。男孩在和平的气氛中成长，被成年人尊重的体验使男孩具有高度自我价值感，生命能量被充分地激发。男孩因为很小就被允许参与家庭决策，所以长大后会比较有主见，能够对自己的一切选择负责。

在与异性交往的过程中，男孩的修养和礼貌会自然地流露，他会有很好的异性缘儿，与异性交往的丰富经历使他对异性有全面的了解，也能够感悟出自己更适合什么样的异性。成熟而审慎的择偶为他完美的婚姻奠定坚实的基础。

独立寒秋的大男人

第四象限家庭的男孩：在充满男尊女卑的家庭氛围中成长的男孩会不自觉地形成大男子主义价值观，这使他在与异性的交往中很难受人欢迎，这使他更加痛恨或鄙视女生，小的时候他会以恶劣的态度对待女生，这无疑更加恶化他与异性间的关系。随着成长，看到周围的哥们儿获得女生的欢迎，并获得爱情，他会屈尊，在与女生的交往中尽力克制自己的真性情，长期的压抑会使他在某一个场景下爆发，激化双方的矛盾。

不同的家庭，塑造不同的女孩

压抑或暴戾的女孩

第一象限家庭的女孩：在这种充满硝烟的家庭氛围中，女孩很难养成温顺的性格，她的内心总是涌动着反叛的能量。无意中学到母亲的强悍，她甚至会与母亲进行家庭权利的争夺，甚至用各种问题行为向母亲挑战，直至母亲不得不向女儿投降。

这种家庭的女孩常会为了展示自己的能量而缺乏自我约束和自我管理，造成人生的扭曲。我接待过许多有行为问题和情绪问题的女孩来自这类家庭。

进退两难的女孩

第二象限家庭的女孩：女孩耳濡目染了母亲如何训斥老公，她习惯了男

人在家庭处于忍让、服从的状态，也习惯了丈夫一切听从妻子的调遣，处于卑微地位的夫妻相处方式。

如果母亲能够很好地处理自己与女儿的关系，使女儿从内心认同母亲的话，在未来的婚姻中，她会模仿母亲。

如果母亲的强势殃及到女儿，女儿则会挣扎，站在父亲一边，为父亲抱屈，全盘否定母亲，与母亲争斗。这样的女孩在未来的两性交往中会比较尊重男性，但因为对母亲的否定隔绝了与母亲的感情连接，在情绪管理和人际关系方面会出现问题。

善解人意的女孩

第三象限家庭的女孩：这里所说的掌控力量只表明在家庭中双方的互动，与夫妻二人的职业和社会地位无关。这样的家庭是平等和民主的，家庭和谐。女孩充分享受和平的气氛，因为在充满爱和理解的氛围中成长，使她的内心具有非常强大的力量，能够应对成长中许多的问题。积极向上的生活态度使她有比较好的包容性，使得她拥有非常好的人际关系。她们会将人生的智慧带入自己的婚姻之中，并将爱的能量继续传递。

充满纠结的女孩

第四象限家庭的女孩：父亲的强势使她生活在压抑的状态之中，她恨母亲的不争，鼓励母亲与父亲斗争，甚至支持母亲离婚，结束没有尊严和幸福感的婚姻。

这些女孩对男生充满了纠结。从情感上，她们希望能够与异性交流；但从心理上，她们对男生充满不信任，甚至排斥。

有的因为与父亲的矛盾尖锐和激化，渴望寻找一个强悍的男生来保护自己，当自己与父亲斗争时给自己力量，但却复制了母亲的命运。有的在青春期会表现出低自尊，用无原则迎合男生来维护“感情”，以此满足对原生家庭抗争的快感。

——摘自张丽珊著《你可以嫁得更好》(天津人民出版社 2014 年)

〖案例分享〗

我妈的疑神疑鬼弄得全家气氛紧张

From：林子辰

我是高二男生，现在每天都不想回家，我想过住校，但学校因为我家离学校不远而没有批准，我走投无路了。

我爸爸事业心重，当年择偶标准就是没事业心，顾家。我爸常说他的悲剧也由此开始。从我记事开始，妈妈总是因为各种原因和爸爸吵架，每次我妈带我回姥姥家，姨们总告诉我妈要防着我爸。

我爸爸顶着压力成为一个大型央企的首席专家，为我们创造了很好的经济基础。我爸为人正直、正派，我真不明白他为什么选择我妈，她和谁都处不好关系，总是在说周围人对不起她。她说男人有钱有权就学坏，每天给我爸打电话，只要他没有及时接听，她就像发疯一样地不停地打，有时会打几十个，还不停地跟我说："他肯定跟野女人在一起……"

我妈特别财迷，尽管家里有钱，但她就爱买地摊货，我向她提出抗议，她就歇斯底里地问我："打扮成花孔雀吸引女生吗？"我现在特别矛盾，爸爸出差不在家时，和妈妈在一起心里堵得慌，盼着爸爸在家，和他聊一些有深度的话题；可爸爸在家，我又紧张，妈妈会因为一点小事和爸爸无理取闹，大喊大叫……

我妈的两个姐姐都离婚了，她们说话时我觉得黑色情绪一直往外冒，我不希望妈妈和她们有太多交流，为此我妈骂我："你太势利，满脑子都是你爸爸。如果他有了小三，就不会关心你了。"

我每天心情都很沉重，不知道爸爸博学、睿智的背后是不是包藏着祸心，不知道妈妈这样步步为营是会管住爸爸，还是会将爸爸逼走？

To: 子辰

"生活是最好的老师。"在阅读你的邮件时，我的脑海里一直闪现这句话。一名高二年级的男生透过父母互动，开始思考夫妻相处之道了。

子辰，造成你妈妈目前状态的原因有三个：一是她的原生家庭，我在二十年婚姻治疗中得出关于婚姻的一些规律，一个家庭中的姐妹在对待婚姻问题的态度上有很多的相似性，两个姐姐的离婚使她对婚姻充满了焦虑和失败的担忧；二是她对这个社会的假设是人都是坏的，在与人交往中，处处设防，甚至会“先下手为强”，这势必造成被群体冷落或排斥；三是她对未来的生活缺乏起码的安全感，她不敢花钱的原因是预设你爸爸早晚会离她而去。

子辰，你最好保持沉默，毕竟你是孩子，对妈妈的心理状态和她所期待的劝慰难以准确把握，如果理解有误或表达不对的话，自然会被妈妈带入到负性情绪的“连动性不安”之中。为了让妈妈的状态缓解，你可以建议爸爸陪着妈妈一起接受婚姻治疗。双方在心理咨询师的陪伴下，检视自己在婚姻中的表现，并进行科学的调整和优化，这样就能最大限度地建立信任，并减少彼此的伤害。

人到中年有焦虑是正常的，但如果你的焦虑已经影响家庭气氛，影响到孩子的内心感受则是一个问题了。让自己的心态阳光起来，焦虑一天，开心也一天，那就开心吧，并把开心传递给儿子，传递给老公，让家对他们更有吸引力！

呵护家庭，除了有爱之外，更要有智慧！亲密关系是人际关系中最难的，当一个人难以协调普通人际关系时，就更难驾驭亲密关系了。

〖案例分享〗

目睹父亲的背叛，我是否告诉母亲

From：周笑云

我今年高二，性格比较内向，平时对感性的东西都很抵触。一听到有关情情爱爱的流行歌和言情小说就烦得要命。自以为很理智，不能接受家人的背叛。我爸出轨被我发现了，并且已经是第五次了！他有没有责任感，有没有自尊呀？也许就是这样一个冷冰冰的家才会让我养成这种烂性格吧！

外表冷漠、理智，内心却比谁都隐忍、容易左右不定，喜欢把别人的错误都归咎到自己身上。过于喜欢自我反思，总是烦恼于自己无力改变事实。

我自残习惯已有四年，我从不对别人发火，有什么怨气都发泄到自己身上。有时发呆时会出现很血腥的自残的幻想。这些我从没对妈妈说过。每次她问起手臂上的伤疤，我就谎称是磕的碰的。

丽珊老师，您在我心目中是唯一可以倾诉内心感受的人，我的生活太混乱了，如果人生就是这样，我希望能够尽快结束吧，我受够了。

To: 笑云

看着你的邮件，我内心充满了痛！我明确地告诉你生活不是这样的，你现在面临的是比较极端的，短暂的生活事件，如果处理得好，你会慢慢从这种混乱中走出来，开始充满阳光的生活。

笑云，你说已经自残四年了，我不知道你的自残和你爸爸的出轨是否相关？我能感觉到你是一个顾大局的孩子，你不向任何人发脾气，将所有的负性情绪都发泄到自己身上，并骗妈妈是磕的碰的，你妈妈怎么会相信呢？你爱妈妈却让她揪心。

面对爸爸的出轨，你不声张会误导他认为你并不在意此事，让他有恃无恐。为什么男人会出轨？这个问题是一个高二女生很难想明白的，比如夫妻感情不和睦、家族矛盾、工作压力大等。但老公出轨，老婆会有感觉，为什么你妈妈没有就这个问题和他大吵呢？我想他们可能因为某种原因心照不宣。你不要将自己看到的讲给妈妈，不要参与进他们夫妻的互动之中。我们来想一想，你将自己见到的事情告诉妈妈，目的是什么？为妈妈讨回公道吗？他们可能会陷入无休止的争吵之中，也可能选择离婚。作为已经进入中年的母亲，你觉得离婚是她最好的选择吗？如果你妈妈对你爸爸的出轨还是不闻不问，你是不是会认为妈妈没有尊严，让妈妈陷入两难，她为了维护尊严就可能失去婚姻，为了维护婚姻就要丧失尊严。你的告发会让一家三口陷入纠结和苦痛之中。

笑云，通过你的描述，我觉得你爸爸属于比较多情的人，他的出轨并不能代表他不爱这个家，更不代表他不爱你，只是他太迷恋那种偷情、恋爱的感觉了，从心理学的角度属于性色成瘾，和网络成瘾、毒瘾一样，如果他能接受心理咨询会有彻底改变的。

丽珊老师建议你静下心来和他单独谈谈，交谈之前，你要做好充分的心理准备，想明白自己要达到什么目的？是让爸爸说出他出轨的原因？让他改变这种对一家三口都很有伤害的行为？还是给他下最后通牒，如果他执迷不悟，你就告诉妈妈？想清楚之后，控制好自己的情绪，理智地与他交流。你不要拿出审判他的态度，而是以帮助他戒除性色成瘾的角度和他谈，争取让他能够接受心理咨询，只要他改变了，在你的心目中他依然是一个好父亲。

成年人的所有选择都有其内在的原因，作为孩子无从了解，每个人都会为自己的选择付出代价。爸爸的行为并不能代表所有的男生，绝大多数男生都是负责任的，都是严以律己的。

第四节 塑造更 nice 的父母

美国社会学家玛格丽特·米德在《文化与承诺》一书中，将时代划分为“前喻文化时代，并喻文化时代，后喻文化时代”。前喻文化时代泛指农业社会，社会知识和生产技能靠口耳相传，新生代要向老一辈学得；并喻文化时代泛指工业社会，年轻人和年长者就知识和技能的掌握互有胜负；后喻文化时代泛指信息社会，新生代对知识和资讯的拥有量多于旧生代。在任何一个系统里，最灵活的部分便是最能影响大局的部分。后喻文化时代的亲子沟通，孩子是最灵活、最积极、最具有执行力的一方。父母是否 nice 与孩子的心智成熟和行为特点有很大关系。

理解父母的焦虑：独生子女政策使父母在教育孩子的过程没有可以借鉴的直接经验，又因为只有一个孩子，他们输不起。随着孩子的成长，父母因为不了解孩子而困惑、迷茫、无助，想错了方法出错了招儿。孩子经常与父母玩捉迷藏的游戏，心里有事不告诉父母，反过来又说父母不理解自己，这对父母公平吗?

不要苛求父母：成长在不同时代的人要充分尊重彼此的爱好和价值取向。孩子最反感父母对自己横加干涉，却强行让父母充分理解孩子，不然就给他们脸色看。

让父母关心自己想关心的事，做他们想做的事。这样他们就会尊重孩子的爱好和独立想法。如果孩子能够虚心地和父母探讨他们那个时代和爱好，就会缩短亲子情感间的距离。

及时鼓励：父母同样需要鼓励，孩子要告诉父母，自己正在成长、成熟，每天都有进步，没有辜负父母的期望。中国人太含蓄，尽管心中对父母充满感激，但觉得不好意思说出来，缺少情感沟通，当父母为你做了事情，要真诚地说一声“谢谢”。这样对父母好的行为无疑起到正强化的作用。

不做辜负父母信任的事：父母一旦发现孩子有说慌的习惯后就会时刻提

高警惕，加强戒备，孩子由此生活在被监视和监督之下。如果现在已经形成了这样的局面就必须想办法重建信任。要诚实，勇于承担责任，接受处罚，不要用谎言逃避责任，因为在欺骗父母的同时你也失去了在父母心目中的信誉。

虚心向父母请教：父母阅历丰富，愿意将自己的想法和感觉告诉给孩子使他们少走弯路。聪明的孩子应该跟父母说“我需要你们的帮助”。在成长路上，你不是一个人在战斗。

选择良好的谈话时机：中年人承受各种压力，他们在事业上不进则退，在家庭中上有年迈的老人要赡养，下有孩子要抚养，他们是家庭中最不能倒下的人。为此他们的情绪常处于波动和烦躁之中，父母情绪低落时，孩子最好不要倾诉心事或提出要求。父母心情松弛时才能与孩子达到良好的沟通效果。

同伴凑在一起要多赞美父母：青少年凑在一起抱怨父母的不当言行是一种不良的人际交往模式。这样做会放大父母的缺点，并将自己家庭的问题暴露在同学面前，导致对方看扁你的父母。一个对生养自己的父母都不懂得感恩的人，会赢得别人的信任和尊重吗？

完美的父母需要孩子用心塑造，就像我们常说孩子的美好品格是需要父母用心和行动来塑造一样。父母和孩子共同用心缔造和谐的家庭氛围，营造宁静的心灵家园。

【心灵作业】

回顾成长中你与父母的互动

1. 童年时，你有什么很难忘的回忆吗？
2. 你最喜欢父母的哪些方面，最不喜欢的又是什么？
3. 你小时候受过伤害吗？你对什么感到失望？
4. 你有哪些爱好，你最喜欢玩的游戏是什么？

5. 小时候，你梦想长大后做什么？
6. 你喜欢童年时代的自己吗？为什么喜欢，又为什么不喜欢？
7. 父母做过令你失望的事情吗？你是如何面对的？
8. 你与父母的沟通范围广泛吗？
9. 你们之间的沟通是倾向于谈论事实还是倾向于谈论感情？
10. 交谈中，你父母流露自己的真实感受吗？还是对自己闭口不谈？
11. 你认为父母真正理解你吗？
12. 父母觉得你理解他们吗？

【媒体文章】

孩子挨批抹泪 家长心疼护短
00后父母教子“脆碰脆”

《今晚报》2013年9月8日 第11版

作者：叶丹

不少老师反映，现在许多孩子脆弱得根本说不得，原本例行公事地批评教育两句，没想到这些娇气的孩子就委屈得不得了，甚至抹起眼泪来。然而，如今家长的脆弱度丝毫不比孩子差，一听说孩子在学校受了“委屈”，立马扛起“维权”的大旗，替孩子出气。专家指出，种种压力之下，脆弱家长的一些“维权”行为可能会误伤孩子，正确的做法是多给孩子正能量，帮助孩子多从自身找原因，理解老师们善意的批评教育。

脆弱的孩子说不得

讲述人：李老师 某高中班主任

我当班主任快二十年了，带过的学生不少。从80后到00后，虽说都是独生子女，但他们个性区别还是很大的，其中最重要的区别就是：现在的学生说不得，娇气得过了头，在旁人眼中没多大的事儿，00后学生却极其容易往心里去，而且很长时间转不过弯儿！看见学生这副可怜相，我们又心软，反过头来还要哄他！

一位高二女生，平时不言不语，体育课上由于对各种球类用品挑三拣四被看管用品的体育老师数落得泪流不止。其实这位体育老师根本不是任课老师，连女生的名字都不知道，更谈不上影响成绩，只是“例行公事”对该女生批评教育了几句，当时在场的除了他俩还有两名外班的同学，如果这位女生挨批之后赶紧走，本班同学压根儿不会知道这件事。可没成想，这孩子脸皮薄，一下子就掉眼泪了！那位体育老师也没想到，一看她哭起来，更来气，又说了两句“现在的孩子真娇气，老师都管不了”之类的话。这下可好，这个女孩儿哭起来没完了。任课的体育老师和同学们都过来一通劝，这个递纸巾那个递水杯，好不容易才让她止住了哭声。

本来大家都认为这件事就过去了，可那一整天不管上什么课，只要这孩子想起这段儿，立马就开始抹泪，弄得讲课的老师莫名其妙。

当师生有小矛盾时，一般同学都会向着学生一方，“起哄”埋怨老师几句,这次也不例外。可当同学们听明白来龙去脉,她依旧没完没了哭天抹泪时，周围同学也烦了，私下里议论她过于娇气。甚至有的女生还说：“以后咱可得躲她远点，惹着她麻烦就大了！”

本来事儿不大，这要赶上“脸皮厚”的同学，跟体育老师“嘿嘿”一笑就溜出去了，可这位女生因为丢了一点点的“面子”，让老师同学人人都知道她受了“小委屈”的同时也知道她是个“娇气鬼”,这未免有些得不偿失！

与之相对，有位女生就很“大气”！曾经有一次由于忘记写数学作业被老师要求补完作业再上课，女生看老师态度坚决，乖乖拿着作业本以最快的速度在办公室写完，然后又回到教室安心上课，课下缠着老师给自己补课答疑，就当没这回事一样。结果忘写作业这件事不仅没让她留下“案底”，反而坏事变好事，数学老师觉得她“坚强皮实”，勇于承认错误，丝毫没影响对她的印象。

“能耐”家长误伤孩子

讲述人：张先生

侄子李磊学习成绩中上等，在学校属于不招灾不惹祸的“蔫学生”，可就有一点不好，特别爱“虚乎”，小到磕碰跌倒，大到升学考试，每次都将事态夸大其辞。亲朋都知道，李磊的话得“打对折”以后再听，可李磊妈妈却看不清这一点，每次儿子一咋呼，立马吓得够呛，生怕孩子受半点委屈。不仅生活中的琐事如此，就连孩子说点儿老师的“坏话”，他妈妈也特别往心里去，联想出若干不好的假设，然后出面找老师理论。弄得各科老师也挺无奈，明明说者无心的一句话，也许传到家长耳朵里就变了味，私底下老师们都“躲”着李磊和他妈妈，生怕一个不小心捅了“马蜂窝”。

李磊所在班级的数学平均分在年级排名靠后，任课老师恨铁不成钢，除了严抓作业质量、听课效率之外，有时着急过头也跟班里的学生“嚷几句”。某次课上，李磊没回答出一道简单的问题，再加上他前一段时间成绩下降，老师“数罪并罚”，当着全班同学的面批评了他几句，其中有一句“再这样下去考不上重点中学”之类的言辞。当时李磊没表现出任何异样，可回家后，他埋怨老师的种种不是，例如老师每次都迟到、教学质量不高、不认真批改作业等等，尤其是添油加醋地将老师当众批评自己的情况向妈妈“搬演”一遍，对于自己的错误，只轻描淡写地说了句有道题没答上来。

这已经不是李磊第一次回家讲述老师的不是。前几次时，由于老师的批评对象是其他同学，李磊回家后只是当做趣事讲给母亲听，可李磊妈妈早就将数学老师列入“坏老师”行列，加上这次儿子受了委屈，李磊妈妈坚定信念，一定要让这位老师“下课”。

家长们有自己的QQ群，经常在里面“互通有无”。于是李磊妈妈就在群里振臂高呼，希望能找到同道中人。可其他家长或是觉得数学老师“没大毛病”，或是觉得“老师得罪不起”，都不愿意跟着掺和，反而劝她从自家孩子身上找原因，原谅老师“真性情”的做法。

可李磊妈妈还是不依不饶，单枪匹马给教导主任和校长写匿名信，甚至还找到了教育局，要求罢免这位数学老师，可校方经过全面考察和走访学生，并没有应允李磊妈妈的“无理要求”。虽说李磊妈妈一直匿名“上告”，但李磊胆小，每次上课都不敢直视数学老师，天天疑神疑鬼，生怕老师知道是自己家长所为。本来就不太开朗的李磊越发内向，成绩直线下降。就连班主任都看出来孩子有心事，可李磊妈妈还是依然认为是数学老师教得不好造成的成绩下降，本来挺好的一个孩子，愣是让他妈妈折腾得内向压抑！

外表“能耐”实则内心脆弱

青少年心理专家 耀华中学张丽珊

压力席卷两代人

毋庸置疑的是，现在的独生子女使父母各种“输不起”，人到中年，亲朋好友在一起比孩子的现象越演越烈，从比成绩到比身高，各个方面自己的孩子都不能落下。家长一方面担心孩子学习成绩，另一方面又担心孩子厌学或发生安全事件，这就造成家长对子女过度关注。而且，孩子们基本上在家都被家长捧在手心里，几乎少有责骂，压根就没接受过“挨批”训练，一旦被老师在课堂上数落几句，第一反应并非狡辩或是悔恨，而是“面子上挂不住”，对此他们直言不讳：“最受不了挨批时小伙伴们斜视自己的眼神！”可见来自同伴的压力有多大。

不仅如此，孩子们在各种圈子中竞争攀比，时时刻刻处在“压力与劲头十足”的状态，突然来自外界的批评指责打破了平衡，学生会觉得不适应甚至表现出极端的脆弱。

无理“维权”伤害孩子

俗话说“关心则乱”，一点点小事都会刺激家长紧张的神经。孩子反馈回的信息家长已经顾不上甄别，就忙着上阵“拔闯”，这实际上是家长心理脆弱的一种表现。不得不承认的是，现在教育经费在家庭支出中所占比例越来越大，几乎全部家长都相当舍得教育投资，当小学择校、中学择校已经成为“必然选择”之后，他们对孩子成绩的期待也就到达无以复加的地步，投入加大自然期待产出更多。他们对老师的要求期望也不再是单纯教书育人，而是“提分专家”，似乎只要花了钱上了学，如果孩子还学不好，老师必然难辞其咎，再加上孩子“告状”，家长的“消费者维权”意识立即飙升。

可很多时候，家长的一惊一乍完全出于误判。对于孩子来说，家长对老师的态度深深影响着自己，可以想象，如果家长不再坚持“尊师重教”的态度时，孩子受其影响也不会更加尊敬师长，家长甚至成为“离间”师生关系的始作俑者。

学生应学会求助

除了课业负担，学生们每天还需要面对老师、同学、家长等多方关系，受到批评属于很正常的事，其实绝大部分老师的批评对事不对人，孩子只要秉持“有则改之无则加勉”的态度即可，完全没有必要死钻牛角尖，认为老师针对自己、丢面子之类的。其实一位老师每天要面对上百位学生，到底批评过哪位学生，批评的内容是什么很快会忘记。既然老师不会“记仇”，学生又何必过度上心，所以有时“脸皮厚”也是心态好的表现。

另外，师生之间的单向交流易产生不良后果，比如面对老师的批评学生一般没有辩解机会，但往往自己私下揣摩老师心思，结果“越想越心窄”，过后再添油加醋跟父母说一通，也给父母“吓得够呛”。结果老师教育的初衷被曲解，误会连连。

沟通和求助其实是舒缓师生矛盾的润滑剂。一旦学生因为某次批评指责想不开，和心理老师或其他老师开诚布公说明白才能得到最大帮助。

【推荐阅读】

《给孩子不伤害的爱》

张丽珊 著

天津人民出版社 2014年1月出版

孩子的心理发展有规律可循，父母爱孩子有定律可依。家长对孩子的爱，不能有伤害!

哪个孩子不需要有教育素养的父母呢?每个享受幸福成长的孩子背后都有充满爱意、平衡生活和工作的母亲;还有保持理性思考、情绪稳定的父亲。张丽珊老师坚守教育一线二十年,帮助近两万名学生,弥合许多走向崩溃的婚姻。这是她专门为指导女性读者如何教子而撰写的,全书通过一个个生动的案例和三个心理互动模式,提出了一些令人耳目一新的教育原则和方法,理论和实践完美结合,使父母们不仅立刻获得许多有效经验,教育意识也随之改善,是一本实事求是的家庭教育典范。

【心理测试】

父母教养方式测验

父母的教养方式对子女的成长至关重要。以下列出了一些问题,请仔细阅读每一条,然后根据实际情况选择最符合的一项。回答的过程是你理清思路的过程,如果有机会可以与父母分享回答,亲子两代人可以就教养方式进行讨论和改善。

题号	题目	从不	偶尔	经常	总是
1	我觉得父母干涉我所做的每一件事				
2	能通过父母的言谈、表情感受他们很喜欢我				
3	父母试图潜移默化地影响我,使我成为出类拔萃的人				
4	我觉得父母允许我在某些方面有独到之处				
5	父母对我很严厉,但惩罚是公平的、恰当的				
6	父母将他们的观念强加给我				
7	在我小时候,父母曾当着别人的面打我或训斥我				
8	当我遇到不顺心的事时,我能感到父母在尽量鼓励我				
9	父母总是过分担心我的健康				
10	如果我做错什么,父母总是用各种方式激发我的负疚感				
11	我觉得父母难以接近				

题号	题目	从不	偶尔	经常	总是
12	父母经常将我跟他们说过的心里话说给别人，使我难堪				
13	父母在人际关系方面不是很好，他们总是在家里抱怨人心险恶				
14	在父母的心目中，分数比什么都重要				
15	遇到困难，我不愿意跟父母说				
16	父母认为是我的表现不好而造成家庭气氛不愉快				
17	父母认为我的某些行为很“丢人”				
18	父母总是挑剔我所喜欢的朋友				
19	父母向我表达他们是爱我的				
20	父母对我很信任且允许我独自完成某些事情				
21	我觉得父母很尊重我的观点，我们可以平等交流				
22	如果我没有达到他们的目标，父母会唠叨为我花了多少钱				
23	我觉得父母在尽量使我的青春更有意义和丰富多彩				
24	父母经常跟我说：“这就是我们为你整日操劳而得到的报答吗？”				
25	父母常以不能娇惯我为借口不满足我的要求				
26	如果不按他们所期望的去做，父母就会让我良心上感到不安				
27	我伤心时，可以从父母那儿得到安慰				
28	我做的同一样事情，是否被批评完全取决于父母的心情				
29	在父母眼中我几乎一无是处				
30	父母关注我交往什么样的朋友				
31	父母习惯于批评、指责我				
32	父母曾无缘无故地打过我				
33	父母通常会参与我的业余爱好活动				
34	父亲对我该做什么，不该做什么都有严格的限制而且绝不让步				
35	父母感情很好，看着他们让我坚信爱情				
36	我觉得父母对我可能不安全的担心总是夸大的				
37	父母总是把我和别人家的孩子比				
38	我觉得与父母之间存在一种温暖的、体贴的和亲热的感觉				
39	父母能容忍我与他们有不同的见解				
40	父母常常在我不明原因的情况下对我大发脾气				

题号	题目	从不	偶尔	经常	总是
41	当我所做的事情取得成功时，我觉得父母为我自豪				
42	父母经常拥抱我				
43	父母性格开朗，他们总是给予我正能量				
44	父母与周围人关系和谐，热爱生活				

请将你的答卷与父母分享，使亲子双方增进了解，优化互动。

【说给父母】

给孩子不伤害的爱

父母不是在教育孩子的时候才是父母，才会对孩子构成影响。父母平时的一言一行都会对孩子构成潜移默化的影响。如果希望给孩子正能量，就一定要成为具有正能量的人。如何能够让孩子健康快乐的成长呢？

1. 孩子的天职是维护父母婚姻的稳定，为此他们会采取各种手段，不排除自我牺牲、自我伤害。孩子的生命品质是其原生家庭健康状态的试纸。当孩子出现情绪问题或行为问题时，父母可以先检视自己的情绪管理情况和婚姻质量。

2. 孩子能够体会到自己在父母内心没有明确用语言表达出来的自我价值。父母要发自内心无条件接纳孩子。

3. 由于亲子两代人成长的年代不同，价值观和行为方式不同是正常的。如果两代人本着“求大同，存小异”的态度，双方就能达成爱的互动，拥有幸福人生。

4. 家族间的情绪是相互关联的，作为新生代要无条件接纳长辈，否则新生代将会沿袭自己否决的老一辈的思维模式和行为模式，并沿袭不幸福的人生。

第七讲
学习力，令你一生处于不败之地

当今世界正处于一个快鱼吃慢鱼、稍有减速就会被淘汰的时代。曾作为创新成功案例被写进哈佛商业教材的诺基亚，在iPhone崛起后，不愿放弃已落后的Symbian系统，高效率成本控制的思维，杀死了诺基亚该有的创新。科技创新能力成为企业存在的前提条件，而不能保证企业在行业内的翘楚地位。对企业而言，学习力是在激烈竞争中的生命线；对个人而言，学习力是我们立足社会、有尊严生活的根本。

什么是学习呢？学习是指经验的获得及行为变化的过程。人在成长过程中获得的知识是通过直接经验和间接经验的学习来实现的。学习是一个大概念，包括学习做人、做事两大范畴，一段时间以来学习已经被狭义为课堂学习成绩。对于学生做人的考核已经淡化、弱化、无标准化。而做事能力也只强调课业成绩，中国曾经有句俗语是“一白遮百丑”，而现在用在学生身上则是“分高遮百丑”。成绩好的学生在其他方面的问题往往被成年人所忽视；成绩不好的学生身上的优点也被忽视，甚至被抹杀。学习内容属性的狭义使学习考核的标准出现了构建上的严重缺失，也成为我们教育的隐患。

所谓学习力包括学习动力、学习毅力和学习能力三要素。学习力是把知识资源转化为知识资本的能力。个人的学习力，不仅包含知识总量，即个人学习内容的宽广程度；也包含知识质量，即学习者的综合素质、学习效率和学习品质；还包含学习流量，即学习的速度及吸纳和扩充知识的能力；更重要的是看它的知识增量，即学习成果的创新程度以及学习者把知识转化为价值的程度。

第一节 多维度提高学习力

学习动力

学习动力是指学习者自觉学习的内在驱动力，主要包括学习需要、学习情感和学习兴趣。学习动机分为可持续发展型和枯竭型两种。可持续发展的学习动机包括内在动机和外在动机，内在动机包括两种需求，一种是求知的需要，将学习作为成长的手段，充分享受过程。如果将成绩当作学习的终极目标，整个学习过程就变得苦涩，甚至会动摇实现目标的决心。21 世纪需要复合型、创新型人才，而创新的来源不仅在于知识的深度，更在于知识的广度，拓展自己的视野，让自己在发现中学习。一个人如果视野开阔了，对课堂的学习也将有新的认识和领悟，促进课堂知识的吸收。比如喜欢理科的学生认为数理化生让他们弄明白了许多自然现象，提高了解决生活中问题的能力；喜欢文科的学生认为社会科学让人了解社会发展的规律，博古通今，还能看清自己，明确前进的方向。内在动机的第二种需求是自我完善的需要，一些学生通过学习做人做事来提高自己适应社会的能力，让自己更好地发展，收获幸福。

可持续发展的外在学习动机主要指交往的需要，获得名誉、地位，加强自己在人际交往中的地位。

学习的枯竭型动机就是为了面子、与别人盲目攀比、满足虚荣心而学习，情绪随成绩的涨跌而起落。

〖案例分享〗

中考决定你高中和什么样的人相处

吉展硕是一位省重点校初三男生，升入初三之后没有学习状态，总是以各种理由不去学校。吉展硕一脸正气，告诉我不去学校的原因是担心自己会被那些坏学生污染了。他眼中的班级班风不正，一些在家偷着念书的学生上课时和老师接下茬，破坏课堂秩序，根本无法听清老师所讲内容。恰恰这种学生在学校却要风得风，要雨得雨。曾经名次与吉展硕不相上下的徐天升入初三后上课捣乱、下课打架，名次却始终在前五名，把吉展硕远远地抛在后面。吉展硕一直暗恋的女神竟然成了他的女朋友。真是乾坤大逆转了。

在咨询中我了解到吉展硕的学习基础很扎实，只是进入初三之后，与假想敌徐天的较量明显失利，尤其他暗恋的女神与徐天恋爱这事彻底打击了吉展硕，他选择了逃避。我告诉他，依他现在的学习状态，成绩会继续下滑，如果高中留在母校或进入更低一级的学校，他的"一脸正气"会让他成为彻底的小众。而省一中里绝大多数学生都像他一样，他就成了大众，在那里他会如鱼得水畅快淋漓。吉展硕感觉到"醍醐灌顶"，他不再与假想敌"竞争"，而开始和自己赛跑。中考后他如愿进入省一中，教师节给我写来贺卡："您是我的指路明灯！"

中考对于学生来讲意味着未来三年与什么样的同学共处的问题。

学习兴趣是个体力求探究事物并带有强烈情绪色彩的认识倾向，它在学习活动中产生，又可成为学习动机中最现实和最活跃的因素，使学习变得积极、主动，从而获得好的效果。如果热爱学习，就会保持良好的学习状态，克服暂时性的困难。我曾接触一些"痛恨"课业学习的学生，尽管他们也会在一定时期取得好成绩，却缺乏可持续发展的动力，往往在冲刺阶段因为情绪不稳而出现巨大的滑坡。

〖案例分享〗

我的成绩是母亲的脸

From：李大龙

我是初三男生，觉得自己快被母亲逼疯了。她就是一个势利小人，做什么事都想走捷径，事事抄近道，在她的概念中不沾便宜就等于吃亏。原本我们一家三口过得还不错，自打她周围同事和朋友给孩子办了蓝印户口之后，她天天像着了魔一样，使出浑身解数，给我办蓝印户口，到天津上学。在她的心目中办蓝印户口说明家里有钱、有势，重视孩子的教育，孩子的成绩好，进入天津就能考上一流的大学，等等。“我可不能让人家瞧不起！”是她的口头禅。

到了天津，母亲打听到小道消息，如果在数学奥赛中获奖，可以得到进入全市最好高中的保送机会。她汇总各方面的信息，给我报了一个历年奥赛获奖率最高的课外班。我非常配合，一门心思希望获得一等奖，忽视了其他科目的学习。4 月初家长会教务主任宣布中考政策，以中考成绩为主，竞赛成绩为辅。这时，我的名次已经由班里前 5 名下滑到 30 名，她急了，让我放弃竞赛，一年多的努力前功尽弃。在她的眼中我就是学习机器，我的分就是她的脸。我成绩不好了，她就没脸了。我焦虑，她比我还焦虑，整天唉声叹气“肯定让别人看笑话了”。

To：李大龙

丽珊老师理解你的无助和抓狂，你在学习上投入的时间和精力比其他同学多，但因为方向上的失误而造成学习成绩的下降，并且不知道是否还能追赶上。你母亲争强好胜，到处打听小道消息本来是希望为你选择捷径，让你少付出些，多收获点。结局却是给你添乱了，她现在充满了内疚和自责。你们母子如果陷入相互埋怨的负性情绪互动中，除了对彼此都是伤害之外，没有任何意义。

大龙，你的学习能力强，静下心来梳理一下中考的知识点，看自己是否有知识的漏洞，及时向任课老师求助，课堂上紧跟老师的复习节奏，积极落实，应该还是有机会的。

心航路教育心理机构统计显示，因异地求学产生的心理困扰占中学生接受心理咨询的 41.37%，他们中 85.7% 是母亲陪读的。进一步分析造成这种现象的原因，主要源于以下几个方面：一、办理蓝印户口前只看到有利的一面，对困难估计不足，盲目跟风和攀比；二、陪读中母亲因放弃事业，远离既往的社交圈，自我价值感急速下降，没有事业支撑的她们，把最后的希望寄托在孩子身上，想通过孩子的高分来提高自己的价值感，给孩子施加超负荷的压力，破坏了亲子关系；三、经济上的支出严重超出预算，由于两地教材的差异，异地求学的学生往往需要一对一家教，造成求学成本加大；四、情感上缺乏与老公的交流，导致妻子在婚姻中的安全感降低，出现情绪失控。

学习毅力

学习毅力是指自觉地确定学习目标并努力克服困难实现预定学习目标的状态，是学习行为的保持因素，在学习力中是一个不可或缺的要素，学生没有选择所学内容的自主性，在一定程度上说，完成课业学习本身就是不断经历挫折，总结经验教训，自我激励，学习与人合作，提升自我解决问题的能力和水平的过程。

〖案例分享〗

笨鸟先飞，我准备明年复读了

From：侯芝延

我是一所重点高中的高三女生。从小学开始，老师们都说我不聪明，但踏实、努力，成绩优异，我一直以为这是表扬我呢。我的高考目标是上二本，可一模的成绩却在三本线徘徊。我静下心来反复琢磨之前老师的话，终于明白了，他们早就看出我很笨，只是看在我尊重老师的分上鼓励一下而已。我坚信笨鸟先飞早入林，打算放弃今年的高考，从现在开始为明年的高考做准备，别人考一遍，我考两遍总能考高点吧！

丽珊老师，我看过您的《高考成功 赢在心态》一书，知道复读不仅很辛苦，而且还考验心理承受能力，这一切我都不怕，谁让我笨呢？我找到提高成绩的捷径有些晚。我班几位同学在外面上一对一家教成绩提高挺快，在我的央求下父母一次性交五万元家教学费。每天放学我直奔家教，晚上十点半到家再吃晚饭，辛苦了一个月，二模成绩不升反降，我很沮丧。家教说我没有落实她教的内容，学校老师因为我不完成作业而对我不理不睬……我两边忙却都没有落好，我不知道应该停下哪边的课，我怕父母埋怨花了钱又不去上家教……现在我终于想出万全之策，我复读就不浪费家教的学费了。丽珊老师，您同意我的想法吗？

To：芝延

我反复看了几遍你的来信，你为什么固执地认为自己笨呢？作为有23年教龄的老师，我告诉你老师评价学生的规律。一般情况下，老师为了不伤学习成绩不好学生的面子，就会用“聪明但不努力”给他们积极的心理暗示：他们不是学不会，而是没有努力学习，一旦努力学了肯定能学得很好；老师对踏踏实实努力学习，成绩中上游的学生往往用“不算聪明但努力”来肯定，同时用这些学生的成绩倒逼那些不努力的学生，“你看人家脑子不如你聪明，因为努力而成绩这么好”。老师对不念书学生的激将术让你“中枪”了。面临高考，你甚至想打退堂鼓。

芝延，其实你已经说出来二模成绩不好的原因，你陷入“一仆二主”的境地，忙于上课却无法落实学校老师和一对一家教所讲的内容，你完全慌乱了。你心里清楚此时不能停下学校的课，那只能停家教，但又因为当初是你央求父母给你支付了巨额的家教费用，你担心父母埋怨你乱花钱。同时你又因为没有完成老师的作业而愧对学校老师，你付出的比别人多收获的比别人少，而且还让父母、学校老师和一对一老师都对你不满，真是焦头烂额了。

芝延，我建议你先放弃复读的想法，奋力备战今年的高考。首先，大胆地和父母说不去上一对一家教了，至于费用问题由父母去交涉；其次，告诉学校老师，你“病急乱投医”，走了点弯路，现在回归学校，争取得到老师的体谅和帮助。最后，放弃难题，夯实基础知识。

在学习上，如果缺乏对自己的了解，盲目地从众特别容易将自己陷入尴尬的境地。屡败屡战的豪情会帮助你提高自己的意志品质，应对成长中的各种困难、挫折。

学习能力

学习能力是指接受新知识、新信息并用所接受的知识和信息分析问题、认识问题、解决问题的智力，主要包括感知力、记忆力、思维力、想象力等。学习能力有几个重要特征：

一是自主性，指个体自觉、自愿地去学习；二是能动性，指个体富有创造性地去学习，同时还要善于转化成生命所需要的物质和精神能量；三是创造性，学习的最终目的是创新和创造，而不是简单重复。

如果一个人有强烈的学习内驱力，学习的需要得不到满足时，机体内部会产生一种内部驱动的刺激，使学习处于一种引发状态，个体活动的结果促使其需要得到满足。一个人在学校学习的东西，大学毕业后5年用到的不到20%，以后更绝少用得到，那么是不是因为未来不用这些具体知识就不用学了呢？

〖**案例分享**〗

知识到底有没有用

From：宗子铭

丽珊老师，您好！我是初三男生，每天都昏昏沉沉的，认为学习没有用，总有一种被成年人愚弄的感觉。我一直很认真地拼命学习，临近中考，每天放学后上家教到晚上十点半。有一天实在太累了，迷迷糊糊听到家教老师说：“你们现在学的知识没有一点用。”我当时被惊出了一身冷汗。既然没用为什么还要学呢？自从听到这句话，我就再也提不起学习的兴趣了。

我对什么不明白就到网上搜答案，“到底现在学的知识是否有用？”很

多过来人都吐槽说别说中学时学的知识，就连大学学的知识都100%没用，既然老师们明明知道这些都没有用，为什么还在课堂上煞有介事地说学的知识多么重要呢？

To：子铭

透过你“认真地拼命学习”和每天放学之后上家教到很晚，就能感觉到你无论是心理上还是身体上都处于极度的疲惫之中，你的内心已经对这样的状态是否值得持怀疑的态度了，听讲时处于“选择性地听”是很正常的。“你们现在学的知识没有一点用”是你内心渴望听到的，希望以此减缓压力，所以忽略了老师的前言后语，断章取义了。

子铭，当时你处于似睡非睡状态，此时意识极为薄弱，类似于被催眠的状态，听到的声音会直接绕过意识层面植入潜意识之中，形成根深蒂固的理念，进而影响人的行为。

子铭，你们现在学习的根本目的是培养良好的学习能力，因为无论什么知识都会过时，被淘汰，而留下来受用终身的则是学习能力。教材安排的知识只是载体，创造一个让你们学习的环境，启发你们对未知事物的好奇心以及广泛的兴趣，激发你们的学习动力和学习欲望，在学习的过程中帮助你们架构完整的知识体系，学会学习各个学科的方法；让你们养成认识自身和世界的多种视角，赋予你们知识、技能、思维的能力，奠定独立生活的基础。一旦你们形成终身学习的理念，自主地去学习，就会使自己的知识不断增值。当然考试本身就是学习的一个重要环节。运用已会的知识去解决新的问题本身就是能力的体现。

每一位学习者都应该知道，如果你不能使学习变得很重要，就不能使学习变得有乐趣和有收获，你的学习就难以有进展，更难以收获成就。对学习来说，主观目标越明显，越能够放下包袱，调动学习的主动性，学习就成了有趣的事。无论多忙都不会觉得被动、压抑了。

第二节 你知道如何战胜厌学吗

近年来厌学群体呈几个显著的特点：一是人群低龄化，原来多是初中二年级以上才出现厌学，目前我接待的厌学年龄最小的只有小学二年级。二是人群多元化，原来都是学习成绩不好的学生厌学，现在成绩好的也厌学。一位市重点校高三年级前二十名的学生告诉我，她之所以刻苦念书就是因为太讨厌学习了，希望再忍忍，考上大学再也不用学习了，而现在成绩出现滑坡，想到如果今年考不好，明年再复读还要遭罪就无法控制自己厌烦的情绪。三是人群比例高，据权威部门统计显示目前有58%的在校学生存在明显的厌学倾向。探究学生厌学的各种因素，优化学生心理环境，科学引导学生的求学生涯，已经迫在眉睫了。

〖案例分享〗

肩负家庭和谐重任的学习成绩

From：史娜

我是高一女生，这次期中考试我没敢参加。我宁可不知道结果也不想知道不好的结果。高中的课程太难，我学不下去了。无论是平时还是考试，我一遇到难题就急躁，无法控制自己的情绪，这点特像我的爸爸。在我的印象中爸爸总是喝得醉醺醺的，回家看什么都不顺眼，乱发脾气，甚至打妈妈。我希望保护妈妈！初一时我和爸爸约定：如果他戒酒，我就努力学习，争取考上重点高中。他挺守约的，三年几乎没有喝酒，我拼命念书。升入重点高中后，我越是担心爸爸会因我学习不好而又喝酒，越是学不下去……爸爸最近生意不顺又开始喝酒了，还乱发脾气了……看着妈妈哭我就特别自责……

To：史娜

从字里行间我能感受到你是一个懂事、有责任感的孩子，你给学习赋予了太多的含义，你太难为自己了。

史娜，你为了家庭和谐，勇于用努力学习换来父亲不喝酒、平和情绪。这种约定成了初中时代的你学习的内驱力，使你克服各种困难考入理想的高中。但同时这个约定也使你的学习承担了本不应承担的负荷。史娜，高一的课程比初中课程有巨大的跨度，许多学生原本以为升入高一可以喘口气，没想到比初三还累，很多同学都处于焦虑之中。

史娜，选择合适的时机与父亲平静地交谈一次，告诉他你对他的各种表现的感受，如果对他能否保持冷静交流没有把握，就给他写封信。同时我也建议你和母亲表达一下你对她的爱，鼓励她接受婚姻治疗，让他们享受和谐的夫妻生活。你不要过多介入他们夫妻之间的事情。

史娜，如果你将全部精力用在学习上，我坚信你是可以成功的，毕竟你的中考有成功体验。我希望你不仅仅收获好成绩，更能收获心智的成长。

当学习被赋予太多的含义就无法按照其自身的规律发展了。

〖案例分享〗

重点班女生的苦恼

From：陈怡菲

丽珊老师，您信命吗？我原本与世无争，轻松的生活被高二强插进重点班而破坏。高一时我不用投入百分百的努力就能稳定地考在班里前十名，老师都不太关注我，我自在逍遥。高一期末我竟然考到班里第二名，被分到重点班。说实在的，绝大多数学生都希望进重点班，老师配备得好，学生素质高，学习风气浓……但我的厄运却开始了。这个班的同学相处一年了都很熟悉，师生默契，我们五个新插班的就是怪物。我数学一直不太好，老师当着全班同学的面说我脑子慢还不听话，不及时落实老师教的知识。我在学习上还是很自觉的，从小到大老师都没有批评过我……这种压迫感让我时刻都感到紧张、压抑，现在有明显的考试焦虑。我就是老师眼中的笨大姐，班里的后进生。

To：陈怡菲

学校根据学生的成绩排出重点班和普通班的目的是因材施教，但却给老师、学生和家长一个明示，这个班的学生成绩就应该出类拔萃。课程深，难度大，进度快。老师鼓励同学展开学业竞争。其实高一年级他们已经比普通班的同学多学了很多知识，所以高二加入的同学肯定会排名靠后。如果你实在难以适应这个班，可以跟父母说，让他们找学校领导，商量是不是可以回到原来的班。

怡菲，遇到问题不要紧张，而是理性地思考一下，是不是有挽回的余地。如果不行，就主动向班里同学示弱，寻求帮助，力所能及地多为班级服务，帮助自己建立归属感和安全感。

什么样的学生可以选择做凤尾？有积极的学习态度和良好意志品质；头脑聪明但动力不足，浓厚的学习氛围会感染他，促使其发挥潜能，提高学业水平。

什么样的学生最好不要选择做凤尾？自我心理调节能力差；“成就紧张”过于强烈；学习方法落后，而又不善于借鉴别人好的方法。

〖案例分享〗

一想高考我就发烧怎么办

From：柳小强

第二年上高三，我又开始发低烧了。

我从小就被公认聪明，边玩边学还一直在重点学校保持中游水平。我本以为凭借自己的天分考上个重点大学没什么问题。升入高三，母亲弄来大量的统计数据，说就业形势有多么严峻，如果考不上重点大学，上大学就意义不太大了。我当时还乐观地认为努力一下可以上一本。但不知道为什么，自11月份我就开始持续发低烧，37.5℃左右，天津、北京的医院都跑遍了，也没有查出什么器质性病变，有的大夫说我是心理问题，建议我接受心理咨询。耽误了两三个月的课，我考得刚刚到三本线，不得不复读。

复读的感觉比预想的难受多了，老师把自己装扮成观世音一样普渡我们这些苦难中人，弄得我每天都生活在自责之中，在家对不起父母，在学校对不起老师。同学也都怪怪的，有的一副苦大仇深状，只知道念书，跟他说句话就像剥夺他考重点大学的权利一样；有的仅仅为了满足家长的虚荣心来混日子。我和这两种人都无法沟通，我怀念原来的同学。我不打算去复读班上课了，决定一个人在家自学。父母不同意，说来奇怪，此时我又开始发低烧了，父母也就无法再让我去上学了。我肯定考不上一本，还有必要辛苦念书吗？早晚都是死，还受这份活罪干什么呢？

To：柳小强

你一直被周围人暗示，他们说你聪明，你就认定自己是聪明的，是可以不太努力就收获成绩的，但面对高考你有些迟疑了。而你平时的表现给周围人以误导，认为你不太靠谱，不太努力，所以母亲用心良苦地为你找来各种就业形势数据，让你知道学习的重要，高考的重要。却不想她好心办坏事了，她的鞭策使本来内心已经紧张的你彻底无法承受了，你的紧张和焦虑已经到了躯体化的程度。

所谓躯体化就是当人的情绪陷入紧张、恐惧或焦虑时，潜意识特别渴望逃避，往往会想：如果此时生病就可以冠冕堂皇地不用学习或工作了，这种想法反复强化就会真的出现“症状”了。因为“症状”使其规避了压力事件，获益之后症状会被强化。如何区分是躯体化还是真的有疾病呢？躯体的症状与相应的医学检查是否符合是一条鉴别标准。有的人根本就没有明显的病理改变，有的人临床检查中尽管发现了病理改变，但完全不可能达到自觉症状的严重程度。这样的症状表现就是躯体化。

小强，现在的“症状”都是你“盼来”的，但一旦形成固定模式，未来稍有紧张，包括快乐的紧张，你都会出现低烧的症状，那就耽误事了。所以一定要接受系统的心理咨询，彻底将躯体化解决掉。

调整对大学的期待，制订符合自己实际水平的目标，并付诸行动，不断努力，收获成功！

躯体化的深层次原因在于心理问题长期压抑得不到彻底解决。小强选择了与我面对面咨询，我为他做了职业生涯规划，他发现目前的分数完全可以达到预期的目标，紧张的情绪得到缓释，坚持到校上学，发烧的症状没有再出现。在持续咨询中，我发现他一方面追求完美，另一方面不愿付出，帮助他更新观念，他逐步脚踏实地，考上他理想的大学。

第三节 高效率学习法

要想成为高效学习者，就必须要具备科学的学习理念、有效的学习方法、和谐的合作环境。

科学的学习理念

“知行意”是中国古代传统文化中十分重要的概念，“知”指知识和技能，“行”指过程与方法，“意”指情感与态度。高效学习法就是“知行意”的完美结合。我们先要明确学习的理念。

1. 对自己的选择负责

请你确认一下，你真的渴望得到学业上的成功吗？要取得成功，你需要决定什么是你最先考虑要做的事。为此，你要充分利用时间和一切资源。

2. 做事时要明确自己的价值观

价值观是很具体的，比如你真的认为“在校学生一定要努力学习”吗？如果你对此存在怀疑，就很难获得高效的学习方法。

3. 安排好事情的优先顺序

管理时间的关键，先将事情按照“重点且紧急”“重要但不紧急”“不重要但紧急”和“不重要也不紧急”进行归类；然后按照你事先设定的先后顺序逐一完成，在此过程中要具有抗干扰的能力，避免由于其他的事或其他的兴趣造成目标的偏离。同时也大胆放弃那些“不重要也不紧急”的事情。

4. 身心合一，做高效执行者

规划好了就要彻底执行，在人才选拔中执行力是一个重要的考核指标，如果一味地想而不去做，不但不能获得成功，而且还会给别人留下想入非非不务实的印象。

有效的学习方法

1. 预习是学习的重要环节

预习的直接目的是给高效率听课作好铺垫，预习从时间和内容上可以分为三类：一是课前预习，二是阶段预习，三是学期预习。课前预习，就是在上新课前预习下一节课的内容；阶段预习，就是用较长、较多的时间预习一章或多章的内容；学期预习，就是在假期中预习下学期的内容。

在预习中，要边阅读边记笔记，把重点和不懂的内容记在本上。预习成败的关键是独立思考，发现问题，提出问题。预习中要先思考，后查资料；先发现问题，后提出问题；先看清意思，然后再做笔记。

2. 有效的听课方法

听课时，思路要始终与老师保持一致，听老师对事物是怎样分析、推理的；观察老师解决问题时所用的方法和技巧；体会老师对问题的提问和解释。这样才能把握住听课的重点。

听课中，要把自己在预习中的理解和老师的讲解相比较，看自己和老师有哪些相同点和区别点。通过这种比较，一是加深对教材的理解；二是加强自己的思考、认识与提高；三是发现自己在预习中的不足。

在听课的过程中学会记。听用耳，思用脑，动手记。合理地利用笔记本，笔记本具有三个作用：一是预习记录，以明确听课的目的性；二是课堂上记下老师讲的整体构思或板书样式，以利于从整体上把握知识结构或知识要点；三是有利于课后总结，用它来对听课内容进行整理，达到消化、吸收和巩固所学到的知识的目的，并为今后的复习留下一份完整的资料。笔记一定要有留白的地方，每个人学习的不同阶段对于一些知识都会有不同的感悟，所以留白很重要。

一个学生记笔记的水平在一定程度上决定了他学习的态度、能力，并能预测未来在学习上的成就。

3. 合理安排复习时间

很多科学家通过研究发现，有几个时间段有利于巩固记忆。一是学习后

最初几分钟内；二是学习后在48小时内；三是一周之后。著名的心理学家艾宾浩斯通过实验发现了人的记忆与遗忘规律。如果我们能够在学习的内容即将被忘记时进行复习，那么复习的效果最好，效率也最高。

图中竖轴表示学习中记住的知识数量，横轴表示时间(天数)，曲线表示记忆量变化的规律。这条曲线告诉人们在学习中的遗忘是有规律的，遗忘的进程不是均衡的，最初阶段遗忘的速度很快，后来就逐渐减慢了，即“先快后慢”的原则。观察这条遗忘曲线，你会发现，学得的知识在一天后，如不抓紧复习，就只剩下原来的25%。

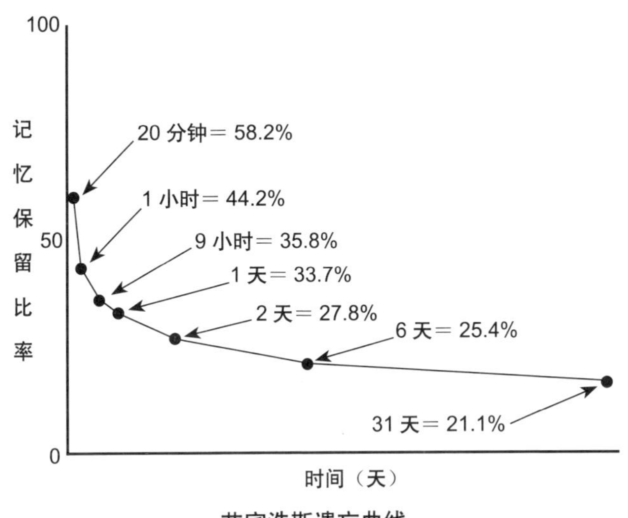

艾宾浩斯遗忘曲线

合理安排复习时间可以分为三步：

第一步：课后花费2分钟“过电影”，方便记忆。

第二步：晚上写作业前，再“过电影”，将学习内容存储在大脑中。

第三步：周末通过“试图回忆”来“过电影”，就可以永久保留了。

4. 考试的科学方法

第一步：认真审题

弄清楚题目的内容，已知条件，什么要求，需要联系哪些知识点；

考虑好解题思路、方法、步骤，要善于把一道题分成几部分，化大为小、化难为易、分清其中的已知和未知，弄清各部分的联系，设计好整个解题步骤。

第二步：细心做题

做题既动脑、又动手。做题的关键是要保证“规范”“准确”。只要平时做题认真细致，步骤完整，思路正确，表达严密，准确无误，考试时才能按照这种良好的习惯进行。

第三步：认真检查

一是题目是否抄对；二是审题是否正确；三是运算是否正确；四是方法、思路与步骤是否正确。

第四步：错题积累

将每次考试做错的试题记录下来，分析错误，找出原因，使自己以后不再犯同样的错误。如果下次考试前复习时看错题本，认真分析，弄清原因，脑海里就会留下深刻的印象，避免重复犯错。

学习同盟

高中时代课程特点：知识点多、难度深、延展性强，这就要求学习者能够更加多维度地考虑问题。为了获得学业成功，建立学习同盟，在分享中相互带动，不仅能够提高学习的兴趣和攻坚克难的决心，而且能够拓展学习和解题的思路。

【心灵作业】

拷问自己的学习力

一、我为什么要学习

学习动机是学习的内驱力。请在以下的学习动机中选择最符合你实际情况的选项。

1. 证明自己的学习力

2. 知识本身的吸引力

3. 体会生活的美好
4. 获得别人的尊重
5. 取得某种资格
6. 得到学位证书
7. 有一份好工作
8. 父母或老师要求我学习
9. 成绩不好会被瞧不起
10. 其他

选项分析

1 － 4 属于个人原因，如果你选了它们，你可能会感到心里很踏实。

5 － 7 属于功能性原因，得到回报的周期较长，你可能感到学习很枯燥，因为最后的回报太遥远了。

8 － 9 属于枯竭型原因，你根本不想学习，只是迫于各方面的压力而为之。

请你让自己的学习动机更加正向，更加可持续发展。

二、你希望通过学习获得什么

1. 我希望享受学习的乐趣
2. 我希望通晓我所学的内容
3. 我希望通过各种考试
4. 我希望我的学习与我未来的工作更紧密地联系起来
5. 我希望通过学习获得更好的学历，以便找到好工作，让生活更好一些
6. 其他

选项分析

1 － 2 说明你已经找出了一些对你来说很重要的东西。

3 － 5 说明你还需要把自己的目标订得再具体一些。

【媒体文章】

高三的节点闯过去

《中国青年报》2013年05月14日第11版

作者：张丽珊

不备战高考，就不知道心理状态对学习效果的影响有多大；不走进考场，就不知道情绪管理对高考成绩有多关键。临近高考，很多考生面对自己的情绪波动束手无策，其实高考心理是有规律可循的。高三这一年，不同的节点有不同的情绪体验，也有相应的解决方案。

NO.1 新环境适应：高三是极其特殊的一年

在学生的心目中，高三绝不是高一高二的简单升级，这一年是极具特殊意义的。多数学生们尽管还留在原来的班级，但告别了原来的老师，迎来一些专门带毕业班的老师。课不再是从前的课，“考点”才是关键词。从高二暑假加课开始，同学之间漫无目的的交谈也变少了，空气里弥漫着紧张的气息。

有些“精明”的父母煞费苦心地把孩子办到别的城市，或将孩子转入师资水平更高的学校，却忽略了孩子适应新环境是需要时间的。到头来他们发现，自己的孩子不但没有占上什么“便宜”，反而加大了心理负担和经济成本。

心理学家皮亚杰认为，智慧的本质从生物学来说是一种适应。积极的适应是为了“征服”，而消极的适应则是“同化”。进入高三，考生需要抱持“欣然接纳”的态度，父母要遵循“宜静不宜动”的原则。就算新老师的教学方式有些功利，就算你的同伴都武装到牙齿，就算父母要求你闭关读书，这个时候“反抗”是得不偿失的，最好的方式就是接受。等将来有一天你回过头来看的时候，会发现高三其实是一种难得的人生体验。

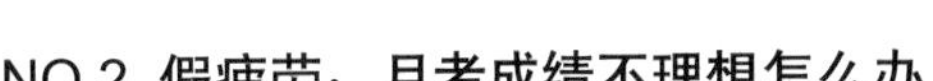

NO.2 假疲劳：月考成绩不理想怎么办

通常在进入高三后两个月，考生开始经历月考，也真正进入高考这幕大戏。此时自主招生、加分政策纷至沓来，考生的情绪敏感、易波动。第一次月考成绩不理想的考生，真切地感受到之前知识的漏洞是无法补上的，他们往往选择另起炉灶恶补，希望在最短的时间内跟上老师的复习进度。但现实往往很残酷，有的学生补漏效果不明显，新的知识又落下了，造成恶性循环。随着第二次月考的不理想，他们沉不住气了，认为自己根本无法坚持跑到终点，希望退下来，通过休学一年把高一高二的内容系统地复习一遍。这个阶段类似于长跑中的“假疲劳”。

高三阶段最佳的复习方案就是紧跟老师的节奏。老师不仅对考试的题型、考点心中有数，还清楚学生掌握知识的难易程度，由此安排复习进度，一个阶段考核一次。学生可以根据成绩和名次，了解自己对该阶段知识掌握的情况。作为带过毕业班的老师，我的经验是让学生自主命题。这既有利于全面掌握知识，又有利于在考试时心态平和。更重要的是，这样的经历会让考生和知识点之间的关系由被动应考变为主动探索。

另外，这个阶段职业生涯规划能够帮助考生登高望远，将此时的努力和未来的人生有效链接，形成可持续发展的成就动机。每当备考中出现懈怠和放弃心理，想想未来的美好，现阶段的任务就没那么枯燥无趣了。

NO.3 高原期：提升的关键是减速

考生第一次面对文理科的综合试卷，通常是第二学期的第一考，也就是寒假刚刚过去。就算考生掌握了各个学科的知识点，也难以灵活运用到综合题目中，看着试题没有思路是普遍存在的。有的考生误认为自己也就这样了，产生了破罐破摔或逃避高考的心态。这个阶段的心理感受和高原缺氧极为相似，每迈出一步都需要很大的力气，承受着身体的各种不适，所以把它称为“高原期”。

顺利度过高原期，实现学习能力提升的关键是减速。相对缩短学习时间，巩固基础知识，不要过多触碰难题。同时聚焦两件事情：

一是预估高考分数。根据自己的学习情况和在群体中的位置预估高考分数，再将各科进行细化。比如你预测数学得100分左右，那么在考试时就不会因为有两道大题不会而乱了阵脚。在备考阶段有具体的奋斗目标，在考试中你的心态就会相对平和。

二是细化各题型的时间分配。有些考生因为平时做题对时间没有要求，考试时则毫无章法。因为担心做不完，草草地做完选择题和填空题，留出宽裕的时间攻克大题。结果是前面的基础题由于时间太紧而无法得分，大题由于难度高也得不到分，一个简单的时间分配问题，导致整场考试全盘皆输。如何避免这种情况呢？认真研究试卷中各题型的分布和分值，划分一下时间，注意在划分时一定要拿出十分钟机动。平时做题时就要严格按照时限来完成，既提高效率又能使自己在考场上有条不紊。

NO.4 模拟考试后：别忘了将短板补上

老师们经常说，第一次模拟考试分数与高考分数有密切的关联。第一次模拟考试成绩不理想，考生就会灰心丧气，预测自己高考可能会失败。有的学生摸索出自己成绩的规律是好一次坏一次，而高考恰恰是考坏的那次，由此陷入恐慌。还有的学生干脆明确跟父母商量，我实在没信心，不行就复读吧。

作为考生，要以积极的心态面对高考前的每一次月考。通过月考能够发现知识上的漏洞、复习思路的欠缺，改善复习策略，同时制订具有弹性的阶段性目标。人对压力的承受是有一定限度的，变压力为动力的精神是好的，但不能盲目地压迫自己，那样不但不会提高成绩，反而会挫败自信心。

自1991年以来，无论我担任高三班主任、科任老师还是作为心理咨询师，见证了太多高考考生的成长。其实，高考前两三个月也是考生分数增长的一个重要时期，一模之后，只要心态平和、学法得当、节奏科学，到高考时分数有大幅度的提升并非难事。这个阶段要加大对弱势学科的时间投入，将短板补上。考生往往钟情于强势学科，而对弱势学科则充满排斥，这样弱势学科越来越弱，而强势学科涨幅则很有限。殊不知，弱势学科才是涨分“大户”，想想从70分提高到90分与从125分提高到135分相比，哪个收获更大？

NO.5 自主复习阶段：以“积极休息”调整状态

离高考还有半个月，考生面对成堆的书籍和试卷发出慨叹：“我总是无法完成复习计划，时间不够用呀。”“每天读书的时间已经很长了，但成绩不提高，我是不是很笨？”“班里的男生太刺激我了，高中6个学期，我觉得他们玩了5个学期，成绩却进步得飞快，我好像一直在后退”……

这个时候，要记住科学的复习计划是成功的基础。有的考生为了抢时间争速度，不顾实际的可操作性将每天安排得满满的，在执行中一旦无法按时完成，就会产生焦虑情绪。所以制订计划时要想到自己是人，不是读书的机器，计划宜粗不宜细。另外，复习的节奏也很关键，要做到梳理知识与做题热身相结合。一味地做题，忽略回归教材整合知识，可能导致对高中阶段的知识没有整体的把握；而一味看教材而不做题，则缺乏临场感，做题效率不高，俗称“手生”。

有的高考专家主张考生临考前三四天要全然放下，不念书了，放下包袱。我个人认为，这种方法属于“消极休息”，导致考生高考时没有题感。我的建议是，以“积极休息”调整状态。高考前一周，要保证做几套质量有保证的仿真题，保持应考状态。

NO.6 优秀生瓶颈：主动加入学习同盟

有过成绩优秀经历的考生，进入备考阶段出现情绪波动的几率要高于其他考生。这是因为，成绩优秀的考生往往具有以下特点：

第一，学习动机强。学习动机分为两种，一种是成长型动机，他们将学习视为乐趣，收获自我成长的快感，这类考生情绪稳定；另一种是匮乏型动机，他们内心痛恨学习，将高考作为实现理想的阶梯，为了学习牺牲自己的爱好，如果无法在学习成绩上得到补偿，就会出现剧烈的情绪波动。

第二，缺乏主动与人交往的意识。成绩好时不主动与同学交往，缺乏心理支持系统，一旦学习上遇到困难，则陷入孤立无援的境地。

第三，缺乏弹性思维。固执地将自己的目标锁定在名牌大学，一旦无法达到就觉得天崩地裂，甚至会想，“趁着落败之前赶紧撤退吧！”他们没有勇气面对不成功的结局。

第四，自尊心强，敏感多疑。这类学生在成绩好时曾瞧不起成绩不好的同学，他们误认为这是所有人的价值判断；成绩下降时，又将自己的价值判断投射到同学身上，认为同学瞧不起自己，变得敏感多疑。

其实优秀生完全可以用自己的强势学科作为“投资”，主动加入同学的学习同盟，与同学分享自己在强势学科中的思考，同时虚心地向同学求教自己在弱势学科中遇到的问题。许多考生固执地认为只有进入名牌大学才能成就人生，事实上，进入名牌大学只会让你比周围人有更多的资源，但是如果你的情商低，无法将这些资源进行积极地归纳，内心产生的痛苦往往多于周围人。

NO.7 中考之痛：父母要营造和谐的环境

有的考生在中考时有过失败的考试经历，这无疑在内心形成一个“痛点”，如果在高一高二年级没有引起重视，及时调节，进入高三出现考试焦虑的几率很高。他们会突然对自己的学习能力、人际交往能力、情感管理能力充满质疑，将自己的负性情绪全面唤起。

尽管考试焦虑的症状都是相似的，但造成考试焦虑的原因却各有不同，比如父母关系、亲子互动、家族攀比、师生关系、学习方法、情绪管理等，如果问题严重，父母可以找心理咨询师给孩子做心理疏导。在现实生活中，很多父母一旦确认孩子有考试焦虑，就放松了对孩子学习的关注，转而与孩子一起焦虑，“你考试时千万别焦虑呀”，“如果大脑一片空白了，就先放下笔静一静”……父母的这些言行强化了考试焦虑在孩子头脑中的记忆，使他们难以走出来。

面对孩子的焦虑，父母要帮助他们更加准确地认识自己、认识考试、认识自己与考试之间的关系，恢复他们内心的自信。在这个过程中，父母也要不断地审视自己，不要将成年人的一些消极观念和焦虑传递给孩子。营造一个和谐的外部环境，是家有考生的父母可以给孩子的最好支持。

【推荐阅读】

《高考成功　赢在心态》

张丽珊著

教育科学出版社 2013年5月出版

《高考成功 赢在心态》为大家绘制了十分详尽的高考考生心理路线图，给那些爱孩子的父母更有效的引领。书里通过对高三学子的咨询，展开了异地求学、成就紧张、习惯性考试焦虑、被出国留学干扰等与高三有关的话题。

作者在本书布局上花了一些心思，十二个案例的编排以时间为序作为纵轴；“丽珊学习心理”的内容符合普遍规律，作为横轴，每个案例都可以在坐标中找到专属于它的坐标点。作者又精心选择了四十三个补充案例，五个心理测试帮助学生更清楚地解读自己。如果父母把这本书当作一个“高考实用手册”放在手边，在每个时段到来之前“预习”一下，对高三不同阶段会出现的心理波动做到心中有数，万一孩子遇到困难，父母就不会慌乱，可以理性地给孩子最科学和最有效的辅导。

【心理测试】

学业成就动机测试

学业成就动机是一种与学习活动有关的成就动机，它体现在学生追求学业成绩优异标准的内在动力。学业成就动机的高低直接会影响到学生学习成绩的优劣，学业成就动机也是学生的主要成就动机。

学业成就动机是由学习的主动性与计划性、学习的有效方法、克服学习困难的毅力及一些心理因素构成的。以下的题目只有两种选择:“是”与“否”。

学习主动性与计划性的测量

1. 我喜欢为自己制订学习计划。

2. 如果老师不布置作业，我回家就可以轻松自由了。

3. 我学习从不让人督促。

4. 我每天都能安排好自己的学习时间。

5. 放寒暑假时，我总是制订一个学习计划。

6. 对学校里的所有学科我都认真学习。

7. 对书上的题，不是老师留的作业，我也乐于完成。

8，因为老师要批改作业，所以我不得不写作业。

9. 如果作业不会做，我就去抄别人的作业。

10. 在家里，父母催促我才学习。

学习方法有效性的测量

11. 我上课总能积极回答老师的问题。

12. 我上课时，认真听讲，思想从不开小差。

13. 一学习起来，我就把其他事情抛到脑后去了。

14. 我经常做到课前预习、课后复习。

15. 我有使用字典等工具书的习惯。

16. 我经常阅读与学习有关的参考书和课外读物。

17. 试卷和作业发下来后，我认真研究为何出错。

18. 我总是把当天的课程当天弄懂。

19. 我经常用学校中学到的知识去解决生活中的问题。

20. 上课时，我常控制不住自己去想和学习无关的事情。

学习毅力的测量

21. 学习中遇到困难，我常爱泄气。

22. 遇到难题，我就心烦。

23. 不喜欢的学科我也能坚持学习。

24. 有别人干扰时，我也能专心学习。

25. 当我发现有不明白的地方时，我就想方设法弄懂它。

26. 学习时间稍长一点，我就感到心烦。

27. 考试成绩不好时，我就不想好好学习了。

28. 遇到难题，我恨不得马上把它解答出来。
29. 好不容易才解完一道题时，我就想再也不解这么难的题了。
30. 上课时，一有听不懂的地方，我就不想学了。

学习的心理品质的测量

31. 我总感到作业很难。
32. 在考试中遇到难题，我经常感到无能为力。
33. 我觉得学习非常有趣，令人着迷。
34. 我感到动脑筋思考问题，有一种说不出的乐趣。
35. 我要好好学习，给父母争光。
36. 我努力学习为了将来上大学。
37. 为了实现自己的理想，我现在必须好好学习。
38. 我认为学习任何知识都会有用。
39. 我觉得不想当科学家的人，用不着努力学习。
40. 我认为好好学习才能成为一个对社会有用的人。

计分

当第 2、8、9、10、20、21、22、26、27、29、30、31、32、39 题答“否”时计 1 分，否则不计分。

当第 1、3、4、5、6、7、11、12、13、14、15、16、17、18、19、23、24、25、28、33、34、35、36、37、38、40 题答“是”时计 1 分，否则不计分。

说明

总分在 30 分以上者为优秀，说明你的学业成就动机良好，只要保持，将会在学业上有所成就。总分在 15 — 29 分之间者为良好，说明你学业成就动机基础不错，潜力大，但要有韧性。总分在 14 分以下者为差等，说明你学业成就动机尚不健全，如果不能有效地调整，学业水平很难提高。

【说给父母】

让孩子成为热爱学习的人

我辅导过的厌学孩子的父母在教育观中具有很多的相似之处。

首先，以学习成绩作为衡量孩子是否有出息和懂事的唯一标准。这种标准导致两种危害，一种危害是使在学业上有困难，成绩不理想的孩子很难有机会建立自信，这对成长中的孩子来讲是巨大的挫伤，也是造成厌学的重要因素。许多家长误认为聪明的孩子学习成绩就一定不成问题，家长常有一个困惑："我们家的孩子从小就聪明，为什么成绩却不好呢？"其实决定一个学生学习成绩的因素很多，包括认知水平、学习方法、意志品质、耐挫能力、归因取向和人际交往能力等，任何一个方面出现问题都会影响学习效果。另一种危害是使在学业上暂时领先的孩子过度自我膨胀，不把别人放在眼里，造成人际关系冲突和矛盾。

其次，家长往往存在推卸教育责任的倾向。面对进入青春期，充满抗议和逆反的孩子，家长没有注意更新自己的教育理念，学习沟通方法，陪伴孩子成长，而是盲目地将教育孩子的责任推到学校，希望老师代行家庭教育之责，这无疑是将教育的主动权交到自己不可控的环节中。每位班主任都希望通过自己的努力帮助学生提高成绩，但并不是每个老师都有意识和精力为每个学生打造个性化的教育方案。父母主动承担教育责任是维护孩子成长环境的重要环节。

最后，家长缺乏对社会整体的把握，在孩子人生规划中存在种种误导。随着社会发展，接受过高等教育的人越来越多，在求职过程中拼大学拼学历的时代即将过去，用人单位更注重人的品德、对事业对企业的忠诚度和具体的办事能力。如果家长忽略孩子品德的培养而仅仅关注孩子分数的话，已经无法适应时代的要求。家长应准确把握人才市场信息，帮助孩子灵活地选择学习和再教育的方式，根据孩子的特长和爱好选准合适的职业方向。毕竟孩子上大学的最终目的是进入社会，选择理想的职业，而在职业选择上没有最好，只有最适合。

第八讲
职业生涯规划，替你铺就起飞的跑道

“男怕入错行,女怕嫁错郎”是脍炙人口的古代谚语,现代社会,男女都怕入错行。如何能够入对行呢？职业生涯规划可以帮你忙。

我担任跨国企业心理顾问的三项工作包括：一是选拔人才，既包括招聘新员工又负责对老员工晋升进行心理测试，选择最适合的人到最适合的岗位；二是进行全员心理培训，提高员工的心理品质和自助能力；三是个体咨询，给遇到心理困扰的员工提供心理支持。因此我多维度无死角地了解职场生态。为此，我给学生做职业生涯规划是通透的，具有前瞻性和实用性。

职业规划的流程包括知己、知彼两大类，知己环节包括以下三个方面：

1. 进行与职业相关的测试，包括职业价值观、职业兴趣、职业能力和九型人格的测试，充分了解学生的职业特质；

2. 请学生详细描述自己对未来职业形态的描述，而不是简单地说行业或岗位，因为我在职业规划中经常遇到学生所期待的职业状态和其说的职业完全不相关；

3. 通过充分的沟通把握学生的心理品质，以此判断其从事他所选择行业的优势和劣势。

知彼环节包括以下三个方面：

1. 学生选定的行业现状和未来二十年内的发展趋势；

2. 该行业需要其在大学学习什么专业；

3. 学生完成该专业课程的难易程度。

第一节 九型人格帮你更好地认识自己

所谓人格是指个体在遗传素质的基础上，通过与后天环境的相互作用，而形成的相对稳定的和独特的心理和行为模式。

九型人格理论的前提假设是人格最终形成于 13 ~ 16 岁，充分考虑了后天成长经历、情绪管理、人际互动对其人格形成的影响，这样使测试更贴近被试的现实状态，更科学。九型人格是一个封闭的圆，每个人都有固定的不会改变的主型号，与先天遗传有关；每个主型号都有两个侧翼，不同的人侧翼是不同的，与后天成长有关；并且每个型号在成长和压力状态下又和不同的型号发生关系。这样算下来，每个人都有可能与五个型号相关。由此测试就避免了千人一面的局面。

九型人格测试帮助我们认清自我。它犹如一面“镜子”照出了你的性格特点和隐藏在潜意识中的某些问题，帮助我们认清自己的生活模式，找到行为和情绪背后的成因，并作出适当的调整。九型人格多应用于个人成长、职业选择、人际关系、夫妻相处、亲子互动等方面。九型人格使职业规划达到“人尽其才”的效果。

九型人格测试帮助我们和谐人际关系。每个型号都有不同的名字，聚焦其型号优点的心理学家会给其起个积极的名字，聚焦其缺点的则会给其起个消极的名字，所以建议学生们不用名字，只用数字号即可。在人际互动中，如果彼此了解了对方的型号，知道其型号的行为特点之后，就能解读对方某种行为背后的原因，而不会陷入人际纠结之中，优化了人际互动。

九型人格测试涉及知识产权问题，收费比较贵，而网上提供的免费测试信度和效度又不高，为了方便学生们更确切地判断自己的型号，我力争更多维度地给大家介绍各个型号的特点。

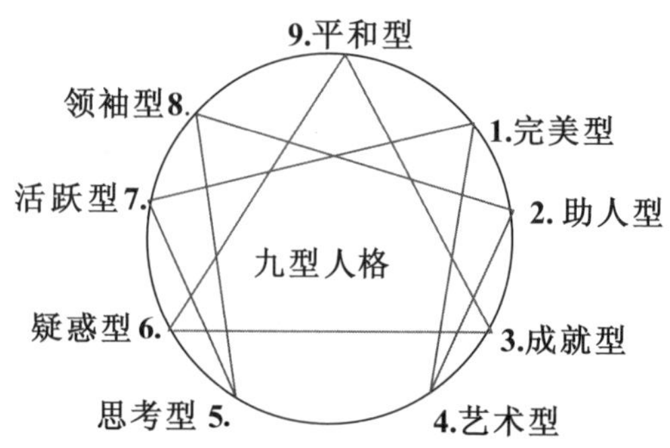

第一型

积极的名字叫完美型，消极的名字叫苛责型。

一型的典型特点：人群中最忙最累的人。

一型的原生家庭：父母比较严格，他们坚信孩子的潜能无限，总是用很高的标准要求孩子。比如孩子考了99分，父母会提醒他要精益求精考100分，孩子在班里排名第二，父母告诉他，人们只会记住第一……就算孩子考了班级第一，父母又鞭策他应该获得年级第一；孩子成了年级第一，父母说他们学校不是全市最好的……总之，孩子永远无法达到父母的标准。父母的这种苛刻在一定时期内会激励孩子前行，避免自傲。长期的焦虑会让孩子充满了自责或内疚。久而久之，这种苛责的标准内化成为他自己的标准，追求完美成了他们最固执的念头。

一型的内在誓言：世界非黑即白，没有灰色地带，人生要么成功，要么失败。

一型的生命颜色：银灰色。

一型的人际关系：他们的人生价值观就是为了得到别人的认同而不懈地努力。因为过于刻板而使周围人备受压力，他们的人际关系缺乏和谐互动，难以其乐融融。

一型的职业选择：适合需要坚持原则与公正的所有领域，如法官、医生、

质量检查、纪律检查、安全检查、财务工作等。

一型的成长方案：世界不是非黑既白，还有灰色地带的存在，完美只是一个理想，成长才是真实的过程。

如何与一型相处：要清楚一型对自己的苛责远远超过对别人的要求，周围人千万不要因为他的苛责而生气。如果你能学会和一型示弱，则会得到一型人的体谅。

〖案例分享〗

学历最高的编导要退出职场

胡玫来找我咨询时已下决心回家做全职太太了，她希望我告诉她如何和家人和谐相处，避免将家人关系弄得和职场一样紧张。

北大研究生毕业后，胡玫到电视台做策划编导。她的职业价值观就是尊重事实，尊重真理。领导不喜欢总和自己想法不同、经常板着脸的下属；同事不喜欢凡事追求完美、自愿加班不计得失的同侪。胡玫完全理解是自己不讨人喜欢。促使她做心理咨询的导火索是实习生拒绝一切与她相关的采访……胡玫真切感受到被所有人排斥的苦楚，她要撤退回家。

九型人格测试显示胡玫属于典型的一型。

“胡玫，你是否对别人的要求很高呢？”胡玫告诉我，她早就意识到这个问题，她对别人的要求只是对自己要求的70%。一型人对自己的苛责要远远高于对别人，但就算是他对别人的要求降到70%，别人还是难以接受。

我建议胡玫离开媒体，从事科研，她现在已经成为政府部门的研究员。

第二型

积极的名字叫助人者，消极的名字叫讨好者。

二型的典型特点：人群中最热情的人。

二型的原生家庭：他们成长的环境往往是被成年人忽略的，有的小时候

被寄养在他处，他们的内在需要很难被别人及时发现，更难于获得重视。他们坚信只有自己多多付出，学会讨好别人才能够得到别人的关注和认同。

二型的内在誓言：我自己并不重要，别人的认同比一切都重要。

二型的生命颜色：红色。

二型的人际关系：他们乐于助人，能够赢得表面上的其乐融融；他们对别人的反馈超出对自己内心的关注，这使他们在人际交往中卷入度过高，缺乏界线感；一旦对方不接受好意，他们会很受伤。他们由不会爱自己发展成为不会爱与自己有亲密关系的家人。

二型的职业选择：所有跟人打交道的工作都能发挥第二型天赋的才能，如客服、教师、护士、工会主席、推销人员、管理者等。

二型的成长方案：别人是别人，自己是自己，不要总活在别人的感觉中间，像关注别人的感觉一样关注自己和家人。

如何与二型相处：对他的帮助要给予及时而准确的谢意；同时提醒他要像爱别人一样爱自己，关心自己，关心亲人。

〖案例分享〗

委屈的客户经理

王微是某连锁企业的客户经理，她是热心肠。前些天，一位态度强势的客户和同事投诉，同事的积极应答但坚决不办的态度让王微感觉到难以容忍。王微主动接手这位顾客。对方反映产品质量有问题，业务员态度前后判若两人……王微自作主张不但给客户退货，而且还答应给予一些经济补偿。“你是客户的知心人呀！”客户的肯定让王微备感欣慰。

事后领导批评她不了解情况，擅做主张会招来客户更疯狂的进攻。一周后，客户拿着王微的处理方案找公司索赔精神补偿金……

人格分析：

王微是典型的二型，通过人际关系来满足自己“被爱”“被认同”的内心需要，他们对别人需求的感觉敏感，却因缺乏界线而将关系弄乱。

丽珊建议：

当他人，尤其是客户过分依赖自己时，要给自己思考问题留有时间和空间，不要草率地作出决定，更不能越权做事。多一些客观，少一些情绪化。王微找到了自己的盲点，主动向领导承认错误，赢得了领导的谅解。

第三型

积极的名字叫成就型，消极的名字叫急功近利型。

三型的典型特点：人群中不用扬鞭自奋蹄的人。

三型的原生家庭：他们的父母或周围有三型的人，他们真切地感受到三型人的勇往直前、热爱生活，充满动力，由此很崇拜他们，并渴望自己也能像他们一样获得成功，拥有财富，获得别人的尊重。

三型的内在誓言：只有成功者才能赢得别人的尊重。

三型的生命颜色：明黄色。

三型的人际交往：他们在意结果却对过程不太重视。他们只要认为重要就会努力工作，有时为了达到目的不择手段，让别人留下急功近利的印象，破坏了人际关系中的平衡；他们过度在意自己的外在形象，让周围人觉得他们华而不实。

三型的职业选择：充满弹性，擅长说服别人，又很有目标性，在具有挑战性和说服别人的工作中尤其能发挥天赋的才能，如在推销、保险、演讲等领域尤其容易成功。给第三型一个团队也能充分发挥他的才华。

三型的成长方案：不要过于重视社会评价而忽略了自己的内在感受，要明白内在的成长比外在的成功更重要。在与人交往中要避免因为自己过于张扬而给别人造成压力。

如何与三型相处：鼓励他，夸奖他，他会更加严格地要求自己，帮助别人。

〖案例分享〗

外形时尚的王先生险些与晋升擦肩而过

为企业选拔高级管理人才是我担任企业心理顾问的重要工作之一。王先生是一家欧洲企业的部门经理，入围销售总监选拔后进入心理测试环节。部门对其评价是：工作热情高、有创意、执行力强；缺点是个性过于张扬、有时说话会伤到同侪，外形过于时尚，给人华而不实的感觉……

王先生属于典型的三型人，他希望给人留下光彩照人的印象，以此提高别人对自己的信心，也由此提高对他所推销的产品品质的信心。我在面对面交流中指出了他的这种行为给周围人的印象，给他提了一些建议。此后他有所改善，同时消除了上司对他的担忧，顺利晋升。

第四型

积极的名字叫艺术型，消极的名字叫自我中心型。

四型的典型特点：人群中最容易纠结的人。

四型的原生家庭：四型在成长中缺少来自重要他人的悉心呵护。二型妈妈容易带出四型孩子。小的时候他们会像其他小孩一样向父母敞开心扉，寻求帮助，但父母却将注意力和爱心转移到周围“更需要帮助”的人身上，没有给予孩子及时、到位的关注。久而久之，孩子确信父母对自己是不感兴趣的。他的内心关闭了，生活在自己的主观世界之中。

四型的内在誓言：世事无常，没人真的关心自己。

四型的生命颜色：紫色。

四型的人际交往：四型内心渴望得到周围人的关心，但却表现出对人际交往毫无兴趣。他们内外的不统一难以获得周围人的关注，由此陷入更加深度的孤独之中。

四型的职业选择：适合从事各类要求高度创意的工作，他们有对美的特殊敏感，所有涉及美的工作都能发挥他们天赋的才能。如美术、音乐、艺术、

时装、戏剧、文学、装潢、广告、产品设计等领域。

四型的成长方案：过去的已经过去，未来的还没有来到，最重要的是珍惜眼前所拥有的一切。

如何与四型相处：留心聆听四型的感受，给予贴身的支持；不要期望四型有稳定的表现，将焦点放在最后的成果；重视四型的感受，分清人与事。

〖**案例分享**〗

“艺术型”员工使人力总监喜忧参半

案例：林先生（某 IT 公司的人力总监）

公司游戏开发部的主管诸葛在游戏研发圈子里颇有争议，欣赏他的人说他是天才，善于创新，感情细腻，未来能够一鸣惊人；厌恶他的人说他神经兮兮，自我陶醉在自编自导的生活剧中，总是摆出一副虎落平原被犬欺的哀怨，和女朋友粘粘乎乎七八年也不结婚……兴致来了，诸葛将铺盖拿到办公室，几天几夜不回家，游戏脚本得到公司高管的高度认同；可情绪不好，他就几天不露面。部门的下属很有怨言，诸葛忽冷忽热的态度让大家在工作中无所适从，上网试测时间一拖再拖。

人格测试：

诸葛是四型。性格上情绪化，追求浪漫，我行我素；工作中讨厌平凡、重复、科学化、理论性及烦腻的工作，具有丰富的想象力，喜欢创新；人际关系中，觉得周围的人难以真正地理解自己，所以采取“若即若离”的方式；感情上追求完美的爱情，因为始终无法确信目前的恋人是否是自己最适合的配偶而迟迟不愿结婚。

丽珊建议：

从自我世界走出来，将目前的职业当做自己的事业去努力；用理性的思考替代情绪化，对工作的过程和结果投入更多的关注；学会控制情绪，在与人共事中，要尊重差异，理解每一位同事都具有不同的优势。

诸葛经过认真思考决定放弃主管的职位，专注于脚本的设计，尽管收入减少，但自我感觉好。他下定决心走入婚姻的殿堂，我担任了他们的证婚人。

第五型

积极的名字叫思考型。

五型的典型特点：人群中学习能力最强的人。

五型的原生家庭：成长的环境充满了争吵。争吵有可能来自父母，也可能是周围其他的人，由此产生了一个错觉，人与人之间的沟通是没有意义的，最后依然还是争吵。为了躲避争吵，他们躲到角落里看书，沉浸在书的海洋中，拒绝与环境的互动。他们的逃避却收获了良好的阅读习惯。学生时代他们有骄人的成绩，更加不屑于人际交往了。

五型的内在誓言：学习改变命运。

五型的生命颜色：蓝色。

五型的人际交往：没有充分自我成长的五型不屑于人际交往，不关心别人的言行，只是按照自己的主观想法来判断。给人木讷、不合群的感觉。

五型的职业选择：擅长将大量数据有条不紊地分门别类，有过人的洞察和分析能力，会成为某个特定领域的专家，适合科学家、咨询顾问、决策分析、数据分析整理、研究等岗位。

五型的成长方案：你能尽快地把思考转化为行动，多给自己一些感性的力量，正视自己的感性，多多了解人情世故，关注别人的心理感受。

如何与五型相处：接受五型不善于人际交往的事实，接纳他缺乏人情交往的经验不足，帮助他进入朋友圈子，让他体会到来自朋友的关怀。

〖案例分享〗

有文化的老公为什么打人

冯舒丽去民政局办离婚，一切手续办妥，工作人员最后问了一句："你们真的想好离婚了吗？"她的眼前浮现出我在北方网"丽珊生活心理学大讲堂"

视频专栏中所说的:“没有经过婚姻治疗的离婚是不负责的。”冯舒丽决定接受婚姻治疗之后再决定是否离婚。

欧阳是某教育研究机构的副研究员，当时冯舒丽就是看上了他有文化，如果未来有了孩子他能够把孩子教育好。没想到结婚之后，欧阳不和任何人交往，认为冯舒丽总是和朋友在一起就是小市民。每次发生冲突欧阳总是让冯舒丽“滚！”。最近已经多次暴打妻子。

欧阳告诉我打骂冯舒丽的原因只是为图清静。“无论在哪里，只要我能安静地看书就满足了。可小冯却总是没完没了地说话，经常给我提出各种我暂时无法解决的要求，我忍无可忍就断喝她，或者打她……”这么伤人心的言行仅仅是为了图清静而已！

欧阳是典型的五型，他童年的记忆都是奶奶家人与人之间的各种争吵，为了回避这些矛盾，他总是躲到角落里看书，书让他获得了内心的宁静，让他成为鸡窝里飞出的金凤凰。他对人情世故全然不了解。

我给他恶补了基本的与人相处的原则，他能够耐心地与妻子交流了，现在他们的孩子已经两岁，一家三口幸福地生活着。

〖案例分享〗

神一样存在的好五型

陆哥是同学对他的尊称。他是年级永远的第一，为人低调，自高一开学加入心理健康使者团以来一直默默地为社团作贡献。学长推举他做副团长时我稍微有些担忧，毕竟他的名次没有上升空间，只有下降空间，万一……。“丽珊老师，我的学习成绩的确不错，但进入社会仅仅有智商、有成绩是不够的，我决定在高中时代提高自己的情商，对名次的下降我有充分的考虑……”

做了副团长，陆哥和其主管的三个部门部长配合密切，成功操办了第五届天津市中学生心理剧大赛。

最令我感动的是，使者团的一位同学升入高三之后出现了强烈的焦虑，打算放弃当年的高考，但根据经验，我认为这个学生如果得到有效的帮助完全可以参加高考。我在给他做心理咨询的同时，要求他坚持每天长跑，请陆哥监督。陆哥欣然接受任务，每天放学都陪着他一起去跑步。就在陆哥为了出国而每天到英语机构集训时，依然放学赶回学校，陪那位同学跑步……就这样，那位同学走出了焦虑，顺利考上大学。

陆哥是典型的五型，这类人具有很强的学习能力，一旦意识到人际交往和情绪管理的重要，就会有意识有方法地提高自己的情商，成为智商高情商也高的春风得意者。

第六型

积极的名字叫忠诚型，消极的名字叫疑惑型，还可以叫小嘀咕型或危机处理专家。

六型的典型特点：人群中最容易忧心忡忡的人。

六型的原生家庭：他的父母多是多思多虑，孩子从小耳濡目染了谨小慎微的做事风格；或在成长中家庭始终处于动荡之中，被外界的不安定因素所困扰，缺乏安全感，他们学会了察言观色、谨言慎行以求自保。

六型的内在誓言：这个世界危机四伏，人心难测，遇人不慎就会被人利用和陷害，我渴望能找到我信任的同道中人。

六型的生命颜色：大地的颜色，浅咖啡色。

六型的人际交往：六型在预见事态发展时宁可悲观一些，而不会盲目乐观。他们在人群中属于遵守规则，道德水准一般比较高的人。六型在人际交往中比较被动，他们不会主动与人搭讪，但如果别人主动与他交流，并通过交流发现对方可以信任，他们就会表现出“护群”和“抱团”的倾向性。六型在与信赖和熟悉的人交往中会像二型一样，热情、喜欢站在对方的角度考虑问题。

六型的职业选择：在需要细心、耐心、警惕、忠诚的岗位上能发挥他们天赋的才能，如心理咨询师、策划、规划、警察、情报人员、保卫人员等。六型平时忧心忡忡地预见危机，而一旦危机出现，他们则是人群中最从容的，我给他们起了另一个小名，叫“危机处理专家”。

六型也可以创业，在创业之前会瞻前顾后，而一旦创业就会稳健发展。

六型的成长方案：你要放下多余的担心和恐惧，相信自己，相信别人，拿出自己的力量。

如何与六型相处：与六型人交往的最好方法是将事情说清楚，不要含含糊糊，让他觉得不安。如果你总是让他不安，时间长了，他会反感，甚至会中断友情。

〖案例分享〗

“危机处理专家”的焦虑

案例：邱女士（家族企业副总经理）

邱女士因为崇拜老公才进入家族企业担任财务总监，工作中发现老公在经营理念和处理问题上刚愎自用，听不进别人的建议。有的项目陷入停滞或纠纷之中，邱女士帮助做了善后工作，但老公并没有吸取教训，依然对邱女士和其他副总的建议置若罔闻。邱女士每天提心吊胆，觉得危机四伏，睡眠不好……

人格测试：

邱女士属于典型的六型。他们对威胁的来源明察秋毫，预想最糟的结果。他们这种怀疑的心智结构会产生对世事的拖延及对他人动机的猜疑。有些六型具有退缩并保护自己免受威胁的倾向；有些六型则先发制人，表现出极大的攻击性。

丽珊建议：

帮助老公撰写“工作日志”，面对一个项目，老板掌握的信息是最多的，站得高看得远，副总无论如何也难以达到这个高度，所以出现意见不一致很正常。但这并不意味着副总的意见就毫无价值，邱女士将自己听到的各种声音如实地记录在日志上，放在老公的办公桌上，让他自己去看，以此达到“兼听则明”的效果。

邱女士坚持做了，经过一段时间，老公开始虚心地向她征询意见了。

第七型

积极的名字叫快乐型，消极的名字叫享乐型。

七型的典型特点：人群中最快乐、最有人缘儿的人。

七型的原生家庭：多是民主家庭，父母对年幼孩子进行散养，充分发展其爱好特长，家庭气氛宽松，孩子可以将自己的想法说出来，父母很少给予标准化的答案。由此他们养成了自由的思维方式，他们不仅自己快乐，而且还把快乐传递给周围的人。

七型的内在誓言：人生在世就要享受生活。

七型的生命颜色：绿色。

七型的人际交往：因为性格随和，兴趣多多，有很多的朋友，但有可能仅仅局限于玩伴，难以交到知心的朋友。

七型的职业选择：一切能吸引第七型兴趣的岗位，尤其是公关、社交、计算机、需要创意的工作。

七型的成长方案：要敢于面对压力和痛苦，学会专注于某一计划，善始善终。脚踏实地完成眼前的工作。

如何与七型人相处：给他定性定量的工作，督促他圆满完成。

〖案例分享〗

多才多艺的业务先生“抑郁”了

案例：郭先生（商业银行客户经理）

郭先生自小就多才多艺，小提琴考了业余最高级。只是他的学习成绩一直惨不忍睹，靠着艺术特长，进入一所211大学上预科。大学毕业后，他又以艺术特长的身份进了银行，开创了这个银行招聘艺术特长生的先河。他的工作就是陪领导拜访大客户，几乎每天晚上都在K歌中度过，自在逍遥的郭先生活得很惬意。最近他明显感觉到领导对自己的疏远，同事们也开玩笑说他是“陪唱儿”。未来的不确定使他陷入焦虑之中，他敏感多疑，挑剔苛刻，经常与同事发生冲突……郭先生抑郁了，原本乐观开朗的他笑不出来了，他对未来充满了迷茫。

人格测试：

九型人格与其他人格测评最大的不同是每个型号除了具备本身的特质之外，还有两个侧翼，比如偏六型的七型表现为比较注重团体的利益及协作精神，能够更多地顾及他人感受，更加尽责，但也会有更多的担忧、焦虑；而偏八型的七型则更看重权力，更喜欢操控别人，具有八型的粗暴、缺乏耐心的性格。郭先生属于偏八型的七型。

丽珊建议：

“迎来送往”的状态肯定不能托付终生。郭先生要重新审视自己的职业角色在团队中的位置，判断岗位的可持续发展潜力。要想有稳定的岗位，就一定具有不可替代的工作能力。职业测评显示郭先生适合行政管理工作，他经过集中补习考上“公共关系管理”专业的在职研究生，希望通过专业提升，将自己的“爱好”职业化。

第八型

积极的名字叫领袖型，消极的名字叫独裁者。

八型的典型特点：人群中生命能量最旺盛的人。

八型的原生家庭：部分八型的人出生在暴力的环境中，比如暴力的父亲、或他们全家都在承受着来自外在的暴力危险，他们应对这个社会的方式就是“以暴制暴”。

八型的内在誓言：我要做自己生命的主人。

八型的生命颜色：黑色。

八型的人际交往：他们具有强烈的事业心，超强的执行力，他们希望通过自己的努力掌握权力，进而获得掌握自己命运的机会。他们在人际交往中会比较强势，给别人压力。他们不喜欢久居人下，他们希望能够成为领袖。

八型的职业选择：在需要勇气、智慧面对冲突时最能够展现天赋的才能。做领导者，带领一个团队，或成为创业者。

八型的成长方案：明确自己的定位，学会尊重，心存敬畏。

如何与八型相处：给予他足够的尊重。

〖案例分享〗

虎落平阳被“犬”欺

案例：王先生（某公司销售总监）

王先生曾是大型公司销售总监，辞职在家三年，不厌其烦地宣讲自己的鸿鹄之志，自我沉醉在过去带兵打仗的辉煌之中。家人给他预约了心理咨询。王先生跟我讲他当年在办公室政治中的“丰功伟绩”，纠集几个同僚通过匿名信推倒总经理。他不但没有如愿成为总经理，而且空降的总经理对王先生处处提防、排斥、限权……王先生辞职之前坚信凭自己的人脉找工作不成问题。辞职之后，却没有一家公司接收他。

人格测试：

八型往往过高估计自己的力量。只要拥有力量，他们就会为所欲为，感到自己很重要，希望别人害怕，迫使别人服从。顺利时他们不可一世；不顺利时唉声叹气，摆出一派虎落平阳被犬欺的姿态，将不成功的责任推卸到周围的人和环境中，缺乏自我反省和自我改善的行动。

丽珊建议：

调整自我认知是职业生涯规划第一步。改掉责备别人的坏习惯，给别人的行为正向的评价；反思自己言行的不妥之处，并积极修正；放低身段，从头做起。王先生对自己的职业有了明确的定位，停止了主观想象，脚踏实地写创业策划书，并分批投入 10 万，计划一年内收回成本并产生赢利。

我发现八型的人在职场的发展呈两极化的态势，一般大企业的总经理80% 是八型的，他们能够有效地把握全局。而另一部分则非常有可能成为“问题员工”。八型作为职场新人时总是会表现出超强的主动性，他们渴望获得认同，经常越位，给中层领导者以压力，所以往往被压制。这种被压制的状态进一步激发了他们的斗志，于是通过各种方式表现自己，如果正当的方式难以获得成果，则会变得“阴险”，比如越级汇报、写匿名信等方式，成为彻底的“问题员工”。

第九型

积极的名字叫平和型，消极的名字叫阳奉阴违型。

九型的典型特征：人群中情绪最稳定的人。

九型的原生家庭：出生在比较平和的家庭，父母本身就是与世无争的人；还有一种可能就是家族间存在纷争，他们选择了逃离，对周围的人与事不感兴趣。

九型的内在誓言：安静地生活和工作。他们中有事业心的人则择良木而栖。

九型的生命颜色：金属黄色。

九型的人际交往：极具沟通艺术，他们善于察言观色，与不同的人用不同的方式沟通，以求达到最好的沟通效果。

九型的职业选择：不需要面对冲突的、和人打交道的工作，最能发挥九型天赋的能力。如教师、护士、咨询师、治疗师、服务人员等岗位。

九型的成长方案：勇于讲出自己的想法和感受，不要抑制自己内心的愤怒，否则会变得阳奉阴违。

如何与九型相处：他们不愿做最高领导者，不喜欢作决定，要给他支持和鼓励。

〖案例分享〗

“隐形人”遭遇职场危机

案例：孙女士（某机关办公室副科级科员）

孙女士是第一个通过社会招考进入机关的。她工作勤勤恳恳，总是早来晚走，招来很多流言蜚语，她选择做隐形人。最近机关科室调整，她由业务部门调到了办公室，周围同事背景复杂，精于人情世故，一想到要与他们相处，她就不寒而栗，夜里做噩梦。她每天都找领导纠缠，希望换个岗位。

人格测试：

九型追求内心和表面上的平静，刻意回避自己的负面感觉和冲动，负性情绪被长期积累，不但影响自己的身心和谐，而且会在忍无可忍中猛烈爆发，破坏了他们与周围人的和谐关系。

丽珊建议：

孙女士不善于沟通，不能将自己的感受表达出来，造成同事误解，恶化人际关系，岗位调动后选择被动攻击性行为纠缠领导，更会损害自己的职业形象。

孙女士充分准备后，和领导进行了深入地谈话，敞开自己的心扉，将多年来自己真实的感受，此次岗位调动的顾虑和未来的计划讲给领导，得到了领导的支持和认同。

第二节 缺乏职业生涯规划难以收获成就感

职业生涯规划是指在一个人对自己的兴趣、爱好、能力、特长、经历及不足等各方面进行综合分析与权衡，在对职业生涯的主客观条件进行测定、分析、总结研究的基础上，结合时代特点，确定其最佳的职业奋斗目标，并为实现这一目标做出行之有效的安排。

职业生涯规划对于在意个人内心感受，追求人生价值和品质的年轻一代已经不是奢侈品而是必须品。选错了专业就会使人陷入迷茫之中，非常有可能成为学业优秀者人生的拐点。以下的五个案例从各个维度揭示了缺乏职业生涯规划所面临的尴尬，以免后来者再重蹈他们的覆辙。

〖案例分享〗

渴望物质享受的男生误入清贫专业

汪强聆听完大名鼎鼎、令人景仰的院长对大一新生的寄语，第一时间给母亲打电话，要求退学回家复读，明年重新参加高考。悬着的心刚刚落地的母亲一下子又傻了，儿子这个大学咋就上得这么周折呢？母子俩是我电台“丽珊热线”的忠实听众，母亲建议儿子与我见面，将自己的想法完整地告诉我，听听我的建议后再作决定。

浑身散发着学生气质的汪强，一见面就敞开心扉：“丽珊老师，我有着强烈的名校情结，中学六年都在全市最好的中学，支撑我如饥似渴学习的唯一动力就是能够考上北大、清华，未来享受富足的物质生活。”高考前的每次月考，汪强一直保持在650分以上，考上这两所名校应该不成问题，谁想事事难料，就在高考前一个月，遭遇拆迁，扰乱了他学习的环境和心情，高考只得了619分。他不能容忍这个分数，明确要求复读，恰好当时我在“丽珊热线”节目中一再提醒考生，选择复读一定要慎重！母亲说服了汪强不要复读。同意填报志愿的汪强一筹莫展，除了北大、清华之外，他根本就不知道还有什么大学值得去。母亲听朋友说北京航天航空大学也很有名，于是建议汪强报考这个大学，汪强勉为其难地填了志愿，在他报道前，对这所大学没有任何了解。

院长讲话中说:“同学们，你们未来的前途和命运将和祖国的航天航空事业息息相关。”一部分新生就是看了航空英雄杨利伟的报道下决心投身到这项事业中来，他们为自己能够找对了专业而欢心鼓舞。可汪强却很茫然。院长接着说:“孩子们，在科学的路上，你们将与清贫、寂寞、挫折相伴……一定要做好充分的心理准备……”汪强再也没有兴趣听下去了，他上大学的目的是为了追求高品质的物质生活，而院长却让他与清贫相伴，真是南辕北辙。他坚决选择退学……

报考大学前一定要知道这个专业未来的就业前景是什么。

〖案例分享〗

被大学勒令退学为哪般

魏彪初中在一所以“应试”著称的学校里，他成绩好，尤其擅长数学。中考时他进入了全市最好的高中。本来以为进入了快速路，却不想厄运开始了……

魏彪的数学老师是数学博士，他认为数学是艺术，上课时沉浸在数学艺术之中，全然不顾学生对“应试”的饥渴。魏彪听不懂，下课追着老师问:“这道题到底怎么做？”博士老师鄙视他的浅薄和短视，魏彪的数学热情和成绩骤降……到高二的时候，魏彪的数学已经到了 20 — 30 分的水平。

魏彪高考得 520 分,“精明”的母亲帮他报了高大上的“计算机工程”专业。魏彪拿到课表后发现所有的课程都与数学相关……一年后，学校教务处通报给其母亲，魏彪两个学期没上课，没参加考试，学校决定勒令退学。母亲恳求学校给孩子一个补救的机会，转到一个不学数学的专业。学校答复:“学生

是可以转专业的，前提是必须在原专业考前三名……”

母亲下狠心提出是否可以降格为大专，转一个专业。学校答复“没有先例”……

报考大学之前一定要知道这个专业所学课程，回避自己的弱势学科。

〖案例分享〗

无法从事自己梦想的职业，痛苦难以名状

刘浩是我的学生，他高中阶段稳居班里前三名，他希望做操盘手，在财富领域指挥千军万马。他的理想是北大经济学院。高考结束，他的分数报北大经济学院有点危险，转而报北大计算机专业。当时我一再问他，是否一定要上北大？他的分数除了北大，可以到任何大学学经济，但他无法接受自己已经迈进了北大的门，再退出来的感觉。

大学四年，刘浩努力学习计算机的同时，辅修经济学，本来打算考经济学的研究生，却没有如愿。为了靠近自己的理想，他选择了一家全球性的金融机构做网络维护。

刘浩对我说：“张老师，我现在知道入错行是什么感觉了。在我们公司，学经济学的是主流，是专业人士，做几年如果业绩好就会有独立办公室。我们属于后勤，全国各地出差，连独立的办公桌都没有……天天看着自己理想的岗位，却无法真正靠近。更让我难受的是，我们公司做业务的根本就不是名牌大学……真后悔当初没有听您的建议……”

选择岗位一定要选择公司的主干部门，辅助性岗位发展空间不大，难以收获成就感。

〖案例分享〗

永远的职场新人源自入错行

周君明是一家全球500强IT公司的销售，研究生毕业四年间换了三个工作，现在与老板的关系又到了剑拔弩张的地步。他认为老板不但不支持他的一个大订单，而且存心拆台。根据我接触销售经理的经验，凡是不支持的话，就是对这个销售人员有意见、或认为这个订单成功的几率不高，不愿意盲目地投入时间，我告诉周君明，他的老板会很快和他摊牌的。

果不出我的意料，两天后，经理找周君明谈话，希望他离开公司。周君明痛定思痛，思考为什么自己在一个公司只能做1年多，过了职场“蜜月期”，就会一切走向糟糕，直至离开。

通过九型人格的测试，周君明是偏四型的五型，如果没有在专业咨询师的引导下实现自我成长，是不太善于人际交往，难以驾驭销售工作的。入错行使他成为“永远的职场新人”。

选择职业要顺势而为，误用自己的短板则会劳心劳力不落好。

〖案例分享〗

工作让我丧失尊严

黄卓属于竞技型选手，善于考试，成绩优秀。从中国药科大学毕业前，她和同学们一起到一家全球500强的制药厂应聘“医药代表”岗位，经过十几次的笔试和面试，在几百个竞争者中，黄卓脱颖而出。

进入公司之后，她才知道“医药代表”的工作是做什么的。她的工作状态令领导不满意，建议她接受EAP心理支持。和我见面时，黄卓已经有了明显的抑郁症倾向。她固执地认为自己不适合这份充满“虚伪、龌龊”的工作，“我始终学习成绩好，一切都靠自己，从来没有求过别人。为什么长大了，工作了，倒要低声下气地去求人？我的生命价值在哪里？我的尊严在哪里？”

选择职业前一定要知道岗位描述，并且确认该工作和自己的职业价值观是匹配的。

第三节 填报大学志愿秘籍

在填报志愿之前，要充分考虑两大类问题，一是知己，既要充分了解自身特点又要注意自己的学科优劣势；二是知彼，包括大学的背景、专业发展趋势、就业前景等方面。

理性地选择最适合的大学

填报志愿是考生和大学的双向选择，大学以分数来选择学生，学生则要多维度地了解大学，选择最适合的大学和专业。考察大学要从以下几个方面入手。

办学思想。学风好，治学严谨，有良好的社会认同。与世界接轨程度，包括国际合作项目、交换生项目、教师互换项目等，学生能够接触到本学科世界最前沿的成果和资讯的机会。

教师的素质。学校是否重视教师的继续教育，是否给教师科研的机会？是否有机会与本学科前沿的人士接触？稳定优秀的教师队伍不仅有利于向学生传授知识，还有利于传授科研的方法或实践的经验，提高学生的社会适应性。

学生的素质。了解大学在当地录取的人数和分数线，判断未来与什么素质的同学相处四年。

通过公平竞争获得的研究基金之多寡。从中了解这所大学在全国的位置和科研能力，社会认同情况。

科目设置的广度。尽量报考综合性大学，为未来选修课和拓展视野提供更多的选择。

硬件设备。从教室到图书馆，从宿舍到食堂，从体育设施到运动场地。这些无不为学生在知识的海洋里畅游提供了充分的条件。

弹性地选择最有发展前途的专业

忌贪大。有“管理”字样的专业对考生具有很强的诱惑性，考生误认为这种专业毕业后就会走上管理者岗位；“国际”打头的专业录取分数高，考生认为这种专业为自己成为国际化人才奠定基础。事实上，这类专业往往缺乏专业技能，未来不仅找工作难，升职空间也不大。

忌高精尖。如果考生希望未来能够申请到国外大学的全额奖学金就尽量选择基础学科，而一旦选择了基础学科，本科毕业很难找到工作，假如申请国外大学不成功，在国内也必须继续攻读硕士、博士。如果不能保证自己能够继续读下去就不要选高精尖的专业，而选择实用性强的专业。

忌缺乏发展的眼光。社会的快速发展造成行业的生命周期缩短，此时的热门行业在 5 到 6 年后可能就是夕阳行业，所以要具有发展的眼光。

忌本硕博连读。选择大学专业对于高中生来讲本身就存在一定的风险，一旦上了大学和自己想象的不一样，可以通过跨专业考研来修正选择。但如果选择了连读就难以退出来。现在大学的办学思路越来越开放，跨专业保、考研；跨大学保、考研的机会很多，只要考生渴望学习，就会拥有很多的求学机会。

第四节 出国留学秘籍

社会发展使人们有了更多选择，但每种选择都是机会与风险并存，父母为孩子选择时一定要慎重，稍有不慎就会造成学生被动体验失败、挫折。

父母要考虑的因素

1. 出国动机

首先是父母送孩子出国的动机是什么？有的家长对孩子的学业现状不满意，认为留在国内也无法考上好的大学，索性出国；有的家长与孩子沟通有障碍，希望能够通过把孩子送出国，让孩子在人生地不熟的环境中反思父母的爱；有的家长盲目攀比，看到亲属或朋友送孩子出国了，也跟风似的将孩子送走……这些枯竭型的动机很难收获好的结果。

其次是孩子出国的动机，是希望完善自己的知识体系，提高独立生活能力，让自己拥有国际视野，还是想逃避目前艰苦的学业压力。

2. 生涯规划

学生在国外求学后在哪里发展？是在国外定居还是回国发展？如果举家移民，学生就越早走越好，给他更多时间去认识、熟悉国外的环境；如果希望学生学成回国，毕竟在未来几十年里中国是全球发展最快的地区，那最好是大学毕业后去国外上研究生，两三年的离开不会造成国内人脉资源的损失。

3. 经济实力

送孩子出国是一个大额的家庭投资项目，一定要做好经费预算。有的家长认为孩子到了国外就可以打工赚学费了。现实并不那么简单，一要考虑是否能找到打工的地方，二要考虑孩子是否能够兼顾打工和上学。我的一个来访者高中时被家长送到外国，后来家长无力支付巨额的费用，他半途而废回国，此时他的高中同学都已经大四，没有任何学历的他终日宅在家里，成为啃老族。

学生要考虑的因素

1. 充分预估学业的艰辛

久居国外的华人对留学生的忠告就是“想真正地站住脚，学习是捷径”。学习成绩成了中国留学生获得当地人认同和尊重的重要理由，压力要比在国内更大。通过语言学校的考试就是第一关。有的学生因为语言不行，在语言学校无限拖延下去，加大了留学成本。

2. 选择适合自己的住宿方式

是选择寄宿家庭还是住宿舍？一些学生由于与寄宿家庭无法和谐相处，经常面临换房东的麻烦。出现这种现象的原因要从两方面来看，留学生误认为发达国家的生活水平高，结果却大失所望。二是房东对留学生的不满，比如通话时间太长、打扰房东的休息、洗澡时间太长浪费水资源、不做力所能及的家务等。留学生的生活技能越强，心理适应的过程就越快。

选择集体宿舍要比到寄宿家庭简单一些，处理舍友关系问题要学会换位思考，站在对方的角度考虑问题，用一颗包容的心为自己营造宁静的天空。

3. 学习人际交往

有的留学生到了国外总是愿意与老乡在一起以减少适应的难度，却错过了广泛与他人接触的机会，成了游离于大群体之外的小团体；有的留学生为了标榜自己适应性强，拒绝与中国学生交往，刻意将自己装扮成“香蕉人”，却因为摒弃本民族的文化而演绎了东施效颦。

到了国外，在人际交往中要细心观察，确立自己的公众形象，维护各种关系。

4. 学会自律

在国内学生基本处于他律状态，家里有家长的叮嘱和监督，学校有老师。到了国外没有了悬在头上的警钟，一旦越线就会遭受惩罚。这就要求留学生学会自律，自我严格管理，对自己做的事负起责任。

5. 学会选择

出国之后一切都需要自己选择，学生由此感到责任和压力。人生本来就是一个不断选择的过程，正确的选择会引领你走向成功，而错误的选择则会带来痛苦甚至人生的逆转。

6. 提高理财能力

一些没有理财经验的学生到了国外就开始挥霍，不仅养成浪费的习惯，还会沾染坏毛病，结交不良朋友。理财能力是一个成功人士必须具备的能力，也是诚信的开始。

【心灵作业】

高中生职业生涯规划书

职业生涯规划书要基于你对自己的充分认知、有海量的职业储备、职业所需大学专业的把握以及大学需要学什么专业，该专业的课程如何等。如果你在高一就能做一份完备的职业生涯规划书，你就真的做到领跑同龄人了。

一、写下你所钟情的职业

请你先写下自己最理想的十个职业。注意：要弄清楚你所说的是“职业”，而不是“职位”。比如“工艺工程师”是职业，而“总工程师”则是职务了。

请你通过各种信息获取的途径，比如上网、查看书籍等，搜集这个职业的工作状态：

1. 是朝九晚五，还是自由职业？

2. 是与“物”打交道(比如科研、会计、机械师等)，还是与“人”打交道的？

3. 是经常出差还是能够过常规的家庭生活？

4. 是得到丰厚的物质享受还是享受充分的精神满足？

5. 其他……

二、这个职业与你的职业价值观是否匹配

将你所喜欢的职业发展方向和你的职业价值观进行比对。有的大学生为考公务员而殚精竭虑，当我问他为什么选择公务员时，他说公务员比较轻松，喝喝茶，看看报，就能赚大钱，让自己过上富足的物质生活……我马上叫停，公务员目前是压力最大的几个职业之一，随着社会的转型，政府机关已经由原来的“衙门”变成了服务性机构，承受着来自各个方面的压力，并且公务员在合理合法的范围内是肯定不会发大财的。

我举这个例子的目的是请同学们注意，当你确认自己渴望从事哪个职业的时候，一定要更多地了解这个职业的工作状态。

三、这个职业与你的九型人格、气质类型和职业兴趣是否符合

在职业选择上没有最好，只有最适合。择业一定要顺应自己的九型人格、气质类型和职业兴趣。假设一个喜欢安静的人从事需要迎来送往的工作，是不是很痛苦？一个好说好动的人，却误入安静得掉一根针都能听得清楚的安静环境，是不是太难受了？

四、这个职业目前在国内的就业形势如何

这个职业在国内的发展前景。在职业选择上，一定避免选夕阳行业。职业生涯的关键是选择，如果选对了，上了大船，实现职业理想，收获成就；如果选错了，就注定你要面对付出的比别人多，但收获少的尴尬。

作为高中生在选择职业时要预见近十年的职业发展情况，如何具有这样的前瞻性呢？

五、这个职业在发达国家的就业形势如何

发达国家的产业样态和就业形势在一定程度上对我们具有参照意义和借鉴价值。选择职业前一定要看看这个职业在发达国家的就业形势如何。

六、这个职业需要的大学专业是什么

职业和专业不是一一对应，同一个大学专业可以选择几种不同职业。同样，一个职业也可以由不同的专业的毕业生来从事。但如果专业和职业根本不在同一领域里，则无法实现自己的职业理想。要充分了解是哪些专业可以支持你从事自己心仪的职业。

七、这个专业的大学排名如何

名牌大学里有弱势专业，普通大学里有排名靠前的专业。对专业水平的考察除了参照学校的品牌之外，还要注意该专业的大学排名。比如建筑专业全国前四位是清华大学、同济大学、天津大学、东南大学。这四所大学各地的录取分数却差距很大。比如东南大学，在江南地区号称小清华，录取分数比较高；而北方城市对这所大学的认知度不高，录取分数也不高。如果进入这所大学，最好在江南找工作，如果坚决要回到北方就业就要慎重了。

八、这个专业大学需要学什么课程

确认选择某个专业之前，还要进入大学的教务系统中查查这个专业四年的课程表，看看有没有你高中时代的弱势学科。

大学时期是一个人综合素质提升的阶段，除了完成课业之外，还要进入企业实习，接触社会，如果学业占用了全部精力，无法充分实习，对未来求职构成比较大的损失。

九、选择职业生涯规划师要有一双慧眼

完成了职业生涯规划书之后，最好与职业生涯规划师进行面对面的交流。如何选择职业生涯规划师呢？

1. 能够提供完整的测试；

2. 具有作为企业管理者或企业顾问的经历，充分了解企业的结构和职场规则；

3. 与社会密切接触，能够在一定程度上对社会发展趋势具有前瞻性的

预测；

4. 能够与来访者建立相互信任的关系，在了解来访者心理品质、沟通特点等基础上，结合测试报告上的数据给予科学的建议。

【媒体文章】

你给自己的独立生活能力打几分

《中国青年报》2013 年 09 月 03 日第 11 版

作者：张丽珊

大学录取通知书是同学们进入青春期后就一直盼望的“解放证书”，拿到这张证书，就可以告别父母，开始独立生活了。但升入大学后，各种问题扑面而来，如果之前你没有独立处理这些问题的经验，就会显得手忙脚乱。

我在天津人民广播电台生活广播有一档“丽珊热线”节目，每到新学年开学就会有许多大学新生向我求助，他们的问题具有很大的共性——住宿生活使人与人之间的空间距离缩小，即将步入社会使人与人之间多了功利色彩，与同学之间的相互评价、攀比在所难免。如何在人际交往中既能保持自我独立，又能接纳差异？这不仅需要生活技能，还要善于从他人那里学习更多有益的生活经验，在迅速适应新环境的同时，让自己的内心丰富、强大起来。

NO.1　生活技能：从“给自己最好的照料”学起

上大学使许多学生第一次体验独立生活。高中时代只要跟着家长和老师的节奏就够了，上了大学所有的日常琐事都要靠自己。有的同学缺乏起码的时间管理观念，难免顾此失彼；有的同学缺乏自我照料的能力，物品摆放毫无章法，经常找不到东西，甚至会大呼小叫谁偷拿了他的东西；还有的同学将自己的物品放在公共区域，一旦有人误用了，他们内心又充满委屈，“为什么不征得我的同意，也太不见外了！”

卫生习惯也是个问题。尤其是男生宿舍，在家时家长督促睡前洗漱，家

长帮忙洗衣服、刷鞋，住进宿舍没人管了，有的同学成为彻头彻尾"有味道的人"，让舍友们非常不满。当然也有一些同学能够保持个人卫生，却从来不知道参与宿舍卫生的维护，落下自私自利的名声。

一个人是否具有独立生活的能力与父母的教育思路有着密切的关系。很多父母觉得孩子完成学业已经很辛苦了，于是对他们的饮食起居大包大揽，孩子过着惬意生活的同时，也失去了独立生活能力的培养和训练。

事实上，一个人只有摆脱依赖才能意识到责任，只有独立才能主动承担责任。每个孩子在小的时候都有强烈的被成年人认同的愿望，为了实现这个愿望，他们对完成一些自己的事情表现出强烈的热情。但父母经常觉得指导孩子做事比替孩子做事要麻烦得多，因而显得很不耐烦，甚至以孩子做得不好来制止他们的摸索，无意中给孩子一个错误的心理暗示："做事会出错，出错就挨批，不做就没有错。"于是孩子不再积极主动地承担他原本可以承担的任务。

但独立绝不是口号，而是实实在在的能力。你可以从最基本的事情做起，给自己最好的照料是大学新生的第一课。

NO.2　人际交往：所有的选择都有利有弊

升入大学最令人自卑的是发现自己什么都不如别人，"热闹是他们的，与我无关"。高中阶段总是用一句"到了大学就好了"来忍受着各种烦、各种苦，可真正进入大学才发现，新的烦恼似乎更多了：繁重的学业、陌生的宿舍、遇到困难不知道向谁求助，不了解的事情不知道向谁询问……原本抱怨高中老师太细碎，现在才意识到那种安全感的宝贵。

一些不善于人际交往的大学生看着别的同学热火朝天地参与各种活动，心生羡慕，却无法效仿。一些学生除了学习之外没有别的爱好，升入大学后发现想交到朋友除了人品和成绩之外，更直观的是，业余爱好、社会见识、八卦桥段、品牌常识等。

女生在人际交往中除了面对这些共性问题之外，她们对友情有着更强烈的依赖，一旦选中了"闺密"，就要同出同进，一起上课、逛街、吃饭，甚至连上厕所也要在一起。这种你中有我、我中有你的嵌入式姐妹关系在让女生摆脱内心孤独的同时，也陷进了无法独立的沼泽。

每个人进入新环境都会有不适感。有的学生先声夺人，貌似很快融入，但如果判断有误，极易造成负面的影响，比如给别人留下张扬、炫耀、轻浮等印象，对于自我形象的确立并不是一件好事；有的学生慢热、木讷，但如果内心有定力，借机观察周围人的行为特点，取人之长补己之短，则会给人留下沉稳可靠的印象。由此，我们不难看出，所有的选择都有利有弊，没有必要妄自菲薄，更无须东施效颦，仓促应战。

什么样的人既能获得友情又能享受独立生活呢？

第一，建立友情的同心圆，以自己为中心，以各种爱好为半径，结交不同的朋友，形成不同的人脉圈，这样你和谁都能找到沟通的切入点。

第二，对于任何一份感情都避免投入过多，如果你希望和这个人成为长久的朋友，就一定要保持距离，给对方留有独立的空间。

第三，不能将朋友当作你精神上的救世主。如果将自己的心全部交托给朋友，对自己来讲丧失了独立判断的机会，对朋友来讲则很可能是一种负担，这种选择对双方都弊大于利。稳定的友情建立在人格独立、悦纳自己、尊重对方的基础上。

NO.3 找到价值感：自信好过任何背景

高考之前，绝大多数学生是通过考试确立自己在同龄人中的位置，升入大学，有的学生明确意识到家庭背景对人的影响客观而深远。有的大学新生，生怕贫穷让别人瞧不起，在报到之前逼迫父母购置最新的手机、笔记本电脑，将自己打扮成“阔人儿”。他们花钱没有任何规划，无论是否适合自己，只要别人买了自己也要买下。让同学不得不怀疑他是否独立管理过钱，他花钱是在给谁看？

有的新生体谅父母的艰辛，为了避免给父母造成经济负担，他们拒绝一切团体活动，不和同学一起吃饭、逛街、娱乐……仿佛这些活动本来就与自己无关，他们就这样成了校园里的“苦行僧”。时间久了，有些人甚至对家境好的同学有强烈的排斥感。

还有一些学生喜欢结交家境优越的同学，他们觉得这些是比较有潜力的人脉，扩大这些人脉就能提升自己的价值。于是他们总喜欢结交这样的朋友，在蹭吃蹭喝蹭玩的过程中，也放弃了自己的判断和自尊。

年少时，孩子自信与否和父母所从事的职业、所处的社会地位没有关系，只要得到父母充分的爱他们就会充满自信。很多时候，将家庭社会地位灌输给孩子的是父母，只要孩子和某个同学关系比较近，父母就会追问那个同学的父母是做什么工作的，让孩子感到父母对他的朋友有什么爱好并不在意。随着成长，他们真切地体会到，不同的家庭背景给孩子提供的资源和机会是不一样的，有的人一出生就意味着与财富为伴，而绝大多数的孩子则注定了要靠个人奋斗开创生活。

其实生活对每个人都是平等的，事业成功的父母在给孩子创造更多平台的同时，也缩小了孩子上升的空间，使他们很难超越父母，有的还会陷入“虎父犬子”的自卑和焦虑之中。普通家庭的孩子无势可借，但从小树立的个人奋斗信念会帮助他们一路向前，在成就人生的同时获得实现自我的快感。如果你在与同学交往中经常冒出家庭背景这个念头，就说明你的独立意识还不强，对自己没有充分的自信。提高自我价值感的最好方案是做好自己，顺势而为。

NO.4 独立思考：科学规划职业发展方向

大学与中学最大的不同是学生们可以根据自己的需要、特长自主规划和安排生活。这既给一些具有独立思考能力、有主见的学生提供了展示才干的机会，也让那些缺乏独立思考能力的学生感受到困扰和纠结：到底是参加学生会还是参加兴趣小组？是在校园发展还是去找实习单位？考托福还是考研？毕业后是在国内找工作还是到国外发展？看看学长们，每个人的选择好像都很有道理，但是同样的问题放到自己身上，还是有些不知所措。

在日常咨询中，我经常遇到“穷忙族”。面对同学的忙碌他们心急起来，他们认为思考太虚，采取行动才是积极的态度。这些同学在不明白自己适合什么的情况下就仓促上路，成功的几率自然很小。有的大学生甚至认为“不想考研的本科生就是不思进取的人”，尽管自己在专业上没有任何优势，依然孤注一掷地考研，错过了企业到大学校园招聘的最佳时机。

大学时代自主时间的安排和活动的选择要以未来的职业发展为基础，不要和任何人进行攀比。科学的规划是要先订立好职业方向，然后有效地安排自己的大学生活。目前，毕业生主要有以下几大类职业发展路径。

第一类是考公务员。如果你有意向考公务员，那么可以多参加学生会的活动，积累社会经验及判断、解决问题的能力。

第二类是进入科研院所。如果你的目标是学术研究，可以将更多的精力用于专业知识的学习和英语水平的提高，以攻读博士学位为目标。

第三类是本科毕业就工作。你可以参与学校的社团活动，但如果能把更多的精力用于选择对口的单位去实习，有利于更早地接触社会、提高自己的实际工作能力。

第四类是申请国外大学的研究生。如果你有意出国，就要努力学习专业学科知识，尽最大努力提高 GPA，雅思、托福成绩，力争多“刷”几次成绩，以求高分。同时，有意识地多选择与慈善相关的志愿者活动，并获得相应的证明。

NO.5 学会求助：给自己建一个“加油站”

升入大学，外界环境和内心环境都会发生很大变化，如果你没有充分的准备，一旦某个环节出现问题，就会呈现多米诺骨牌效应，出现心理冲突、情绪失控、人际矛盾等一系列问题。

心航路教育心理机构对大一新生心理问题成因进行的大样本统计分析显示，与父母心理连接的切断是问题的根源。被父母替代成长的孩子从心理层面会出现青春期滞后，他们在中学阶段比较听话，几乎没什么逆反。但升入大学之后，他们发现自己被父母“骗”了，决定从父母的掌控中彻底逃离。于是他们对父母不再言听计从，甚至反其道而行之，凡是父母反对的都是自己要做的。面对孩子的逆反，父母往往通过减少生活费来阻止孩子的不理智行为，可是这种措施会让孩子感受到更加彻底的孤立。失去了亲情的保护，他们可能会将爱情或友情当作救命稻草，将自己的弱点充分暴露。因为内心不够坚定和强大，他们很难处理好各种情感问题，所以又会引发新的人际矛盾和冲突。

当个体面对困境，而先前解决问题的方式及其惯常的支持系统不足以使他应付眼前的困难时，这种暂时的情绪失衡状态就会造成心理危机，引发情感、认知和行为方面的功能失调，严重的可能会发展成为心理疾患。

父母在孩子成长中要有计划地放松手中的线，给孩子试飞的机会，这样孩子上大学时才会有能力单飞。进入青春期之后，父母不要一味地打击孩子的独立思考行为和偶尔的逆反行为。强势父母只能推延青春期的爆发，而进入大学后的反叛所带来的负面影响，肯定要大于中学时代。

上大学后，遇到矛盾和冲突要学会求助，但不要将太多的隐私讲给周围人，人与人之间交往其实就是一个博弈，如果一方暴露自己太多，就难以保持心理上的平等，由此会引起心理依赖。此时，找心理咨询师是最明智的选择，度过危机之后，一定别忘了给自己建一个“加油站”——校园中的同伴支持能够跨越父母的代沟，是理想而有效的心理支持系统。

【推荐阅读】

《我在美国上高中—— 一位留美高中生与教育心理专家的心灵对话》

郑一玮 著

天津教育出版社 2013年11月出版

美国的高中课程特别简单，也就相当于我们小学或初中的水平；美国的学校鼓励学生个性膨胀，违纪也没有关系；美国老师和学生亲密无间，老师脸上总是充满了微笑；无法适应中国教育的学生到了美国就会一路顺风，成为精英……这些传闻让中国学生把美国想象成天堂……

郑一玮就像一名称职的向导，为即将选择出国留学的同龄人，逐一介绍

将要面对的种种问题。比如，出国之前，如果你仅仅听信中介的介绍而不能全家人到美国现场考察，这本身就意味着选择风险。你知道选择寄宿家庭和选择住校的利弊吗？到底选择哪个更适合你呢？你知道在出国之前就要考虑选课吗？不然开学到了美国，适合你水平和口味的课程可能早已经被别人选满了，你只能在还有空缺的科目中选择了。

郑一玮毕竟是一位高中生，她的观点有其年龄和阅历的片面性，所幸的是本书最大的一个亮点是教育心理专家张丽珊老师所作的全程点评。一玮每一篇文章的后面，丽珊老师都会给予更加理性、客观、科学、专业化的点评，这无疑修正了片面和绝对化，帮助大家梳理出更加符合大众心理需求的观念。

【心理测试】

职业价值观测试

职业价值观是人生目标和人生态度在职业选择方面的具体表现，也就是一个人对职业的认识和态度以及他对职业目标的追求和向往。理想、信念、世界观对于职业的影响，集中体现在职业价值观上。测一测自己的职业价值观吧。

下面有52道题，代表13项职业价值观，每题有5个备选答案，请根据自己的实际情况或想法，选一个答案：非常重要计5分；比较重要计4分；一般计3分；不太重要计2分；很不重要计1分。

题号	内容	非常重要	比较重要	一般	不太重要	很不重要
1	你的工作必须经常解决新的问题					
2	你的工作能为社会福利带来看得见的效果					
3	你的工作奖金很高					
4	你的工作内容经常变换					

题号	内容	非常重要	比较重要	一般	不太重要	很不重要
5	你能在你的工作范围内自由发挥					
6	你的工作能使你的朋友非常羡慕你					
7	你的工作带有艺术性					
8	你的工作使你感觉到你是团体中的一分子					
9	不论你怎么干，你总能和大多数人一样晋级和加工资					
10	你的工作使你有可能经常变换工作地点、工作场所或工作方式					
11	在工作中你能接触到各种不同的人					
12	你的工作上下班时间比较随便、自由					
13	你的工作使你有不断取得成功的感觉					
14	你的工作赋予你高于别人的权利					
15	在工作中，你能试行一些你的新想法					
16	在工作中，你不会因为身体或能力等因素被别人瞧不起					
17	你能从工作的成果中知道自己做得不错					
18	你的工作经常要外出，参加各种集会或活动					
19	只要你干上这份工作，就不会再调到其他意想不到的单位或工种上去					
20	你的工作能使世界更美丽					
21	在你的工作中，不会有人常来打扰你					
22	只要努力，你的工资会高于其他同年龄的人，或升级、加工资的可能性比其他工作大得多					
23	你的工作是一项绝对智力的挑战					
24	你的工作要求你把一切事情安排得井井有条					
25	你的工作单位有舒适的休息室、更衣室、浴室及其他设备					
26	你的工作有可能结识各行各业的知名人物					
27	在你的工作中，能和同事建立良好的关系					
28	在别人的眼中，你的工作是很重要的					
29	在工作中，你经常接触到新鲜事物					
30	你的工作使你常常能帮助别人					

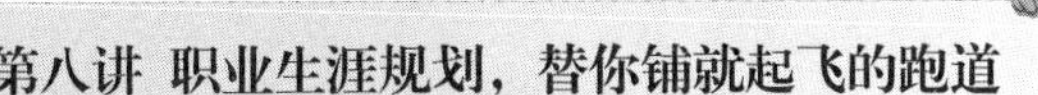

题号	内容	非常重要	比较重要	一般	不太重要	很不重要
31	你在工作单位中，有可能经常变换工种					
32	你的作风使你被别人尊重					
33	你的工作单位的同事和领导人品较好，相处比较随便					
34	你的工作会使很多人认识你					
35	你的工作场所很好，比如有适度的灯光、舒适的坐椅、安静、清洁的环境，宽敞的工作间甚至恒温，恒湿等优越的条件					
36	在工作中，你为他人服务，使他人感到很满意，你自己也就很高兴					
37	你的工作需要组织和计划别人的工作					
38	你的工作需要敏锐的思考					
39	你的工作可以使你获得较多的额外收入，比如：常发实物、常购买打折扣的食品、常发紧俏商品的购货券、有机会购买进口货等					
40	在工作中，你是不受别人差遣的					
41	你的工作结果应该是一种艺术品而不是一般的产品					
42	在工作中，你不必担心会因为所做的事情领导不满意而受到训斥或经济惩罚					
43	在工作中，你能和领导有融洽的关系					
44	你可以看见你努力工作的结果					
45	在工作中常常要提出许多新的想法					
46	由于你的工作，经常有许多人来感谢你					
47	你的工作成果常常能得到上级、同事或社会的肯定					
48	在工作中，你可能做一个负责人，虽然可能只领导很少几个人，你信奉“宁做兵头，不做将尾”的俗语					
49	你从事的那一种工作，经常在报刊、电视中被提到，因而在人们心中很有地位					
50	你的工作有数量可观的夜班费、加班费、保健费或营养费等					
51	你的工作体力上比较轻松，精神上也不紧张					
52	你的工作需要和电影、电视、戏剧、音乐、美术、文学等艺术打交道					

测试分析

1. 利他主义：工作目的和价值，在于直接为大众的幸福和利益尽一份力。

题号：2、30、36、46

汇总得分：

2. 美感：工作的目的和价值，在于能不断地追求美的东西，得到美的享受。

题号：7、20、41、52

汇总得分：

3. 智力刺激：工作的目的和价值，在于不断进行智力的操作，动脑思考，学习以及探索新事物，解决新问题。

题号：1、23、38、45

汇总得分：

4. 成就感：工作的目的和价值，在于不断创新，不断取得成就，不断得到领导与同事的赞扬或不断实现自己想要做的事。

题号：13、17、44、47

汇总得分：

5. 独立性：工作的目的和价值，在于能充分发挥自己的独立性和主动性。按自己的方式，步调或想法去做，不受他人的干扰。

题号：5、15、21、40

汇总得分：

6. 社会地位 : 工作的目的和价值，在于所从事的工作在人们心目中有较高的社会地位，从而使自己得到他人的重视与尊重。

题号：6、28、32、49

汇总得分：

7. 管理 : 工作的目的和价值，在于获得对他人或某事物的管理支配权，能指挥或调遣一定范围内的人或事。

题号：14、24、37、48

汇总得分：

8. 经济报酬：工作的目的和价值，在于获得优厚的报酬，使自己有足够的财力去获得自己想要的东西，使生活过得较为富足。

题号：3、22、39、50

汇总得分：

9. 社会交际：工作的目的和价值，在于能和各种人交往，建立比较广泛的社会联系和关系，甚至能和知名人物结识。

题号：11、18、26、34

汇总得分：

10. 安全感：不管自己能力怎样，希望在工作中有一个安稳的局面，不会因为奖金，加工资，调动工作或被领导训斥等经常提心吊胆，心烦意乱。

题号：9、16、19、42

汇总得分：

11. 舒适：希望能将工作作为一种消遣、休息、或享受的形式，追求比较舒适、轻松、自由、优越的工作条件和环境。

题号：12、25、35、51

汇总得分：

12. 人际关系：希望一起工作的大多数同事和领导人品较好，相处在一起感到愉快，自然，认为这就是很有价值的事，是一种极大的满足。

题号：8、27、33、43

汇总得分：

13. 变异性：希望工作的内容经常变换，使工作和生活显得丰富多彩，不单调枯燥。

题号：4、10、29、31

汇总得分：

你的排名前三项的职业价值观在未来择业时要充分给予考虑。

【说给父母】

中学生职业规划不早了

提到职业生涯规划，很多学生和家长都认为这是进入大学后该考虑的事情，而没有意识到职业的选择与培养应该在高中时期就开始着手，以至于高考后“着急忙慌”填志愿的现象屡见不鲜。可尺有所短寸有所长，到底什么样的职业适合孩子，孩子又在哪方面有所擅长，应该是选择专业和将来就业方向的首要因素。

1. 职业规划早打算 放大优点因势利导

让孩子在高中时期就进行职业规划，而不是到高考后报志愿时临时“抱佛脚”，家长起着至关重要的作用。高中三年不仅仅是孩子学习课本知识的时期，也是家长引导学生认识社会、了解职业的最佳时期，同时，也是学生了解自己兴趣、能力的重要阶段。在这个时期中，各位家长应该重视孩子自身的优点长处，而不是将自己的愿望强加给孩子。

2. 有“分”难买心头好 趋利避害看长远

俗话说，有“分”难买心头好，选择适合自己的才能够有利于日后的就业方向。在职业规划中不要“明知山有虎偏向虎山行”，不要过于“挑战自己”“战胜自己”而是要本着顺势而为的原则，选择适合自己职业。职场压力过大的员工往往就是缺乏所从事职业所需要的能力和技能。

对于成绩稍差的孩子来说，高中就进行职业规划更可谓是雪中送炭，能帮助他们趋利避害，发掘自己除了书本学习能力之外的其他潜能，将自己的兴趣和特长与将来的工作联系起来，把自己锻炼成某方面的行家里手。

后记

信念的力量

有一个小女孩儿天生爱唱歌，不分场合地唱歌。小女孩儿的爸爸每天中午要往返四十多分钟回家给她做饭，收拾停当爸爸要睡个午觉，不明就里的小女孩儿依然快乐地唱歌。“你的五音不全，唱歌太难听了！”忍无可忍的爸爸制止了小女孩儿。小女孩儿这才知道原来自己的声音这么难听。小学上音乐课时，《让我们荡起双桨》优美的旋律让小女孩儿忘情，她追随着老师的目光和音乐的节奏歌唱着……“穿绿条绒上衣的女生起立给同学们示范一下什么叫带着感情唱歌。”女孩儿大脑一片空白，慢吞吞站起来，“你的五音不全，唱歌太难听了”一直萦绕在她的耳畔。前奏响起，女孩儿没有唱出来，前奏再次响起，女孩儿几经努力，最终还是放弃了……音乐老师失望地让女孩儿坐下，从此女孩儿无论上什么课都不敢抬头跟老师对视了。

就是这个认为自己的声音难听到让人无法容忍的女孩儿却一心渴望当作家、主持人，在众人面前侃侃而谈。就是这个无法想象长大后有什么本领可以养活自己的女孩儿却将撒切尔夫人当作人生偶像，做事前总是想：今天做的事情会不会给未来聚光灯下的自己带来尴尬？就是这个不敢与人交往、处处隐忍的女孩儿却想着如何自我成长，并且帮助像自己一样自卑的人。步入中年的她愿意通过这本书与每一位年轻人倾心畅谈。

这就是信念的力量！“这个世界上，没有目标的人为有目标的人实现他们的目标而努力。”请问，年轻的朋友你有目标吗？你每天所做的事情是为了实现那个目标吗？人生中付出和收获不在同一个季节。曾经内向的、自卑的、离群的我博览群书，持续学习，虚心请教。我给自己制订了人生目标，为了实现目标，我耐住寂寞，拒绝盲从，让每一个小箭头都和大箭头同心同向！我人生之路笔直而宽敞！

这就是信念的力量！“人的价值来自于满足别人正向的需求！”注意是正向的需求。请问，年轻的朋友你有被别人利用的价值吗？不要因为“被利用”而愤愤不平。“被利用”说明你有能力，“被利用”说明你值得信任。有的学生某个学科成绩优异，负责为全班同学答疑，为了能够更好地与同学分享，他积累更多的素材，总结更多的规律，对知识的掌握实现质的飞越。有的学生组织能力强，老师委以重任，组织活动占用了很多学习时间却丰富了阅历、提高了能力，收获了荣誉感和幸福感。为了能更多更好地“被利用”，二十年来我不待扬鞭自奋蹄,在“被利用”中学习更多的新知,变得不可替代，也活出了尊严和从容！

这就是信念的力量！“激发每个人善的潜质，培养你生命中的贵人。”每个人都有善的一面也有恶的一面。我固执地认为人都是积极向上的，尽管此刻还没有成果；每个人都是诚实守信的，尽管他偶尔耍了点小聪明；每个人都是善良的，尽管特定环境中会言辞刻薄。就是这份坚信，我拥有了宽广的胸怀，包容接纳有缘相识的每个人。于是奇迹出现了，人生路上，我遇到太多站在我的角度，替我分忧、助我前行的贵人！

最后，感谢耀华中学的任奕奕校长和身为上市公司CEO的Angel在百忙之中给本书写序；感谢天津人民出版社的任洁老师和她的团队为这本书的及时出版付出了爱心和智慧！

丽珊

2014年7月19日于观水轩